读客中国史入门文库
顺着文库编号读历史,中国史来龙去脉无比清晰!

林乾 句华 著

乾纲独断

康乾盛世的帝王心术

山西人民出版社

图书在版编目（CIP）数据

乾纲独断：康乾盛世的帝王心术 / 林乾，句华著.
太原：山西人民出版社，2025. 8. -- ISBN 978-7-203-13988-1

Ⅰ. D691.2

中国国家版本馆 CIP 数据核字第 20258U6318 号

乾纲独断：康乾盛世的帝王心术

著　　者：林　乾　　句　华
责任编辑：高　雷
复　　审：郭向南
终　　审：武　静
特约编辑：赵芳葳
特约设计：陈　晨

出 版 者：山西出版传媒集团·山西人民出版社
地　　址：太原市建设南路21号
邮　　编：030012
发行营销：读客文化股份有限公司
天猫官网：https://sxrmcbs.tmall.com　　电话：0351-4922159
E－mail：sxskcb@163.com　发行部
　　　　　sxskcb@126.com　总编室
网　　址：www.sxskcb.com

经 销 者：山西出版传媒集团·山西人民出版社
承 印 厂：三河市中晟雅豪印务有限公司

开　　本：880mm×1230mm　　1/32
印　　张：11
字　　数：260千字
版　　次：2025年8月　第1版
印　　次：2025年8月　第1次印刷
书　　号：ISBN 978-7-203-13988-1
定　　价：79.00元

如有印装质量问题请与本社联系调换

目录

第一章 "亡天下"与改朝换代

明亡清兴表面上一如历史上的改朝换代,然而,晚明表征新时代的种种因素在铁蹄声中被碾得支离破碎,这并非简单的游牧文化战胜农耕文化,它带给士大夫的是"亡天下"的感觉和无所适从的"选择"。

一、晚钟敲响为哪般　　　　　　　　　　　　003
二、因言获罪的流放者　　　　　　　　　　　　017
三、政治婚姻与福临的悲剧　　　　　　　　　　031
四、改朝换代和士大夫的选择　　　　　　　　　042

第二章 美化的圣祖和真实的历史

马上打天下不能马上守之。巩固大清二百多年基业的康熙帝力图缓和满、汉两种文化的冲突,然而他又终为"汉家传统"所困扰。晚年"太子风波"使他心力交瘁,终于发出"多一事不如少一事"的感叹。

一、巡按之废与裁减科道　　　　　　　　　　　061
二、言路的沉寂和风闻言事　　　　　　　　　　078
三、震惊朝野的弹劾案　　　　　　　　　　　　096

四、河务案与英主认错　　　　　　　　　　108
五、汉家传统与太子风波　　　　　　　　　116

第三章　走向极致的秘密政治

把中国的秘密政治发挥到极致的是有诸多之谜的雍正皇帝，他驾驭军机处这个"小班底"办大事；把密奏这种"小报告"转向制度化；他打击科甲出身的官员，对言官极为轻蔑；他终于完成了"君主不再受监督"这一体制的最后一棒任务。

一、猜不完的登位之谜　　　　　　　　　　129
二、说不清的"华夷之别"　　　　　　　　135
三、"小班底"办大事　　　　　　　　　　146
四、"小报告"制度化　　　　　　　　　　155
五、台谏合一：君主不再受监督　　　　　　165
六、科甲朋党谢济世　　　　　　　　　　　176
七、书院不闻读书声　　　　　　　　　　　184
八、一种发明："选优"的皇位继承法　　　196

第四章　儒家传统政治的终结

把中国传统农业文明推向顶峰的乾隆帝无疑是中国最有作为的皇帝之一，他完成了国家的高度统一，并把传统的"君臣共治"体制彻底打破，重新界定为主奴关系，这是儒家传统政治的终结。

一、从曹一士的奏折说起　　　　　　　　　209
二、王士俊密奏"翻案"，差点丢掉性命　　219

三、本朝奏议第一：《三习一弊疏》　　223
四、从"君臣同体"到主奴界定　　232
五、为那拉皇后鸣不平　　245
六、曹锡宝参奏和珅家人　　255
七、修书、禁书与焚书　　265
八、盛世夸赞与天子的陶醉　　274
九、讲真话者可杀　　283

终章　天下艰难谁共肩

"戮心"的盛世终将昭示：这是难以走出的"中世纪"，儒家文化的"困境"不始于被动挨打的近代，而应到剥夺精神的那个时代去寻找。一个只有强健体魄没有强健精神的民族是悲哀的。

一、人口专家走西口　　291
二、理学、汉学与士风推移　　303
三、最后的大臣　　316
四、为一代言官把脉　　323

后　记　　336
主要参考书目　　341

第一章
"亡天下"与改朝换代

明亡清兴表面上一如历史上的改朝换代,然而,晚明表征新时代的种种因素在铁蹄声中被碾得支离破碎,这并非简单的游牧文化战胜农耕文化,它带给士大夫的是"亡天下"的感觉和无所适从的"选择"。

一、晚钟敲响为哪般

甲申年（1644年）正月初一，正旦节，诸多不祥之兆笼罩着壁垒森严的京师。紫禁城主人崇祯帝的心绪烦乱如麻。连日来，李自成的农民军自南而北攻城略地，警报频传；地处一隅的满族贵族已统一东北，取道蒙古，长驱入内，国门为此多次紧闭。除夕，面对来自东西两方面日甚一日的威逼，大明王朝第十六代传人朱由检彻夜难眠。

正月初一，按惯例要在皇极殿（嘉靖四十一年，1562年，改"奉天殿"为"皇极殿"）举行"大朝仪"。这种典礼与冬至大典完全相同，晨贺昼会，仪式相当隆重。照规定，文武大臣要先期而至，"待漏天子"，即等待天子圣驾。"待漏之时，鼓未严"，这是提醒朝臣们疾步入宫。"鼓初严"时，开始肃班，文武百官已经穿戴朝服，齐聚在午门外；"鼓次严"时，引班官引导百官，次第由左右掖门进入皇极殿，在丹墀序立；"鼓三严"时，肃班结束，开始鸣钟，钟声停止，天子圣驾缓缓升殿，东西四向鞭声齐响，文武两班大臣"有容无息，有意无声"，一齐仰瞻殿上，只见千百红袍，袖缨竖立，冠带相横。致辞官要高声朗语："具官臣某，兹遇正旦，三阳开泰，万物咸新。"皇帝先致辞答谢，接着要训示一番，群臣随后山呼万岁。[1] 整个典礼高亢而不失庄重、紧凑而不失严肃，体现了新年新气象的进取精神。

自开国皇帝朱元璋确定本朝仪制以来，岁月如梭，转眼已过去了277个春秋，其间继文守武，不乏英主，也不乏庸君。但只要条件允许，大朝仪就要照例举行。

也许是为了拂去多日来的晦气，也许是为了重温即位时的辉煌，甲申年的正月初一，朱由检来得格外早。一种希冀、一种重整河山的志向催促他疾步走向皇极殿。可是，空荡荡的大殿只有一名大金吾在当班。当时钟声已停，群臣按理早该肃班侍立。国家多事之秋，君不君，臣不臣，崇祯帝于少有的振奋中又平添了许多感慨。大金吾不等龙颜发怒，忙解释道："群臣不闻钟鼓声，谓圣驾未出，来者益迟。令再鸣钟，启东西门，远近闻之，自皆疾驰。"崇祯帝也不再讲究礼仪，谕令鸣钟，而且不要停歇，朝门大开，永不关闭，以待群臣。

沉闷的钟声有气无力地撞击着，回荡在紫禁城的上空。皇宫里依然死一般寂静，许久也不见一人。崇祯帝是个情绪化的君主，他无法让漫长而久远的期待销蚀在这无奈的时间里，他不能让少得可怜而又弥足珍贵的振奋之情，随着这钟声飘向无际的远方。他提出要先谒太庙，到列祖列宗那里吸取先圣的元气，寻找一种精神力量，然后再接受那些各怀心中事、姗姗而来的大臣的朝贺。可是，圣驾銮舆与立仗马需要一百多匹，当时一无所备。一个小太监急中生智，提出将长安门外供朝臣们所乘的马全部牵到端门。崇祯刚要起驾，司礼太监奏道："天子乃万乘之尊，乘用外臣马匹谒太庙，对祖宗不敬，也恐马有不驯，发生意外，请求免劳此行。"崇祯只好改为先受朝贺，后谒太庙，再次升殿以候。

原来，明朝的文武官员分东西二城居住，文臣寓西城，武臣寓东城，恰与朝班所列的文在东、武在西相反。此日崇祯帝先期而至，龙颜正视，文武大臣不敢过中门，从长安门入者各寻方便，文臣们从螭头下伛偻而入武班，武臣们躬身而入文班，朝班一时大乱。经过一番整肃后，大朝仪勉强成礼。

随后，崇祯帝往谒太庙。六品以下官不应陪祭，但因马匹全被征往端门，只好步行而归。这又为正旦节日增添了不祥之兆。[2]

更奇异的是正月初一这一天，黄风刮得天昏地暗，咫尺之外看不见人。尽管十天前已立春，燕京的春天刮点风也不足为怪，但如此玄黄翻滚的狂风在这个季节是很少有的，尤其是又传来太祖的家乡凤阳地震的消息。占卜的结果是"风从乾起，主暴兵至，城破"。确是骇人听闻。[3]

一连串的反常现象给神秘的皇宫蒙上了层层阴影。崇祯帝的心情变得沉重起来，他不甘心让大明几百年的基业丢失在自己的手中。他沐浴焚香，拜天默祷，在神坛面前虔诚而恭敬，口中喃喃低语："方今天下大乱，欲求真仙下降，直言朕之江山得失，不必隐秘。"大仙降乩，崇祯帝一看，上面写着四句话：

    帝问天下事，官贪吏要钱。
    八方七处乱，十囊九无烟。
    黎民苦中苦，乾坤颠倒颠。

干戈从此起，休想太平年。⁴

崇祯帝见此回答，颓然地低下了头。大明气数已尽，朱由检的"振作"只能算作一种良好的愿望。

一个王朝的兴衰绝不是一个简单的过程，更何况像明朝这样一个存在近三个世纪、在同期的世界史上曾处于领先地位的王朝。同样，看似相同的历史表象却掩盖着许多不同甚至相反的历史真相。因此，探究明亡之因，除了探究它与以往王朝末期相同的因素，更应到那个时代发展的"新征兆"中去寻找。

在以农立国尤其是小农经济占支配地位的王朝里，其他生产部门自会受到排斥、挤压，难以摆脱其从属身份。自上而下的权力正是建立在这种基础上被扩散为社会中无孔不入的唯一整合组织。因此，任何事物也不能成为缓解、平衡处于独尊地位的权力的筹码，社会呈现为一种封闭、有序的静止状态，社会价值系统有效地影响、左右人们的所有活动。嘉靖以前的明代社会就是这样。

隆庆、万历以来，导源于商品经济发展的社会风尚、价值系统发生巨大变化，时人惊叹"僭分违常""风教不施"，其对社会上层的影响尤为显著。郑恭王朱厚烷的世子、创十二平均律的朱载堉在万历十九年（1591年）坚辞王爵，以世子独居，平生愤世嫉俗。他在《山坡羊·钱是好汉》中形象地描绘了一幅金钱崇拜的景象：

世间人睁眼看见，论英雄钱是好汉。五湖四海逞威能，如今人敬的是有钱。拐子有钱，走路也合款。哑叭有钱，打手势好看。有了钱诸般如意，合家人喜欢。蒯文通无钱，说不过潼关。铜钱多，人为你走遍世间。铜钱（少），求人一文，跟后侧前。[5]

在金钱至上的时代氛围下，大小官吏不廉不法，把权力作为一种政治钞票，随时抛售。"方今仕途如市，入仕者如往市中贸易，计美恶，计大小，计贫富，计迟速"[6]，学子一旦为官，则忘掉平日朋友，而每天奔走其门的都是言利之徒。"或某处有庄田一所，岁可取利若干；或某人借银几百两，岁可生息若干；或某人为某事求一覆庇，此无碍于法者，而可以坐收银若干，则欣欣喜见于面。"对于这些讲"生财之道"者，官吏们大为欢迎，引其为座上之宾，待之唯恐不谨。[7]松江华亭人何良俊在慨叹风俗易人之快的同时，论述了官场风气的演变：成化、弘治（1465—1505年）以前，为官者尚大法小廉，家无余资；至正德年间（1506—1521年），官员竞相营产谋利，积资十余万者不乏其人，"自以为子孙数百年之业矣"，但仅仅五六年间，田宅皆已易主，子孙贫困乃至不能自存。至万历时发生巨大变化，初试县令，即买田宅玩好，为子孙计，被人谴责，也恬不为怪。[8]

商品经济一旦生发为一种物质力量，它对传统社会，尤其是对权力的侵蚀、冲击必将是巨大而迅猛的。宫中的糜烂奢侈之风及万历帝对金钱的贪求仅从后者的性格等因素考察是难以令人信服的。值得注意的是，万历帝之屡派宦官督办织造、陶瓷，一再增加贡品数量，要求款式新奇鲜艳华美，大量搜购金珠宝石，染指之处正是中国当时最繁富奢华之区。并且，自张居正去世后，尽管臣僚进谏相踵，但万历帝直到寿终正寝，依然沉迷于此。尤其有趣的是，万历十年（1582年）九月初二，云南省解进年例黄金迟限两天到达京师，万历帝精于计算，锱铢必较，当即命阁臣拟旨参劾。刚接替张居正为内阁首辅的张四维，觉得此事张扬出去"恐骇观听"，并解释说，云南距离京城万里之遥，江山隔远，中途又遇大雨，也就迟误两天，现在已经解进宫中，如果就其抵达京城算起，尚在八月之内。万历帝令收进金两，姑饶一遭。[9]万历十三年（1585年）二月，抄没张居正家财的钦官将所谓赃物装成一百箧，运往京师内库，途中丢失一箧，万历帝得知后雷霆大作，颁旨罚官。[10]可见其对财货的贪恋，连宾师良辅的情分也忘得一干二净。

最能说明问题的是万历帝派矿监税使对全国的搜刮。学者据《明神宗实录》《定陵注略》等材料估算，矿监税使每年向内库实际进奉白银171万两、黄金0.36万两，远远超出其内库每年120万两金花银的规定数目，而这些进奉只是实际掠夺的十分之一。[11]按此估算，在矿监税使横行的十年间，实际从各地攫取了1.71亿两白银、36万两黄金。

矿监税使的掠夺激起全社会的公愤。市民、商人、手工业者以及地方官吏以各种方式予以抵制，山东、湖广、苏州、江西、辽东、福建，带有新时代气息的"民变"在全国各地风起云涌，此伏彼兴。从内阁大臣到科道言官，从地方大吏到低级末僚，整个社会的神经都系于此，劝谏的奏疏像雪片一样飞来。他们或从大明江山的长治久安角度，披肝沥胆，慷慨陈词；或从纯经济的角度，条分缕析，核本算利；或从万历帝贪财好色的角度，直言不讳，披鳞不避。更有的臣僚煞费苦心，把奏疏写成图说的形式，以便神宗阅读；还有的拟出标题，附以"贴说"，以便提纲挈领；等等。这些充分表达了他们的满怀忠诚和深远的政治眼光。[12]对于这些赤诚中间杂激愤、情理中略带不平的千言万语，神宗只有一个办法，"即束高阁""屏置勿阅"[13]。

与对待臣僚进谏截然相反的是，对待矿监税使及其爪牙，神宗似乎幻化成另一个天子，他一改倦怠之态，精神为之大振，总是"朝入朝批，夕上夕发，应之如响"[14]，金钱司天子，神宗当之无愧。无怪乎户科给事中田大益说神宗"以金钱珠玉为命脉"。但这样的药石之言，只能充耳，即使比干剖心，皋、夔死谏，也不能解惑，因为神宗的贪婪已深入骨髓，"意迷难救"[15]。

值得玩味的是万历三十年（1602年）初的一件事。这年二月，神宗得病，自以为行将离开人世，十六日巳时忽宣召大臣进宫，首辅沈一贯独自奉诏至神宗卧病的西暖阁。神宗说："朕病日笃矣，享国已久，何憾！佳儿佳妇付与先生，惟辅之为贤君。矿税事，朕因殿工未竣，权宜采取，今可与江南织造、江西陶器俱止勿行，所遣内监皆令还京。"沈一贯回到内阁，根据皇帝的谈话内容整理成谕旨草稿，而后又进呈宫中，等候批红。当天夜晚，他与部院重臣直宿朝房，以备不测。漏下三鼓，太监送出神宗审阅过的正式谕旨，内容与所拟一致，诸臣大喜，谓天下倒悬可解。可是，神宗次日病愈，立即反悔，令宦官二十余人前往内阁索要已审阅的谕旨，内阁大臣初不肯交，双方扭成一团，"搏颡几流血"，最后阁臣只好让步交出。司礼太监田义稍示异议，神宗大怒,"欲手刃之"。此后,廷臣尽管日有诤谏,但神宗我行我素,"矿税之害遂终神宗世"。[16]

早在大明王朝行将就木的16、17世纪之交,朝野有识之士及敏锐的思想家们就在思考:起于草莽、深悉民间疾苦的太祖皇帝躬身创设的一代规制何以历久弊生?曾自由游弋海上数十年、执世界诸国之牛耳的大明王朝何以必定要走入垂暮之年?目睹天启六年(1626年)"七君子之狱"中父亲惨遭宦官杀害的启蒙思想家黄宗羲,善于从制度,尤其是从时代的高度,总结明亡之因,他写的传世之作《明夷待访录》是同时代对君主政体予以鞭挞批判最有力的大作。他指斥君主"敲剥天下之骨髓,离散天下之子女,以奉我一人之淫乐,视为当然,曰'此我产业之花息也'。然则为天下之大害者,君而已矣"[17]。他认为,讲君臣之义的都是"小儒",因为像夏桀、商纣王那样的君主,民众早应该起而推翻之,那些腐儒所奉行的君臣之义,是拿亿万百姓的血肉以供一家一姓之私。后世之君若没有做到如父如天,人民就有理由取而代之。他在《明夷待访录》的《原臣》篇中提出,天下之治乱,不在一姓之兴亡,而在万民之忧乐。桀、纣之亡,是天下大治的开始。[18]诸多论断,都是从总结明亡教训而发出的,振聋发聩,引人深思。他提出的种种拯救社会的方案代表了当时最先进的社会力量的声音,同时具有较强的可操作性和前瞻性。在以后的相关部分,我们会听到这位思想家的时代强音。

清朝入关后,历时近百年,经由亡国之痛的前明遗臣的广泛参与,并由康、雍、乾三代帝王发纵指示的官修《明史》,于乾隆初年问世。该书明确得出"明之亡,实亡于神宗"[19]的结论,这一结论集中了晚明以来时人的思考,也最具代表性,影响所及,乃至今天的相关著作仍频繁出现上述字句。然而,明之亡何以亡于神宗?思想家们的论断见仁见智。

龚自珍无愧于最先开眼看世界的思想家,他透过封建政治衰世的表象,捕捉到了与以往朝代迥异的新气息,看到了新时代的朦胧发轫。他说:"俗士耳食,徒见明中叶气运不振,以为衰世无足留意,其实尔时优伶之见闻、商贾之气习,有后世士大夫所必不能攀跻者。不贤识其小者,明史氏之旁支也夫?"[20]明朝中叶是中国传统社会酝酿重大变革的时期[21],商品货币经济发展,商人资本异常活跃,舍"本"逐"末"的人口比例急剧增加,士商合流所带来的"四民"新排序,[22]以及政治生活中的党派政治分野,社会舆论对政治权力、政策决策的钳制和干涉,等等,都使我们有理由相信当时的中国逐渐远离传统社会,正在走向新的时代。

万历帝及他所执掌的明朝政府,不能超然于时代而独存、远离社会而安居。时代的悄然变化及涌动的新世潜流与传统权力所承担的社会职能正在交汇、碰撞,表面看去乖张而怪异的现象正是二者间矛盾的结果。

神宗是中国古代庞大的帝王家族中创造"之最"最多的一位皇帝。他二十余年不上朝、不接见大臣、不御经筵、不阅奏章、不亲享太庙,他对"酒色财气"的全身心投入使万历后期的政府处于半瘫痪状态。南炳文、汤纲二先生在其所著《明史》中详列万历二十四年至四十八年间(1596—1620年)各衙门缺官状况,并认为"从中央政府到地方,从高级大僚到中下级官吏,概莫能外,而且几十年一直存在,政府机构几同瘫痪"[23]。因缺官而误事的记载在史籍中随处可见。万历二十四年因吏部尚书缺员，竟废大选。[24]万历三十七年（1609年）六月，因吏科都给事中久缺，无人经手发放官员赴任的凭证，致使等待签发的多达七八百人，其中无财无势的"教官候凭日久，多有穷死者"[25]。次年五月，由于刑部久缺掌印官，"狱卒积至千人，莫为间断"[26]。史书中往往将万历帝的怠政与政府瘫痪联系在一起，认为神宗"怠于政事，曹署多空"[27]。实际上，这种状况是神宗有意为之，尤其是他厌烦官吏议论国政。明中叶以来，朝野官吏及士大夫议论国政已成风气，神宗对此颇感厌烦，不但限定议事人员，且对所议之事形成逆反行为，"论救忠良，则愈甚其罪；谏止贡献，则愈增其额"[28]。大学士赵志皋曾在催促补官时说："皇上所以不即允部院考选之请者，岂因近日诸臣好发议论，欲于稽迟之中默寓裁抑之意？"[29]礼部的奏章说："道路之口，妄相猜忖，以为皇上非忌其拜官也，忌其拜官之后言或激切逆耳，遂排抑至此。"[30]一个拥有亿万臣民的皇帝以怠政的方式来对待祖先创下的基业，他"每晚必饮，每饮必醉，每醉必怒"[31]，在用酒精麻醉自己的同时，也在为大明王朝注射一种慢性死亡的麻醉剂。

诸多事实表明，万历时期统治者已很难照旧统治下去，它的灭亡只是时间问题。

万历二十五年（1597年）四月，刑部左侍郎吕坤上《忧危疏》，开篇提出"今天下之势，乱象已形，而乱势未动；天下之人，乱心已萌，而乱人未倡"。他说的四种乱民包括无聊之民、无行之民、邪说之民、不轨之民，都已如箭在弦。并且：

万历十年之后，无岁不告灾伤，一灾动连数省。近日抚按以赈济不可屡求，存留不可终免，起运不可缺乏，军国不可匮诎，故灾伤之报遂稀，催科之严如故。岂不哀民？势不可已也。臣久为外吏，熟知民艰。**自饥馑以来，官仓空而库竭，民十室而九空。**陛下赤子，冻骨皴肌，冬无破絮者居其半；饥肠饿腹，日不再食者居其半。流民未复乡井，弃地尚多荒芜。存者代去者赔粮，生者为死者顶役。破屋颓墙，风雨不蔽；单衣湿地，苫藁不完。儿女啼饥号寒，父母吞声饮泣。君门万里，谁复垂怜！[32]

仅仅过了四年，吏部尚书李戴的上疏已表明全国处于极度的饥荒状态："数年以来，灾徵荐至，秦晋先被之，民食土矣；河洛继之，民食雁粪矣，齐鲁继之，吴越荆楚又继之，三辅又继之，老弱填委沟壑，壮者展转就食，东西顾而不知所往。"[33]普遍的贫困和饥饿，把全国同时推到了无法忍受的极限。这就不难理解明末农民战争何以在较短的时间里以摧枯拉朽之势埋葬了明王朝。

"时日曷丧，予及汝皆亡。"

历史有因果，也有大势。李自成于崇祯十七年（1644年）三月初七日攻陷大同，次日下宣府。明朝大势已去。崇祯帝先后三次颁罪己诏于天下，把所有罪责都揽于自己一身：所以使民罹锋镝，蹈水火，血流成河，骸积成山者，皆朕之过也；使民室如悬磬，田尽污莱，望烟火而无门，号冷风而绝命者，又朕之过也。他希望借重祖宗之厚德，与民更始，以挽回天心、民心。[34]但岂不是太晚了吗?！与仅有太监王承恩一人从殉崇祯帝于煤山形成对比的是，李自成进京后，投顺新主的明臣挤破了皇宫的大门，因为人众拥挤，被守门长班用棍打逐。即便如此，穿着囚服立于午门外的百官，仍有四千多人。

官员再一次用行动做出了选择。

尾注

1 《明会典》卷43《礼部》一,中华书局1988年,第307—308页;计六奇《明季北略》卷19《元旦失朝》,中华书局1984年,第339页。
2 计六奇《明季北略》卷20《元旦文武乱朝班》条,中华书局1984年,第414页。
3 计六奇《明季北略》卷20《风变地震》条,中华书局1984年,第415页。
4 计六奇《明季北略》卷20《降乩》条,中华书局1984年,第415页。
5 朱载堉《艺文编》,载李天纲主编《朱载堉集》第6册,上海交通大学出版社2013年,第4958—4959页。
6 周顺昌《烬余集》卷2《与朱德升孝廉书》,载陈斌编校《周顺昌研究资料汇编》,苏州大学出版社2013年,第23页。
7 吴良俊《四友斋丛说》卷34,中华书局1959年,第312—313页。
8 《四友斋丛说》卷34,中华书局1959年,第312页;万历《上元县志》卷10,金陵全书本,南京出版社2010年。
9 《万历起居注》,万历十年九月初二日;南炳文、吴彦玲《辑校万历起居注》第1册,第381页,天津古籍出版社2010年。
10 《明神宗实录》卷158,万历十三年十二月辛亥。
11 南炳文、汤纲著《明史》下册,上海人民出版社1991年,第764页。
12 参见《明史纪事本末》卷65《矿税之弊》等。
13 《明史》卷237《田大益传》。
14 《明神宗实录》卷343。
15 《明史》卷237《田大益传》。
16 《明史》卷218《沈一贯传》、卷225《李戴传》。

17 黄宗羲《明夷待访录·原君》,中华书局2011年,第8页。
18 黄宗羲《明夷待访录·原臣》,中华书局2011年,第16页。
19 《明史》卷71《神宗本纪二》。
20 龚自珍《江左小辨序》,载《龚自珍全集》第3辑,上海人民出版社1975年,第200页。
21 李洵《论公元十五、十六世纪明代中国若干历史问题》,载《下学集》,中国社会科学出版社1995年,第18页。
22 《明文海》卷100,徐芳《三民论》。
23 南炳文、汤纲著《明史》下册,上海人民出版社1991年,第672页。
24 《明史》卷224《蔡国珍传》。
25 《明神宗实录》卷459。
26 《明通鉴》卷74。
27 《明史》卷225《赵焕传》。
28 《明神宗实录》卷276。
29 《明神宗实录》卷278。
30 《明神宗实录》卷563。
31 《明经世文编》卷494。
32 《吕坤全集》上册,中华书局2008年,第7—9页。
33 《明神宗实录》卷359。
34 《明季北略》,中华书局1984年,第446页。

二、因言获罪的流放者

你方唱罢我登场,城头摇换大王旗。四月二十九日,李自成在武英殿匆忙举行了即位典礼,次日率大顺军撤出京城,计其在京时间,整整四十天。五月初二,清摄政王多尔衮率部分清军由朝阳门进入北京。

清军以"仁义之师"的面孔最初出现在京城,着实让臣民百姓吃了一惊。

> 义兵之来,为尔等复君父仇,非杀百姓也,今所诛者,惟闯贼。官来归者,复其官,民来归者,复其业。必不汝害。[1]

这则出自大学士范文程之手的《安民告示》,是清廷宣传上的常用口号,其价值比李自成通过拷饷得来的"七千万"还重要,与刘邦初入关的"约法三章"有同等意义。清军在以每天40公里的速度进逼京师时,一再发布上面的告示。到达北京后,比它更为详细、具体的告示贴在了各处。[2]

聪明的清朝统治者十分注重利用大顺的失误来赢得臣民的拥戴，总是处心积虑地把自己和大顺的形象对照起来。到达北京后，多尔衮让降服的故明群臣推出他们当中官爵最高的人。李明睿惊恐不安地来到多尔衮的面前，多尔衮宣布升任他为礼部左侍郎。李明睿稍有推辞，多尔衮说："尔朝皇帝尚未收殓，明日即欲令京城官民人等哭临，无神主，何以哭临？无谥号，何以题神主？"李明睿听后感激涕零，叩首接受新命。多尔衮随后发布的命令一再煽动故明臣民对大顺的仇恨情绪，并说："有志之士，正于功名立业之秋，如有失信，将何以服天下乎？"[3]谕令一下，"官民大悦，皆颂我朝仁义"[4]。

从进京的次日起，清廷派官员在承天门登记所有原明朝官员的姓名，并按名单邀请他们复任原职。初六，多尔衮令原明朝在京内阁、六部、都察院等衙门官员，俱以原官，同满族官员一体办事。最初响应者寥寥无几，很多官绅纷纷南下，清吏部侍郎沈惟炳在上奏中忧心忡忡地说："京官南去不返，似怀避地之心；高人决志林藏，似多避世之举。见在列署落落晨星，何以集事而襄泰运哉！"[5]但多尔衮有的是耐心，前来投靠的人，他一一亲自接见，好语安慰，并立即任职，又让他们荐举。他还制定了极为宽大的用人原则，即清廷入京前，罪无大小，悉行赦免，给所有人以弃旧图新的平等机会。于是，任用一批，推荐一批；推荐一批，任用一批。仅当年一个月内，吏部左侍郎沈惟炳推荐36人，户部左侍郎王鳌永推荐39人，兵部左侍郎刘余祐推荐9人。这仅是不完整的记载。[6]多尔衮的用人政策收到良好效果，"于是诸名公巨卿，甫除贼籍，又纷纷舞蹈矣"[7]。顺治二年（1645年）初，吏科都给事中朱徽回忆说："去岁五六月间，人心甫定，引避者多，寮署一空，班行落落。"由于多尔衮招纳成功，出现了"东西响应，多士云集"的局面，乃至他所在的吏部竟然出现了"人才不无壅积之虞"。[8]

对于多尔衮宽泛甚至不讲原则的用人政策，汉官中有人表示反对。顺天巡按柳寅东就主张前明贪官以及投诚大顺政权的明官应一概排斥。[9]多尔衮却不这样认为，他回答道："别的聪明我不能，这用人一事，我也颇下功夫。"[10]他表示国家用人之际，"不必苛求"。

其后，多尔衮宣布废除明末弊政之极的三饷加派，又将都城从盛京迁往北京，以定人心。

这种种适时而正确的决策，都在向亡明的臣民证实：改朝换代的胜利果实已被满族贵族稳操在手。

然而，胜利只能说是初步的。随着军事征服节节推进，以及大批臣民归附新主，特别是控制区域的稳步扩展，清朝统治者颇有些自满，大有"天下舍我其谁"的气势，加之满族本身尚处于封建化程度很低甚至前封建化状态，这就使清朝的政策暴露出摇摆不定的特点来。清初的五大弊政——圈地、投充、逃人法、剃发、易服就是这样。

清朝定鼎北京后，随着征服战争的进行，大批满族贵族、将士及旗下人拥入关内。八旗诸王、贝勒及将士是清朝立国的基础，是完成武力征服的中坚力量。为确保其经济特权，清朝通过赤裸裸的剥夺来满足征服者的欲望。顺治元年（1644年）十二月，清廷开始圈占土地。户部派遣满族官员和地方官吏来到乡村田野，由两人骑马拉着户部颁发的绳子，不分有主无主，看好一块，四周一拉，田地就划归八旗。"圈一定，则庐舍、场圃悉皆屯有。"[11]被圈占的不仅是土地，连土地上的庐舍、场圃以及百姓妻室儿女全被其强行占有。

随后，圈占的地区由近京扩大到其他各地。仅顺治四年（1647年）一次圈占，满族贵族便在京畿府州县掠夺了膏腴之地达到5 962 242亩。仅在直隶72个州县圈占土地达244 201顷，是原有土地364 886顷的67%。以后，又在山东、山西、苏北地区进行了大量圈占。[12]

圈地只为八旗王公、贵族、兵丁解决了住房和庄园，而庄园耕种和日常服侍还需要大量人手。为此，清廷实行"投充"和"逃人法"。投充是将汉民逼迫成旗下奴仆，为其耕种。这是将落后的农奴制生产方式强行楔入中原地区。投充的汉民完全没有人身自由，没有独立的经济地位，不仅本身受凌辱，而且世世代代子孙也要按照主奴名分，供满族贵族驱使。

为了摆脱非人的境况，汉民只有逃亡一途。为维护满族贵族的利益，清初统治者不惜制定惩处逃亡行为的法律。逃人与反逃人成为清初各种矛盾斗争的焦点。

逃人法是禁止已沦为满族庄园上的奴仆逃亡的法令，包括对逃人、窝主严加惩处。清廷把"捉拿逃人一款"列为"第一急务"，[13]为此设置专门机构督捕衙门，制定异常严格的《督捕则例》。尽管如此，逃人仍很多。清初申涵光在《哀流民和魏都谏》一诗中描写了逃亡流民的惨状：

> 流民自北来，相将南去。问南去何处？言亦不知处。日暮荒祠，泪下如雨。饥食草根，草根春不生。单衣曝背，雨雪少晴。
>
> 老稚尪羸，喘不及喙。壮男腹虽饥，尚堪负载。早春粮，夕牧马，妪幸哀怜，许宿茅檐下。主人自外至，长鞭驱走。东家误留旗下人，杀戮流亡，祸及鸡狗。日凄凄，风破肘。流民掩泣，主人摇手。[14]

清初统治者强力推行圈地、逃人法等恶政，加重了汉族人民的负担，也侵害了汉族地主的利益。当时不少汉族官员挺身谏言，要求放宽民族压迫政策。多尔衮却下令："有为剃发、衣冠、圈地、投充、逃人牵连王事具疏者，一概治罪，本章不许封进。"[15]这是清初最早为言官划定的言事禁区，犯禁者也成为第一批受惩处的言官。

顺治十一年（1654年）正月，刚升任兵部督捕右侍郎的魏琯上《罢籍没定逃窝疏》，指出逃人法行至今日已十一年，"民之死于法，死于牵连者几数千百家。而究治愈力，逃者愈多"，认为今日之逃人，已不是自盛京而来，"自投充之门开，而所逃不皆东人"，逃者未必皆真逃，窝者未必皆真窝，请罢籍没之令，定逃窝之法。[16]顺治帝命下部议，经大臣定议，对窝主"改斩为流，免籍没"。[17]魏琯因上疏取得初步成果，于是再次上疏，指出：窝主改为流徙，虽法外施恩，但窝主家属辗转随徙，于情不合。因此，他请求妻儿免流徙，田宅不必报。

顺治帝览奏后勃然大怒，说满族家人系先朝将士血战所得，故逃窝之禁甚严，近年屡次宽减，罪止流徙，且逃人多至数万，所获不及什一，督捕衙门屡经具奏，魏琯明知，何得又欲求减，显见偏私市恩，殊为可恨。顺治帝命议政诸王、贝勒、大臣、九卿、詹事、科、道各官，会同从重议处具奏。魏琯随后被议绞，罪责是其统司缉捕一年之内，逃人至于数万，所获未及数千，又疏请宽逃人之禁，欲使满族家人尽数逃散。顺治从宽降三级使用。但几个月后，清廷借口魏琯与山东德州秀才吕煌私匿逃人案有牵连，将他革职，遣戍辽阳。从此，魏琯开始了"穷荒旅羁，饮食艰辛""黄沙莽莽恶风吹"的谪宦生涯。不久，魏琯卒于辽阳戍所。[18]

魏琯并非言官，但他是具体执行逃人法的汉族官僚。他目睹逃人法的暴虐无理，企图让清朝统治者改弦更张，自己却因此获罪，成为直谏的牺牲者。

"逃人法"是被清朝最高统治者明令宣布的言事禁区，而汉族言官却敢于屡次触犯这个禁区。顺治十一年（1654年）九月初三，福临驾临内院，召诸王及九卿、科、道等汉官，赐给他们上等好茶后，话题转到巡抚宜永贵上疏一事。宜永贵称，满族逃人甚多，捕获甚少，而汉官议隐匿逃人之罪，必欲轻减。说到这里，顺治帝顿时龙颜不悦，对在场的汉臣说："尔等汉臣每每与满洲抵牾，蓄有贰心。朕以同德相期，而尔等多怀异念矣。今尔等之意欲使满洲家人尽皆逃亡，使满洲失其所业，可乎？今日面谕之后，若更持贰志，朕决不尔贷。"[19]顺治帝一再用"贰志""贰心""异念"这样非常敏感的政治词语来警示、提醒、威慑汉官，并告知汉官：逃人法关系满族根本利益，是不能触碰的禁区。随即，由郑亲王济尔哈朗等议定隐匿逃人者正法、家产入官等十几项更为严厉的逃人法。

魏琯因谏逃人法而被革职遣戍，顺治帝又一再打预防针，并经清廷新订法律。但这些仍没有封住言官之口。兵科右给事中李裀，堪称前赴后继。顺治十二年（1655年）正月，他目睹逃人法执行以来的种种弊端，上疏说立法过重、株连太多，使海内不论贫富良贱，都惴惴于性命朝不保夕之忧，即便大逆不道之罪，也不过如此，而破一家即耗朝廷一家之贡赋，杀一家即伤朝廷一人之培养，"法愈峻则逃愈多，学医犹曰人费，立法乃以人试乎"（李裀《谏辽东疏》），他提出逃人法"可为痛心者"有七。主要内容是：一是自逃人法实行后，官绅民皆不安，大有危在旦夕之感；二是因逃人法无休止地残杀，市井为空；三是流民失所，转为盗贼，国家则无安宁之日……

李裀并非不知上疏可能带来的结局，亲友得知他将上疏后，仓促间一再索要疏稿，当看到内容措辞后，惊讶咋舌，劝他修改文辞，以免获罪。李裀不为所动，说："吾每见言官缄口不言，或以细琐无关者塞责。朝廷亦何贵有此阘茸赘员哉！心窃鄙之，何敢自蹈。且天子圣明，必不见罪；即罪，我死分耳！"李裀的意思是倘若不能直抒胸臆，即便安全一生，老死终日，那实在是有负君国，我将抱恨九泉。[20]

李裀的上疏于正月二十八日上达，经过二十多天后，才交给议政王大臣会议。因上疏有"七可痛心，情由甚毒"，李裀被议为死罪，顺治改为"流徙尚阳堡"。[21]

三月初九，顺治帝谕称：逃人一事，屡经详议，立法不得不严,昨颁谕旨,备极明确,若仍执迷违抗,偏护汉人,欲令满人困苦,谋国不忠,莫此为甚,朕虽欲宥之弗能矣,兹再行申饬,自此谕颁发之日为始,凡章中再有干涉逃人者,定置重罪,决不轻恕。[22]顺治帝再次将逃人法划定为言事禁区。

李裀有谏言之责,他明知不可而为之,他被议罪后引起正直官员的普遍同情。在他告别京城,前往流放地时,人们夹道相送。毛腾蛟在《送别李龙衮奉诏诣尚阳堡》诗中写道:

朔风一朝起,严霜惨以冽。
君为秦廷哭,举国惊欲绝。
谁知今日泪,一字竟一血。[23]

李裀带着满腔的悲愤踏上了陌生的土地,远离了让他充满希望而又失望的京师。当他的肉体经受残害时,他的精神也逐渐麻木。史书记载,李裀在戍所褐衣蔬食,虽手不释卷,但闭口"不及世事,若将终身焉",不久死于戍所。[24]

先期因文字狱被流放到这里的释函可,作有《哭李给谏》一诗,为他的死鸣屈:

山中愁未了,走马哭孤臣。
白发随江水,青云逐塞尘。
史留忠愤疏,天丧老成人。
幸有绨袍在,年年渍泪新。[25]

清初直谏言官大多成长于明末，他们的血统中还流淌着明代士大夫的血液，敢于犯颜直谏，讽议朝政，虽罪不辞。朝廷对触及其根本利益的直谏者，尤其是触动满族贵族利益的直谏者，虽未直接杀戮，但或流放，或罢官，罪谴随之不绝。

赵开心是明朝崇祯七年（1634年）进士，清朝定鼎北京后，他官任御史时因敢于直谏而颇有声名，仕途也屡起屡仆。他得知礼部侍郎李若琳曾向多尔衮建议令官民剃发而愤怒至极，顺治二年（1645年）五月他参劾李若琳"垂涎内院一席，辄借剃头为先资"，说："李若琳忽传王上有官民剃头之旨，举朝闻之，争相错愕，谓我清朝主盟中夏，急当讲求帝王文物之理，方将进皇上、王上加衮冕，以隆郊祀，以示观仰，岂复令臣民去冠裳而伤发肤，且独不有煌煌之明旨在，乃倏而为反汗之号，使之疑功令之不信乎？"

赵开心的参劾疏与其说针对的是李若琳，不如说是针对摇摆不定的清朝最高统治者。因为"剃发令"时而雷厉风行般执行，时而停罢。疏中所说的"帝王文物"是指汉族中央王朝的制度，也自然包括衣冠服饰。上疏还谏言清廷不能出尔反尔，使得天下臣民不相信"明旨"。皇帝的谕旨颇有意味，说：赵开心这本既然说的是仁义之道，"但不知纱帽圆领即可为仁义否？今愿学本朝服制的反说谄佞，将欲使通国官民不遵清制而终为明朝人物乎？""若不愿剃头者亦不必强，其情愿剃头者方且嘉许之不暇，何得反目为贪位固宠，指斥而非之耶？"[26]

"将欲使通国官民不遵清制而终为明朝人物"，这顶政治大帽子实在不小。此时，多尔衮自以为南明弘光政权和李自成的大顺政权都已被摧毁,乐观地认为天下已然大定,于是下令全国一律剃发。大学士洪承畴启奏摄政王,希望先从官员开始,百姓稍缓。多尔衮说他思考此事已经一年了,遂于顺治二年六月十五日通过礼部,向全国发布严厉的剃发令:

> 向来薙发之制,不即令画一,姑听自便者,欲俟天下大定始行此制耳。今中外一家,君犹父也,民犹子也,父子一体,岂可违异。若不画一,终属二心。……自今布告之后,京城内外限旬日,直隶各省地方,自部文到日亦限旬日,尽令薙发。**遵依者,为我国之民;迟疑者,同逆命之寇,必置重罪。**若规避惜发、巧辞争辩,决不轻贷。该地方文武各官,皆当严行察验,若有复为此事,渎进章奏,欲将朕已定地方人民,仍存明制,不随本朝制度者,杀无赦。其衣帽装束,许从容更易,悉从本朝制度,不得违异。该部即行传谕京城内外并直隶各省府州县卫所城堡等处,俾文武衙门官吏师生一应军民人等,一体遵行。[27]

剃发令颁布后,激起全国各地的强烈反抗。江阴人民守城八十一天,抵抗清军,表现出"头可断,发不可剃"的精神。次年三月,赵开心被革职为民。此后,汉官也不敢拿自己的身家性命博取直谏美名,也再没有为剃发令上疏者。

在因言获罪的流放者中,李呈祥是极少数生还的幸运者之一。出生于山东沾化的李呈祥少有才名,崇祯年间选庶吉士。降清后授编修，累迁少詹事。顺治十年（1653年）二月，他针对满族官员把持各部院政权、汉族官僚毫无权力的现状，上疏请求各部院应裁去满官，专用汉人。这无疑是对清朝"首崇满洲"国策的最尖锐批评。顺治帝对大学士洪承畴等说："（李）呈祥此奏甚不当。昔满臣赞理庶政，弼成大业。彼时岂曾咨尔汉臣？朕不分满汉，一体眷遇，尔汉臣奈何反生异志？若以理言，首崇满洲固所宜也。想尔等多系明季之臣，故有此妄言耳！"[28]顺治帝承认"首崇满洲"，但把汉官在清初打天下的作用一笔抹掉，这无论如何也说不通。在场的汉官洪承畴、范文程、宁完我、陈名夏等人自然心中不服气，向顺治帝表示："臣等无以仰答圣谕矣！"顺治帝发怒，满官立即行动起来。都察院副都御史宜尔汉等人弹劾李呈祥"讥满臣为无用，欲行弃置，称汉官为有用，欲加专任，阳饰辨明，阴行排挤"[29]。顺治帝革去李呈祥的职官，交刑部议处。刑部议处李呈祥当死。顺治帝从宽改为流放盛京。

李呈祥追随前贤来到了流放者的土地。《仲冬一日》衬托出作者凄苦的心境：

饥鸦蹲不语，冻犬卧成团。
日出柴门晓，烟高大漠宽。

顺治十七年（1660年），在清理建言得罪诸臣中，李呈祥熬过了八年精神和肉体的双重煎熬，从流放地释归。可是，他再也不愿为皇家操心了，释归后倘徉林下二十余年。

多尔衮摄政时期，清廷处于武力征服全国阶段，对汉官虽曲意任用，但汉官还不能与满官争权。顺治亲政后，对汉官比较重视，内三院的满族大学士只有富察氏额色黑一人，而且汉官在六部的势力也有所增长。满汉官员的矛盾较为突出。往往议及一事，满官群起反对，汉官赞成；汉官反对，满官赞成。这自然不利于统治。因此顺治帝于十年（1653年）四月对汉官等宣谕说：

> 凡事会议理应画一，何以满汉异议？虽事亦或有当异议者，何以满洲官议内无一汉官；汉官议内无一满洲官，**此皆尔等心志未协之故也**。本朝之兴，岂曾谋之尔汉官辈乎？故明之败，岂属误于满官之言乎！奈何不务和衷，而恒见乖违也。自今以后，务改前非，同心图效，以副朕眷顾之意。不然，朕虽欲尔贷，而国法难容。至于都察院、科道等官，职司言路，见有如此乖戾者，亦当即行纠弹。[30]

满汉官员之间"心志未协"是那个时代矛盾的产物，并非几次上谕式的劝诫就能化解得了。

尾注

1 萧一山《清代通史》第1册，中华书局1980年，第259页。
2 《清摄政多尔衮安民令旨》，原件藏辽宁省档案馆，引自孙文良、张杰《1644年中国社会大震荡》，辽宁人民出版社1994年，第112—13页。
3 《清世祖实录》卷5。
4 《清世祖实录》卷5。
5 《明清史料》甲编第一本，第69页。
6 《顺治元年内外官署奏疏》，藏北京大学图书馆。参见孙文良、张杰《1644年中国社会大震荡》，辽宁人民出版社1994年，第115页。
7 张怡《搜闻续笔》卷10。
8 《明清档案》第2册，A2—119号；《清世祖实录》卷13。
9 《清世祖实录》卷5。
10 《多尔衮摄政日记》，闰六月十二日。
11 《清经世文编》卷31，姚文燮《圈占记》，中华书局1992年，第787页。
12 方行、经君健、魏金玉主编《中国经济通史·清代经济卷》（下），经济日报出版社2000年，第1470、1475页。
13 《顺治朝题本》隐匿类367函34号，中国第一历史档案馆藏。
14 引自邓之诚《清诗纪事初编》，中华书局1965年，第146—147页。
15 《清世祖实录》卷28。
16 《皇清奏议》卷7，上册，第172—173页，罗振玉辑，张小也、苏亦工等点校，凤凰出版社2018年。
17 《清史列传》卷79《贰臣传》。
18 康熙《寿光县志》卷25《孝友传·魏之京》。

19 《清世祖实录》卷86。
20 钱仪吉《碑传集》卷52《兵科给事李裀传》,中华书局1993年,第5册,第1477—1478页;《清世祖实录》卷88。
21 钱仪吉《碑传集》卷52《兵科给事李裀传》。
22 《清世祖实录》卷90。
23 乾隆《高密县志》卷9《艺文志》。
24 光绪《高密县志》卷9。
25 引自李兴盛著《中国流人史》,黑龙江人民出版社1996年,第675页。
26 上海书店出版社编《清朝档案史料选编》(一),上海书店出版社2010年,第28—29页。
27 《清世祖实录》卷17。
28 《清世祖实录》卷72。
29 《清世祖实录》卷72。
30 《清世祖实录》卷74。

三、政治婚姻与福临的悲剧

一位大文豪说过,幸福的家庭几乎都是相似的,而不幸的家庭各有各的不幸。

七月七日长生殿,夜半无人私语时。
在天愿作比翼鸟,在地愿为连理枝。

当我们吟诵唐代诗人白居易的《长恨歌》时,的确没有理由怀疑帝妃之间也会有纯真的爱情。然而,帝王的家庭却是极特殊的家庭,拥有极权的天子日理万机,政治化的人格已使诸多帝王无法享受到正常的家庭生活,他们的婚姻也蒙上了浓重的政治色彩。在清初政坛上执牛耳的多尔衮和孝庄太后就把政治婚姻强加在了少年天子顺治身上。

顺治八年(1651年)八月,14岁的福临举行大婚礼,皇后是蒙古科尔沁卓礼克图亲王吴克善之女博尔济吉特氏。然而只过了两年,即顺治十年八月二十六日,福临谕礼部说当今皇后"乃睿王于朕幼冲时因亲订婚，未经选择，自册立之始，即与朕志意不协。宫闱参商，已历三载"，声称他昨天已经奏闻皇太后，将皇后降为静妃，改居侧宫。这一举动引得满朝震惊。次日，礼部尚书胡世安等汉臣从传统礼法出发，上疏劝谏，并说圣谕中未言及与诸王大臣公议，及告天地、宗庙。福临不得已，命交议政诸王贝勒等会议具奏。礼部员外郎孔允樾上疏："臣办事署中，偶闻废后一事，不觉悚然，及见冯铨等奉圣谕内有故废无能之人一语，更为惊骇。我皇后正位三年，未闻显有失德，特以无能二字定废谪之案，何以服皇后之心，且何以服天下后世之心？"他还提出设立东西两宫，"共襄内治"的建议。

二十九日，一直沉默的御史终于表态，宗敦一等十四人合疏上奏，劝福临"收回成命"。

九月初一，诸王大臣会议的结果认为，仍以皇后正位中宫，并"选立东西两宫"。

面对巨大的舆论压力，福临毫无退意，传旨说："从古废后遗议后世，朕所悉知，但势难容忍，故有此举。"福临还责难汉官劝谏，无真闻确见，令他们以实具奏。自古以来，宫门深似海，帝后之间的恩怨纠葛，外臣岂能尽知？！福临将汉臣置于尴尬的境地。孔允樾等回奏说："皇后居深宫之中，其有过无过，非惟人臣不及知，亦人臣不敢知。""圣主在上，臣复何言，惟有席藁待罪静听处分而已。"九月初五，皇后被废。[1]

福临执意废后，按他的说法是"志意不协"。据《清史稿·后妃传》载，这位皇后虽天生丽质、聪颖巧慧，却养成了一种骄奢习气，服饰必缀之以珠玉绮绣，用膳时的餐具一律是金器。更让少年天子难以忍受的是,她的嫉妒心极强,每见到美貌女子,便憎恶得恨不能置之于死地。

事实上,福临执意废后还有着更深一层的含义。皇后乃是皇父摄政王多尔衮生前指定的人选,而自从知事以后,福临对于多尔衮的咄咄逼人之势极为不满。他是个个性极强的人,无法容忍皇权受到压制。对于他来说,贬抑皇后就意味着对多尔衮的贬抑。这种连带的象征意义,令他在废后问题上十分果决。

福临自然不会忘记皇后的姓氏是博尔济吉特,她是母亲孝庄文太后的亲侄女。在确定皇后人选的过程中,母亲肯定起到了至关重要的作用。这种作用在清初的诸多政治事件中都得到了体现。据说福临能够承继大统,就有着孝庄文皇后的一份功劳。皇太极死后,多尔衮与皇长子豪格是最有实力争夺帝位的两派。"鹬蚌相争,渔翁得利",两派较量的结果,便选中了孝庄文皇后年仅6岁的儿子福临。福临能够在皇太极的十一个儿子中脱颖而出,除了其幼冲便于操控,还有其他的原因。

关于多尔衮选中福临的原因,世间有"太后下嫁"的说法,而且,"无南北,无老幼,无男妇,凡爱述故老传说者,无不能言之"[2]。

传说多尔衮与庄妃年龄相仿,品貌相当,早在皇太极在世时便已定下情缘。皇太极死后,多尔衮全力支持庄妃的儿子福临登基。福临继位后,多尔衮经常以"商讨国事"为名,出入宫禁,与嫂侄居处,如家人父子。[3]不过,这终归不合国之礼仪,于是二人想出妙计,以孝庄假死,再以他人的名义嫁给多尔衮。随后宫中果然传出皇太后驾崩的消息,没过几天,多尔衮便迎娶了福临的奶娘，礼仪十分隆重。[4]

尽管至今史家仍未找出足够的证据来证明上述传说的真实性，[5]但孝庄文皇后以其崇高的地位与良好的品质，而能够为对立的双方所接受，这一点却是毋庸置疑的，这当然是福临能够取得帝位的一个重要原因。

孝庄文皇后对于儿子废后并没有横加阻拦。经过痛苦的抉择，她还是答应了儿子的请求。不过，她并没有忘记修复因此与蒙古所产生的裂痕。福临的第二位皇后仍是蒙古女子，仍姓博尔济吉特。这第二次婚姻虽得以维系下去，却谈不上幸福。福临很快又嫌这位皇后"乏长才"，并且迷恋起内大臣鄂硕之女董鄂氏来，并为此女子做出了"出家"这样的惊天动地之举。自然，两位蒙古女子成了政治婚姻的牺牲品。

一波未平，一波又起。顺治十二年秋，朝野上下沸沸扬扬，流传皇帝派太监买扬州女子入宫的事。

此言并非空穴来风。不久前，乾清宫大功告成，顺治帝确曾派内廷太监赴江南采办陈设器皿。此行正与传闻吻合。一贯不畏君权、仗义执言的兵科右给事中季开生自然按捺不住，上疏极谏，请速收回成命。据季开生奏称：近日臣之家人自通州来，遇见吏部郎中张九徵回籍，其船几被使者封去，据称奉旨往扬州买女子。夫发银买女，较之采选淑女，自是不同，但恐奉使者借端强买，小民无知，未免惊慌，必将有嫁娶非时、骨肉拆离之惨。[6]

皇帝私买民间女子入宫，在汉官看来，这是一件不合法度的事。完整的后宫制度自秦朝开始已经形成，皇帝选妃有着相当严格的标准和程序。而清朝由于民族、地域以及形势的影响及限制,自太祖、太宗开始,宫中从无汉女。尽管此时清朝刚刚入关,皇帝为了拉拢汉人曾下谕鼓励满汉通婚,[7]但私买汉女入宫的举动仍有些过分。

顺治对季开生的上疏反应相当强烈,他很快下旨洗刷自己的罪名:"太祖、太宗制度,宫中从无汉女。朕奉皇太后慈训,岂敢妄行,即太平之后尚且不为,何况今日?朕虽不德,每思效法贤圣主,朝夕焦劳。若买女子入宫,成何以主耶?"随即他以肆诬沽直的罪名,将季开生下刑部杖刑,流徙尚阳堡。很快,季开生便不堪其苦,卒于戍所。

我们后文还将提到的清初著名诗人吴梅村,作有《古意》六首,其中最末一首讲的就是季开生谏顺治买女子之事:

珍珠十斛买琵琶,金谷堂深护绛纱。
掌上珊瑚怜不得,却教移作上阳花。

诗中暗喻顺治这个"豪家",用十斛珍珠买手抱琵琶的名妓,颇自珍秘,轻易不为人所见,后竟结为宫眷。虽有季开生谏阻,谏阻人却被移去尚阳堡成为罪囚。清代是皇权最为飙涨的时代,也是言路大受压制的王朝,正因如此,流传广泛的宫中之谜也越来越多,这与时代越近谜案越易揭开的规律成了悖律。

据传教士汤若望回忆,顺治皇帝的生活放荡不羁,他在结婚之前,就"曾作了一件无道之事",而结婚之后,"人们仍听得到他的道德方面的过失"。[8]有关这位风流天子,世间一直流传着不少的桃色故事。据说,因为爱妃董小宛仙逝,他曾不顾天子的使命削发为僧,演出了一幕不爱江山爱美人的活剧。

董小宛在历史上确有其人,她是明清之际秦淮河畔色艺俱佳的名妓之一。在中国传统社会,妓女应该说是妇女中少有的"知识分子"。在传统礼教的束缚下,人们遵从"女子无才便是德"的古训,大多数妇女没有读书识字的权利,只会持家必备的女红,根本无法与饱读诗书的丈夫们进行深层次的交流。而不少妓女琴棋书画无所不通,又无拘无束、风情万种,自然令文人雅士们迷醉。明清嬗变之际,国恨闲愁无以寄托,文人终日与名妓共欢就更成了一种时尚。

与董小宛相爱的是江南名士冒襄(字辟疆),他与方以智、侯方域、陈贞慧被并称为明季四公子,英俊倜傥,才华横溢。对于妓女来说,能够在年轻貌美之时从良,并委身于名士,无疑是最好的选择和归宿。在另一位江南名士钱谦益的帮助下,董小宛克服重重困难,终于与冒襄结为夫妻。

在民间传说中,董小宛没来得及跟冒辟疆共享多少美好时光,便被南下的清军掳去,供奉内廷。很快,少年天子便被这位绝代佳人完全征服了。她那特有的南国风韵令入关不久的福临惊奇迷醉。于是,天子一反常规,以惊人的速度先册封董氏为贤妃,旋即又册封为皇贵妃,虽无皇后之名,却系六宫之主。怎奈董氏红颜薄命,不久就撒手人寰。福临悲痛欲绝,于几个月后抛弃皇位,遁入五台山,削发为僧,皈依佛门。皇太后和皇族百般劝解未果,只好于顺治十八年(1661年)正月假称顺治驾崩,颁发遗诏,以皇三子玄烨继位。

关于上述传闻,史家多有讨论。多数学者认定,董小宛于顺治八年（1651年）由于侍奉丈夫积劳成疾，病逝于冒襄家中，时年28岁。这有冒襄悼妻之作《影梅庵忆语》为证，特别是冒襄在《亡姬董小宛哀辞》中明确说，"小宛自壬午归副室，余与子形影交俪者九年，今辛卯献岁二日长逝"，以及当时众多文人学士的怀念诗词为证。[9]况且，董小宛比顺治帝大14岁，她去世时，顺治还只是个13岁的少年，似乎传说不实。

不过，福临为之钟情的确有一位董鄂氏，她原是襄亲王的福晋，凭着命妇入侍后妃的机会，与福临暗结"秦晋之好"。然而，董鄂氏已为人之妻，且襄亲王是福临的同父异母弟，这种偷情行为不仅辱及国体、宗门和家法，更严重的是危及满蒙贵族之间的关系。孝庄太后强烈的政治婚姻观使她不能坐视不管，她先停止命妇入侍后妃，以阻止儿子与董鄂氏的往来，接着议立孔四贞为东宫，诱使福临移情别爱。然而这一切都徒劳无益，福临竭力反对母后对自己私生活的强制干预，不顾一切地追求自己的理想婚姻，甚至忘了帝王的婚姻只能牺牲于政治这一准则，由此引发了母子之间的矛盾和斗争。

顺治十三年七月，襄亲王被逼而死，[10]年仅16岁。八月，董鄂氏立为妃，十二月立为皇贵妃，福临又破例颁诏天下。一年后，福临借"不孝"之名欲废第二任皇后，因孝庄坚决反对而未能如愿。十四年十月，董鄂氏为福临生下皇四子，次日，福临宣称他是"朕第一子"，即未来皇位的继承人，这意味着董鄂妃注定要成为皇后，也等于宣告蒙古贵妇们执后宫牛耳的历史行将结束，这更为孝庄所不容。

就在董鄂氏临产之时，孝庄太后突然"圣体违和"，养病南苑，并谕诸后妃及百官视疾问安。传谕者明知董鄂妃产后不久，仍将谕令送到承乾宫。董鄂妃深知太后用意，毅然冒死前往南苑问安，并且"朝夕奉侍废寝食"。一位初产妇在腊月寒冷的天气里从京城赶往京郊，还要尽心竭力侍奉"病人"，可见太后之心。

顺治十五年（1658年）正月，仅活了一百零四天的皇四子夭亡，给沸沸扬扬的清宫带来了肃杀之气。福临破例追封连名字都未来得及取的皇四子为硕荣亲王，爵秩在清宗室十二等中为头等。并且，福临还在京东蓟县的黄花山下，专为这位皇子修建了园寝，一应规制俱备。

值得注意的是，福临的第二任皇后，即第一任皇后的侄女，孝庄太后的侄孙女在孝庄太后"圣体违和"期间，"礼节疏阙"，这与董鄂妃"朝夕奉侍废寝食"形成鲜明对照，难怪福临要以此为理由再行废后之举了。合理的解释只能是董鄂氏产后不久要"朝夕奉侍"孝庄，显然有被胁迫的隐情。

顺治十七年八月十九日，即荣亲王死后两年八个月后，董鄂妃忧郁而亡，年仅21岁。福临对董鄂氏之死，万分悲痛，不仅亲自为之守陵，还传谕亲王以下，四品官以上，并公主、王妃以下命妃，俱于景运门内外，齐集哭临，辍朝五日。两天后，福临追封董鄂氏为皇后。福临为爱妃亲笔书写了数千言的《行状》，盛赞她的仁德，还命大学士金之俊为董鄂氏作传；举殡时，命八旗官员中二三品者轮次抬棺。

福临为亡妃大办丧事。规模宏大的水陆道场设在景山，仪制由茆溪森禅师一手主办。一百零八位僧人，白天铙钹喧天，黄昏烧钱施食，大小官员毕至。福临还打破清代定制，即国丧用蓝笔批本二十七日的规制，因董鄂妃之丧而用蓝批达一百二十天之久。

顺治"第一子"的去世，对爱妃乃至对福临本人的打击，都是其难以承受的。福临在此时有了出家的念头，但他牵挂爱妃。顺治十六年（1659年）三月，他请玉林禅师为他起僧名，并说要用丑些的字眼。玉林禅师选了十几个字进览，顺治帝选了"痴"字，自此法号"行痴"，与玉林禅师的往来，皆称"弟子"。玉林禅师在宫廷里逗留了两个月有余，"语不及古今政治得失、人物臧否，惟以第一义谛启沃圣心"。爱妃仙逝后，顺治帝对尘世一无所恋，为亡妃大办丧事后，并削发出家（后经劝谏回宫），这无疑是他难以承受心理重创，决然与母后进行抗争的表现。

长期以来，孝庄太后按照太宗崇德五宫后妃模式，继续以蒙古族女子，特别是来自与她有亲族关系的科尔沁部的女子，组成顺治帝后妃的核心。这与已是成年的顺治帝所希望的相去甚远，为此母子之间嫌隙渐生。而在母后的强大政治声望和尊贵的地位面前，福临无法抗衡，只能得到"爱美人不爱江山"的又一个凄婉结局。[11]

死者深可哀。也许是福临对亡妃爱入骨髓，他此后的岁月唯有以泪洗面，这对本来就身体虚弱的顺治帝来说，无异于雪上加霜。董鄂妃死去四个月后，少年天子福临也成为孝庄太后政治婚姻的第二个牺牲者，撒手而去，年仅24岁。顺治去世的同时，董鄂妃之妹贞妃董鄂氏也被逼身殉。

稍能告慰这位"行痴"皇帝和爱妃在天之灵的是，康熙二年（1663年）六月，顺治于清东陵孝陵地宫与孝献端敬皇后董鄂氏合葬同眠。因福临的尸体已经火化，且福临遗命"山陵不崇饰，不藏金玉宝器"，因此孝陵虽经三百余年的风风雨雨，却完好无缺地保存下来，它也是清东陵所有陵寝中唯一没有被盗掘的坟墓。

尾注

1 《清世祖实录》卷77—78。
2 孟森《太后下嫁考实》，载孟森《明清史论著集刊正续编》，河北教育出版社2000年，第218页。
3 李春光纂《清代名人轶事辑览》第1册，中国社会科学出版社2004年，第406页。
4 参见《多尔衮轶事》抄本。
5 孟森《太后下嫁考实》一文否认太后下嫁，而胡适致信孟森，称"仍未能完全证明无下嫁之事"，《明清史论著集刊正续编》，河北教育出版社2000年，第224页。
6 《清世祖实录》卷92；《清史稿》卷224《季开生传》。
7 《清世祖实录》卷40。
8 魏特著，杨丙辰译，《汤若望传》，商务印书馆1949年，第283页。
9 吴定中编著《董小宛汇考》，上海书店出版社2001年，第43页。
10 参见张晓虎《顺治帝与董鄂妃》，中国人民大学出版社1990年。
11 孟森《世祖出家事考实》，载孟森《明清史论著集刊正续编》；杨珍《历程制度人——清朝皇权略探》，学苑出版社2013年，第406页。

四、改朝换代和士大夫的选择

史家曾记载过这样一则趣事：南明重臣钱谦益在南京陷落时投靠了清廷。北上就职前，他到苏州城外的虎丘一游。友人见他身着一件小领大袖、式样特别的衣服，就追问他代表哪朝风格。钱谦益自然听出了友人的敌意，于是故作轻松地回答："小领示我尊重当朝之制，大袖则是不忘前朝之意。"友人闻听不禁戏谑道："大人确为两朝领袖！"[1]

这"两朝领袖"的戏语真正道出了清初政治生活中充满矛盾的无奈现实。在任何一个改朝换代的当口，矛盾丛生、危机四伏都是最自然不过的现象。

对于那些前明的遗老遗少来说，忽然间，他们所面临的已经是关乎生死的抉择：或是舍生取义，为崇祯皇帝殉道，为大明江山而战，博取忠孝节义的美名；或是委身新主，低下高傲的头颅，苟且偷生，此外别无他途。而在视名节与生命同等重要，甚或高于生命的传统社会，无论做出何种选择都是需要勇气的。更何况新主还不是汉族呢！在这里，儒家思想哺育下的士大夫陷入极度的精神煎熬和难以自拔的痛苦中。

《庄子·人间世》记载："仲尼曰：'天下有大戒二：其一命也；其一义也。子之爱亲，命也，不可解于心；臣之事君，义也，无适而非君也，无所逃于天地之间。是之谓大戒。'"在孔子看来，世界上只有两类行为准则，人人必须遵守。前者由自然决定，后者由社会决定。无论是为人之子，还是为君之臣，都应遵守这两类行为准则。

到了汉代，孔子的"两大戒"或者说是两类行为准则被董仲舒牵强地联系在一起，在董仲舒的论述中，把下忠于上视作宇宙的法则。他还从汉字"忠"和"患"这两个字的笔画中生动地引申出前者指尽忠于一个君主，而后者是怀有异心的结果。在以后的儒家经典《忠经》和《孝经》里，"忠"和"孝"被强行并列在一起，并把"忠"视为所有美德之首。南宋大儒朱熹在为《论语》"事君能致其身"作注时认为，"致犹委也"，因而整句的意思应为"委致其身"，也就是"不有其身"。[2]北宋史学家司马光把臣对君的忠和妻对夫的忠贞结合在一起，他批评冯道作为人臣，却替不下于五个朝代服务过，并在其名著《资治通鉴》中声明："正女不从二夫，忠臣不事二君。"[3]这种思想经理学家程颐的"饿死事极小，失节事极大"[4]的宣播，似乎忠君和气节作为基本概念，深入士大夫的肺腑之中而不可动摇了。

自宋代以来，"被发左衽"的危机步步加深，士大夫在现实的抉择中要经受心灵的种种震撼。在思想家的眼里，明清鼎革并非与其他时期的改朝换代完全一样，而带有"亡天下"的特殊内涵。以往认为家天下的王朝被异姓取代，国家也就不复存在。因为家国一体、朕即国家的观念深入士大夫的骨髓，而明清鼎革时期的思想家们对此予以辨析、批判，区分国家（王朝）与天下，从而形成具有划时代意义的"新国家观"。[5]

王夫之提出天下乃天下人之天下，非君主所得私。他批判天下之土莫非王土，天下之民莫非王属的传统观点，说土地并非"王者之所得私也。天地之间，有土而人生其上，因资以养焉。有其力者治其地，故改姓受命而民自有恒畴，不待王者之授之"[6]。他提出种族大义高于君臣之义，"不以一时之君臣，废古今夷夏之通义"。君臣是临时组成的关系，而种族才具有永久性，具有"通义"。因此，"一姓之兴亡，私也；而生民之生死，公也"[7]。顾炎武进而把"亡国"与"亡天下"进行区分，提出："有亡国，有亡天下。亡国与亡天下奚辨？曰：易姓改号，谓之亡国；仁义充塞，而至于率兽食人，人将相食，谓之亡天下。""知保天下，然后知保其国。保其国者，其君其臣，肉食者谋之；保天下者，匹夫之贱，与有责焉耳矣。"[8]

思想家们通过明清鼎革的历史解读，透视时代的变革具有新的意象。而清廷在征服战争时期推行的残暴政策，一定是他们观照的基本依循。故此，那些最先投身清朝的"贰臣"，经受的心理磨折，要远比那些死君社的人更为痛烈。

被称为文坛领袖、一代宗师的钱谦益就是一个复杂多变、随波逐流的人物，他的荣辱成败代表了相当一部分士大夫的境遇与选择，颇具典型意义。

钱谦益，号牧斋，晚年号蒙叟，自称东涧遗老，江苏常熟人。他生于明万历十年，自幼聪慧，五六岁时看演《鸣凤记》，见孙立庭袍笏登场，终生不忘，幼年埋下热衷做官的种子。20岁左右在东南一代便有文名，他和东林领袖顾宪成、顾允成兄弟交游。29岁中探花后，他深得大学士叶向高器重，孙承宗、王图是座主，高攀龙、左光斗、杨涟、周顺昌、黄道周等名流是僚友，瞿式耜是门生，声气震动一时。东林诸领袖相继被害后，钱谦益俨然是东林党魁。一时间，"雒中之冠带，汝南之车骑，蜀郡之好事，鄠杜之诸生，闻声造门，希门柱驾，履舄交错，舟船填咽，邑屋阒其无人，空山为之成市"，钱谦益成为文坛宗主、一代大师、后生晚辈的泰山北斗。在阉党阮大铖的《东林点将录》的黑名单上，钱谦益名列第三，位次仅在李三才、叶向高之下。崔呈秀开的另一黑名单《天鉴录》上也赫然有钱谦益的大名。天启五年（1625年），杨涟、左光斗等人被魏忠贤杀害，钱谦益也被牵连削籍回乡，这为他博取了更多的声名。崇祯元年（1628年），崇祯帝下诏廷臣会推大学士，钱谦益名列第二，被皇帝选用的可能性极大。由于周延儒散布流言，钱谦益落选，此后一直在家赋闲长达十六年。

人在仕途不如意时，常以温柔乡作为情感寄托。崇祯十四年（1641年），已是花甲之年的钱谦益冒天下之大不韪，以娶正妻礼仪纳秦淮名妓柳如是为妾。据《虞阳说苑》甲编《牧斋遗事》记载：钱谦益大张婚礼仪式，"箫鼓遏云，兰麝袭岸，齐牢合卺，九十其仪"。此事引得保守士绅极为不满，向婚礼彩车投掷砖砾。钱谦益吮毫濡墨，笑对镜台，"赋催妆诗自若"，颇有叛逆自如的强健精神。崇祯十六年（1643年）冬，钱谦益造绛云楼与柳如是相居，"房栊窈窕，绮疏青琐，旁龛金石文字，宋刻书数万卷，列三代秦汉尊彝环璧之属，晋唐宋元以来法书，官哥定州宣城之瓷，端溪灵璧大理之石，宣德之铜，果园厂之髹器，充牣其中"[9]。两人"相得甚欢，题花咏柳，殆无虚日"。个性的舒张和思想情趣的契合，以及见识、抱负的多重复归，构成了对封建名教心防的强烈冲击，铸成了开一代风气之先的"钱柳之恋"。

可是，星移物换，"十七载圣明天子横尸在长安道"[10]。崇祯帝死后，作为陪都南京的文武臣僚急成一团，要找一个皇帝重建政权。拥有兵权的阉党阮大铖立福王为帝，并起用阉党对东林党报复。钱谦益谄媚阉党，仅混了个礼部尚书的职位。顺治二年五月，豫亲王多铎率清军南下，南明的士子们还无暇检讨明亡之恨，便在整日的争吵中迎来了一个新的统治面孔。钱谦益以接近"悬车"之龄的疲惫之躯，又一次调转自己的生命航船。柳如是力劝他取义以全名节，他予以拒绝，并阻止柳如是以身殉国。随即，他率文班诸臣奉舆图册籍，冒着细雨，跪道降清。次日，钱谦益带着厚厚的礼单和大红的捧帖，亲自叩见豫亲王。之后，他兴冲冲扬鞭北上，满以为会得到重用，孰料直到顺治三年（1646年）才做了礼部侍郎管秘书院事，充修《明史》副总裁。钱谦益大失所望，几个月后，以疾乞休。

如果说，钱谦益的一跪还带有政治赌博意味的话，那么他的南回便注定自己是委实失败了。"昔去幸宽沈白马，今归应悔卖卢龙"，一世的英名全在这一跪一起间远离而去，剩下的只是无尽的凄苦和幽怨。晚年的钱谦益皈依空门，每日靠念经礼佛来排遣、忏悔。

> 残生犹在讶经过，执手只应唤奈何！
> 近日理头梳齿少，频年洗面泪痕多。
> 神争六博其如我，天醉投壶且任他。
> 叹息题诗垂句后，重将老眼向关河。[11]

这首充满自怨自艾的诗作道出了他凄凉的心境。另有一首作于顺治五年（1648年），被控"反清"而关押在南京时的诗：

> 覆杯池畔忍重过，欲哭其如泪尽何？
> 故鬼视今真恨晚，余生较死不争多！
> 陶轮世界宁关我？针孔光阴莫羡他！
> 迟暮将离无别语，好将白发喻观河。[12]

这种欲哭无泪、生不如死的感觉时时萦绕在钱谦益的胸怀中。

南归的钱谦益为弥补"前嫌"，做了一些反清的事。顺治三年，好友黄毓祺在坚守江阴抗清失败后，重新组建义师，自舟山进发，钱谦益派柳如是至海上犒师。黄毓祺被捕入狱，钱谦益也被牵连，在常熟被捕，押入南京大狱。经柳如是多方营救，黄毓祺隐情不吐，从容而死，钱谦益获释。顺治六年（1649年）七月，瞿式耜的家人派家童到桂林去看永历帝的桂林留守瞿式耜。钱谦益带密信给他的学生，信中指陈当前军事形势，列出全著、要著、急著，还报告清军将领动态和可能反正的武装部队。瞿式耜的按语说得更明白：

> 臣同邑旧礼臣钱谦益寄臣手书一通，累数百言，绝不道及寒温家常字句，惟有忠驱义感，溢于楮墨之间。盖谦益身在虏中，未尝须臾不念本朝，而规画形势，了如指掌，绰有成算。[13]

一年多以后，清军攻下桂林，瞿式耜慷慨赴义。顺治七年（1650年）五月，在柳如是、黄宗羲的积极推动下，钱谦益冒着生命危险，亲自赴金华策反总兵马进宝。黄宗羲在《钱宗伯牧斋》诗里，有"平生知己谁人是？能不为公一泫然"，说明黄宗羲完全把晚年的钱谦益视为反清义士、同道知己。

耄耋之年的钱谦益全情投身抗清大业，多次策应郑成功北伐，并出资救难抗清名臣张煌言眷属，前后死国之臣，必经纪其家，大声疾呼，无所顾忌。

钱谦益的自我救赎取得了人们的谅解。顺治十八年，钱谦益八十大寿。族弟钱君鸿要对外替他征集庆寿诗文，他苦口辞谢说：

> 少窃虚誉，长尘华贯，荣进败名，艰危苟免，无一事可及生人，无一言可书册府，濒死不死，偷生得生。绛县之吏，不记其年，杏坛之杖，久悬其胫。此天地间之不祥人，雄虺之所憋遗，鸱鸺之所接席者也。人亦有言，臣犹知之，而况于君乎？[14]

这一段自我评价，道出了钱谦益为降清而终生不原谅自己。他说明亡时自己该死不死，降清后却偷生得生，是一个被历史遗弃的不祥人、该以杖叩胫的怪物。

康熙三年（1664年），83岁的钱谦益病逝。

一百年后，他的《初学集》《有学集》等书被列为禁毁书。

与钱谦益、龚鼎孳并称为"江左三大家"的吴伟业，在仕清问题上更具悲剧色彩。出生于江苏太仓的吴伟业于崇祯四年（1631年）高中一甲二名进士，明末参加过复社，官至少詹事；因与马士英、阮大铖意见不合，辞官归隐。入清后，少年天子福临慕其才名，强迫他入京。顺治十二年，他参加《太祖圣训》《太宗圣训》的撰修，并于次年升国子监祭酒；随后以母病还乡，再未出仕。似乎是为了赎罪，吴伟业写了许多诗来纪念殉国的忠臣，同时对自己仕清予以自责：

故人慷慨多奇节，为当年，沉吟不断，草间偷活。艾灸眉头瓜喷鼻，今日须难诀绝。早患苦，重来千叠。脱屣妻孥非易事，竟一钱不值何须说。人世事，几完缺。[15]

在一种近乎悲凉的《自叹》诗中，他抒发自己"误尽平生是一官，弃家容易变名难"的感慨。仿佛自己无法洗清身上的耻辱一样，纵然百转千回，也难逃历史的污点。在生命的最后几年，他同钱谦益的老师弘储和尚一道研习佛学。康熙十年（1671年），吴伟业在弥留之际要来纸笔，写下了平生最后几行字：

> 吾一生遭际，万事忧危，无一刻不历艰难，无一境不尝辛苦，实为天下大苦人。吾死后，殓以僧装，葬吾于邓尉灵岩相近，墓前立一圆石，题曰"诗人吴梅村之墓"，勿作祠堂，勿乞铭于人。[16]

吴伟业的"遗嘱"颇具象征意义：自己没能同明朝覆亡一起结束生命，既是个人的悲哀，也是时代的悲哀。他没有勇气按正常人的死亡装束归葬于自己先祖的墓下，因为他作为气节相崇的明朝政治家是不称职的，权且仅以"诗人"铭墓了。

> 万古痛心事，崇祯之甲申。
> 天地忽崩陷，日月并湮沦。
> 当时哀愤切，情词难具陈。[17]

归庄《除夕七十韵》一诗中的这几句和着血泪写成的文字，代表了相当一部分士大夫的心情。他们以甲申年为界，将自己的人生划分为截然不同的前后两个阶段。有些人，如著名的人物画家陈洪绶，在明亡后更改了自己的姓名，表现出对以往历史的深刻反省。再如绍兴望族后裔张岱，甲申年以前他陶醉于娇美的侍女中间，在戏曲、华服等享乐中度日。清军征服浙江后，他放弃了所有享乐，痛感"国破家亡，无所归止"，于是披发入山，归隐林中。[18]

对具有治国才干的明朝遗民而言，这种进退两难的矛盾更为尖锐。他们出于对明朝的感情不能接受清朝的官职，但又不能忘怀作为进士所承担的以天下为己任的义务。这方面对忠君行为予以理性的相对主义的解释，同样为易代之际的"变节"行为做了辩解性的注脚。

《左传》中有一则故事，讲述的是公元前548年，齐国大夫晏婴"不死君难"的事。齐庄公为齐国权臣崔杼所杀，因为齐庄公以上凌下，公然与崔杼的妻子私通。晏婴的侍从问他是否打算追随国君而死，晏婴予以拒绝，并解释道："君民者，岂以陵民？社稷是主。臣君者，岂为其口实？社稷是养。故君为社稷死，则死之；为社稷亡，则亡之。若为己死，而为之亡，非其私昵，谁敢任之！"[19]这就是说，国君若为天下国家而献身，臣应当至死不渝地追随他；如果国君是为一己私利而身败名裂，臣就不必跟着去当殉葬品。晏婴对君臣关系的合理化解释中，区分了私情和公义，坚决主张国家利益高于国君和大臣私人的事。这种思想与孟子的"民为贵，社稷次之，君为轻"是一致的，与荀子所描述的理想的社稷之臣（不是国君之臣）也是一致的。[20]

值得玩味的是，朱元璋对孟子的许多思想持否定态度。他不但将孟轲从孔庙中逐出，罢去"配享"，还怒气冲冲地说："使此老在今日，宁得免耶？"他对于《孟子》中"君以臣为草芥，臣则视君为寇仇"等语极为恼火，认为这些话"非臣子所宜言"，并于洪武二十七年（1394年）令人将《孟子》删去三分之一，并决定"自今八十五条之内，课试不以命题，科举不以取士"[21]。然而，绝对主义的甚至带有宗教色彩的忠君思想仍受到了挑战。朝秦暮楚的冯道受到了李贽这位"叛逆思想家"的赞扬，他根据孟子的上述观点，证明冯道的做法是有理由的。他声明保证百姓的安全和幸福是大臣的责任，而冯道正是那样做的，他"虽经历四姓，事一十二君……而百姓卒免锋镝之苦，道务安养之力也"。[22]

作为明朝开国皇帝的朱元璋倡导并强化绝对的忠君行为，但历史却跟他开了一个大玩笑。无论是崇祯自缢时的北京的明臣，还是陪都陷落时的南京臣僚，为大明殉国的凤毛麟角，相反，绝大多数臣僚入仕新朝成了"贰臣"。据载，南京陷落时，文武各官争趋朝贺，职名红揭堆五尺者十数堆，凡生监候选者无一不至。[23]矢志抗清的阎尔梅曾感叹道："嗟乎！士大夫居恒得志，人人以不朽自命，一旦霜飞水脱，为疾风劲草者几人乎！"[24]过惯了太平日子的士大夫总是自命不凡，但一遇到需要他们共肩大厦于将倾时，却"狗苟蝇营，还怀着几句劝进表"，真正是归庄所说的，这类人"便万斩也难饶"。[25]

然而，在风云激荡的岁月里，要求士大夫做出同一种选择显然是不现实的。社会是人生的放大器，改朝换代是人性本质的一次大释放，新的抉择更是对儒家传统忠节观念的一次检验。

明末清初的散文家魏禧写于康熙二年（1662年）的《留侯论》就是为"变节"做辩护的文章，他反对指责张良不忠。秦早先曾灭掉张良的故国韩，在推翻秦朝时，张良又帮助刘邦建立汉朝。魏禧认为，这种做法不仅代表人民和国家的利益，而且是一个忠君的报复行动，报复那个造成自己国家灭亡的政权。这无疑是为率先投入清朝怀抱的"变节"明臣做辩护。他还通过历史中相似处的比较为吴三桂辩护："人有力能为人报父仇者，其子父事之，而助之以灭其仇。岂得为非孝子哉！……且夫天下公器，非一人一姓之私也。天为民而立君，故能救民于水火。则天以为子，而天下戴之以为父。子房（张良）欲遂其报韩之志而得能定天下祸乱者，故汉必不可以不辅。"[26]

无论是晏婴的"不死君难"，还是魏禧的"弃暗投明"，都是在为顺应改朝换代调整士人的从政道路寻找理论根据。钱谦益、吴伟业这些受儒家"良知"等观念熏染很深的社会名流之"变节"使他们无法找到灵魂的安葬所。当钱谦益看到被拘押在多铎军营中的弘光皇帝时，他忍不住失声痛哭，在其故主面前长跪不起。[27]在痛苦、自责及灵魂深处的不安逐渐增强时，聊以自慰或者能够赎买一部分灵魂的只是这样一种想法：只有他这样的大臣情愿不顾名节之累而与敌人合作，其他人才能得以保全性命。钱谦益和其他许多与征服者合作的南明士大夫，都用这种方式论证他们的"变节"行为。他们在承受同时代人的种种道德非难时，又用另一种方式——劝说新的统治者不用武力取得同样的收复效果来安慰自己。钱谦益派他的幕僚周荃去多铎那里，告诉他吴地百姓一向驯顺，因此不需诉诸武力，就说明了这一点。[28]

对武力征服所取得的大一统，士大夫各种不同的抉择，不仅当时的记载评说不一，即使后代乃至今天的史家也莫衷一是，难定取舍。按照统一这一发展的既定趋势看，不用说洪承畴、吴三桂之类，就是钱谦益之类入关后降清的人也是应该受到肯定的。如果这样，抗清的志士就成为阻碍统一的历史"罪人"了。我们应该摒弃狭隘的"汉族中心论"，坚决排除有形无形的"华夷之辨"对历史观的束缚，同时也应该警惕把复杂纷纭的历史简单化、概念化的倾向，更要尊重历史，客观地评说历史。

在那个刀光剑影的年代里，"徐州遗民"阎尔梅矢志抗清，是士大夫中的另一种象征。尽管岁月的流逝使他越来越感到一种孤独，一种"自经离乱无侪辈，孤立秋空气岸然"[29]式的悲壮，但"人寰尚有遗民在，大节难随九鼎沦"，他们直面的是另一种人生，书写的却是一种永恒。

出身于江苏沛县富民家庭的阎尔梅少年时代就关心时事，喜咏历史上的英雄事迹和诗词。11岁初下科场，他便在试卷中评论时政，抒发抱负；考官阅卷后，嗔之"此子英气太甚，须折磨之"[30]，有意贬低其名次。崇祯三年（1630年），阎尔梅中举人，加入复社，对阉党弄权乱政恨之入骨。崇祯自缢的消息传来，他痛不欲生，绝食七日，死而复生。顺治元年秋，他遍身缟素，披挂重孝向南明使臣痛陈复国大计。他还上书史可法，建议与农民军联合抗清。扬州沦陷后，阎尔梅几经辗转，化装成游方僧人，秘密往来于山西、河南、河北等地，为抗清奔走呼号。顺治八年，榆园军抗清失败，阎尔梅被捕，在押往济南途中，清朝调集八县兵马押护。一路上，百姓夹道相送，阎尔梅破帽布衣骑一驴上，遍体铁索，但神态自若，慷慨高歌：

一蹇何劳八县兵，凌霜踏碎济南城。

观者无不落泪。[31]

次年冬，阎尔梅被投入济南大狱。狱吏是故明旧吏，久慕其名，多次劝降，均遭拒绝。阎尔梅对许多旧友降清、"中原名士多胡服"的情况尤为愤恨。不久前，陈名夏致书劝其应试，并许以"会元"头衔相赠，阎尔梅以诗冷冷作答："谁无生死终难必，各有行藏两不如。"[32]陈名夏不再相强。阎尔梅在狱中听说好友吴伟业出补国子监祭酒，十分伤感，写信大加斥责。江南科场案、哭庙案相继发生后，文人士子多罹难，对清朝的民族压迫政策有了新的认识。阎尔梅耻笑他们："诸生自说咸阳好，临到坑时始怨秦。"[33]如果广大知识分子同仇敌忾，清军何以蹂躏江山如一纸？每念及此，阎尔梅泪水涔涔。康熙四年（1665年），阎尔梅逃至北京，躲进"江左三大家"之一、时为刑部尚书的龚鼎孳家中。龚妻徐氏是明时秦淮名妓，颇有民族气节，明亡后曾掩护过许多抗清志士。她久慕阎尔梅义名，便多次敦促龚鼎孳设法营救，使阎尔梅转祸为安。龚鼎孳早年随父镇守金川门御清，父阵亡时曾为之大恸，指天发誓要报仇雪耻，但他言犹在耳，身已满服。大动乱的年代打破了人们既定的生活轨道，人们在强力挤压下走着他们自己也不知归途的路径。时间的流逝把硝烟渐渐冲淡。清朝已经取得决定性胜利。阎尔梅深感用武力推翻清朝的想法已成梦呓，自叹"初心如火渐如霜"[34]。此后，他每日抚琴悲歌，在寄托哀思中走向生命的尽头。

　　梦千重，家万里，流落天涯，日月秋光起。
　　今是何年浑不记，墙角多情，犹挂崇祯历。[35]

　　画家万寿祺这首《病中风雨》，是对那个渐已消失的动乱岁月的辛酸回忆。阎尔梅、龚鼎孳、万寿祺，他们和广大的士大夫一样，在无奈中接受了金戈铁马声中建立起的一个新王朝。他们中的绝大多数已同新主人共命运、同呼吸，而为数可数的"遗民"或"隐逸"像晨星一样寥寥地点缀着新的黎明，述说着那段既痛苦又悲壮的历史。

尾注

1 《牧斋遗事》，葛万里编《钱牧斋先生遗事及年谱》，第18页。《近代中国史料丛刊》正编第71辑。
2 朱熹《四书章句集注》，中华书局1983年，第50页。
3 《资治通鉴》卷291。
4 《二程全书》22下《伊川先生语》8下。
5 冯天瑜、谢贵安《解构专制——明末清初"新民本"思想研究》，湖北人民出版社2003年，第155页。
6 王夫之《噩梦》，载王夫之《思问录俟解黄书噩梦》，中华书局2009年，第143页。
7 王夫之·《噩梦》，载王夫之《思问录俟解黄书噩梦》，中华书局2009年，第117页；《读通鉴论》卷17。
8 《日知录》卷13《正始》，黄汝成集释本，岳麓书社1994年，第471页。
9 顾苓《塔影园集》卷1《河东君传》，华东师范大学出版社2014年，第16—17页。
10 《归庄集》，上海古籍出版社2010年，第159页。
11 钱谦益《牧斋有学集》卷1，钱曾笺注本，上海古籍出版社1996年。
12 钱谦益《牧斋有学集》卷1，钱曾笺注本，上海古籍出版社1996年。
13 《瞿式耜集》卷5，上海古籍出版社1981年。
14 《牧斋有学集》卷39。
15 引自［美］魏斐德著，陈苏镇、薄小莹等译《洪业——清朝开国史》，江苏人民出版社1995年版，第978页。
16 马遵源编《吴梅村年谱》，商务印书馆1935年，第78页。

17 《归庄集》，上海古籍出版社2010年，第35页。
18 ［美］恒慕义主编，中国人民大学清史研究所《清代名人传略》翻译组译《清代名人传略》，青海人民出版社1990年，第207页。
19 《左传》襄公二十五年。
20 《荀子集解》，载《诸子集成》，中华书局1959年，第166页。
21 参引郭成康《试论雍乾之际士大夫风气的转变》，载《清史研究通讯》1989年第3期。
22 李贽《藏书》，中华书局1974年版，第1141页。
23 佚名《江南闻见录》。
24 阎尔梅《白耷山人集》卷9，北京中国地学会1922年，第29页。
25 《归庄集》，第159页。
26 《侯方域魏禧汪琬散文选》，香港三联书店1990年，第125页。
27 参见［美］魏斐德著，陈苏镇、薄小莹等译《洪业——清朝开国史》，江苏人民出版社1998年，第549页。
28 文秉《甲乙事案》，第187页。南京出版社《金陵全书》本，2021年，续修四库全书本，上海古籍出版社2002年。
29 桂中行《徐州二遗民集》卷7。
30 鲁一同《白耷山人年谱》。
31 桂中行《徐州二遗民集》卷10。
32 张相文编《阎古古全集·年谱》。
33 张相文编《阎古古全集·年谱》。
34 桂中行《徐州二遗民集》卷8。
35 万寿祺《隰西草堂集》卷4，第6页。

第二章
美化的圣祖和真实的历史

马上打天下不能马上守之。巩固大清二百多年基业的康熙帝力图缓和满、汉两种文化的冲突,然而他又终为"汉家传统"所困扰。晚年"太子风波"使他心力交瘁,终于发出"多一事不如少一事"的感叹。

一、巡按之废与裁减科道

顺治十八年正月初六夜，少年天子福临急忙把内阁学士王熙召到养心殿。王熙刚叩头请安，福临对他说："朕患痘，势将不起。尔可详听朕言，速撰诏书，即就榻前书写。"王熙泪不能止，奏对不成语。还是福临冷静，他说："朕平日待尔如何优渥，训尔如何详切，今事已至此，皆有定数。君臣遇合，缘尽则离，尔不必如此悲痛。此何时，尚可迁延从事，致误大事？"王熙强忍悲痛，在御榻前书写了诏书的第一段。福临接着口授后面的内容。王熙为让皇帝稍事休息，遂到乾清门下西围屏内撰拟，三次进览，福临三次改定，到七日晚上日落时分，遗诏草成。遗诏指定皇三子为皇太子，取名为玄烨，索尼、苏克萨哈、遏必隆、鳌拜为辅政大臣。当天夜里，24岁的福临去世。

福临的母亲孝庄皇太后事实上接管了朝廷。孝庄与四位辅政大臣对遗诏进行了较多修改，增加了"罪己"条款，而重用汉官、不信任满臣等内容是其重点：

自亲政以来，纲纪法度，用人行政，不能仰法太祖、太宗谟烈，因循悠忽，苟且目前，且渐习汉俗，于淳朴旧制，日有更张，以致国治未臻，民生未遂，是朕之罪一也。

满洲诸臣，或历世竭忠，或累年效力，宜加倚托，尽厥猷为，朕不能信任，有才莫展。且明季失国，多由偏用文臣，朕不以为戒，委任汉官，即部院印信，间亦令汉官掌管。致满臣无心任事，精力懈弛，是朕之罪一也。

包括以上内容的遗诏已不是福临生前三次改定的版本。以上"罪己"条款，恰是顺治亲政以后纠正偏重满官，不信任汉臣的"政治业绩"，岂能自我否定？[1]

顺、康之间的皇位交替，是清朝入关后第一次皇位嬗代。"遗诏"表明满族贵族政治将会卷土重来，顺治亲政后费尽心力所取得的一些汉化成果将会翻覆，而巡按制度之罢废对有清一代监察的削弱、吏治腐败影响甚大。

明清时代的很多文学作品都表现这样一个主题：当地平民百姓被地主官僚陷害，被关押或判处死刑，叫天天不应、呼地地不灵时，巡按御史驾到，平反冤案，惩处贪官，百姓感激涕零，跪呼"青天"。

巡按名称源于唐代。开创大唐盛世的玄宗皇帝于天宝五载（746年）命礼部尚书席豫等分道巡按天下风俗并黜陟官吏，这是巡按之始，以后又有监察御史奉诏六条巡按州县之制。明代自太祖朱元璋派御史巡按州县始,终明一代是重要的监察制度。京剧中"八府巡按,威风得很",讲的就是明朝的体制。巡按官职虽低,但权力极大,代天子巡狩,所到之处,大事奏裁,小事立断,在正风俗、振纲纪方面起到很大作用。明初御史出巡不准骑马,只能乘驴。宣德时御史胡智上疏,认为御史任纪纲之职,受耳目之寄,若巡按一方,序在三司之上,或同三司出理公务,三司骑马,巡按骑驴,颇失观瞻,也有损朝廷威严。宣宗下旨,巡按此后得骑马,并"绣衣持斧",以示钦差可操生杀大权。《春明梦余录》卷48有"风力御史"之称,"风力者何?行于大奸大贪,故曰持斧"。成化时吏部尚书王恕曾说:"天下贪官污吏豪民强军所忌惮者,惟御史尔。"[2]明代即使贵为天子也对御史有所顾忌。洪武时,御史周观政巡视奉天门,有太监带女乐入内,周观政阻止,太监说皇上"有命",观政仍不准入。太监怒,入告朱元璋。一会儿,太监如丧家犬一般出来,说:"御史且休,女乐已罢不用。"周观政仍不放过,说:"必面奉诏。"随后,太祖亲自出宫说:"朕已悔之,御史言是也。"[3]明武宗是个荒唐天子,喜微服出巡。正德十二年(1517年)八月,他微服出德胜门,欲往宣府巡幸。在沙河被闻讯赶来的内阁大学士梁储等追上,苦苦相劝,武宗就是不肯归。但武宗到了居庸关却被巡关御史张钦铁剑横关,拒不放行。武宗无奈,只得回銮。这就是七品御史挡圣驾的故事。[4]

巡按御史官仅七品,但权力很大,地方长官全在其监察之列,颇得汉代刺史"以卑临尊,大小相维"的遗风。清初著名思想家顾炎武对巡按制评价颇高,认为其"察吏安民之效,已见于二三百年者也"[5]。

当然，一种制度绝不可能尽善尽美。明代后期政治腐败，巡按御史也多有贪败者，尤其是巡按御史每年一换，地方官的精力消耗于迎来送往中。"首垂气夺于奔走之时，志乱神昏于退归之后，岂复有精力以及民事乎！故耳目寄于吏胥，威权移于皂卒，民害愈甚，官政愈乖。"[6]把腐败的政治归结为巡按御史虽欠公允，但在政风日下的时候，御史也不能独善其身。崇祯时人说："巡按查盘、访辑、馈遗、谢荐，多者至二三万金，合天下计之，国家遣一番巡方，天下加派百余万。"[7]这当然是极而言之。

早在崇德元年（1636年），皇太极就设立都察院作为最高监察机关。清太宗在设立这一机构时就指出："凡有政事背谬，及贝勒、大臣骄肆慢上，贪酷不法，无礼妄行者，许都察院直言无隐，即所奏涉虚亦不坐罪。倘知情蒙蔽，以误国论。"[8]都察院初设丞政一人，左、右参政各二员。顺治元年改丞政为左都御史，参政为左副都御史，员数增减不一。都察院所属有六科、十五道、五城察院、宗室御史处和稽察内务府御史处等机构，形成从中央到地方严密的监察体系。

清初重视对地方官吏和政务的监察。顺治元年五月，清军进入北京后，为"察吏安民""澄清吏治"[9]，顺治帝沿袭明朝旧制设立巡按制度，当即起用原明朝旧臣柳寅东、卫周胤、朱郎鏒等为巡按。九月平定河南，因急于"巡分抚绥"，都察院选派宁承勋为"风力台臣，代天巡行"，他巡按河南一年，条奏凡三百余条，"中州人至今德之，以为国初巡分第一"[10]。次年，都察院对顺天、真定、宣大、山东、山西、河南、陕西和甘肃等地，均陆续派御史更换巡按，并在新平定的江宁、苏松、淮扬、浙江、江西和两湖设立七个巡按。顺治八年，给事中姚文然首疏察吏安民，请求特派巡按，当即为顺治帝采纳。[11]为此，都察院议定巡按十五差及出差条规，并选御史、部郎官十一人巡按顺天、真定等十一地。顺治十二年，顺治帝召见巡方官员十七人，宣谕遣发巡按。

清初的巡按大多属明朝旧官，良莠不齐，其中也有一部分人履行自己的职责，对察吏安民起到应有作用。如苏松巡按御史李森先"诛锄豪右"[12]，绳之以法，劾罢淮安、苏州两名贪吏，并按律严惩。随后，他又将"淫纵不法"的三遮和尚和豪右心腹王紫稼收进监狱。为大学士金之俊的族人金又文杀人一案，李森先在苏州大堂以"胪传"的形式，召集全吴名妓按名审问。他在调查取证后，约集苏州市民于玄妙观，将八名案情严重的豪右及三遮和尚、王紫稼等共计十一人当众毙于杖下。一时间，"台省贵人，咸为丧胆"[13]。李森先素有"海忠介（瑞）之风"[14]，他不避权贵，时人誉为"真御史"。[15]再如秦世祯巡按江南，首劾监司，继参总兵，再劾巡抚土国宝宽于察吏，土国宝受旨申饬后投缳自尽。[16]可见巡按权势威震一方。巡按敕书开载：在外总督、巡抚、提督、总兵等官，如有蒙蔽专权，擅作威福及纵兵害民、纵贼害良等事，许巡方御史不时纠劾。[17]

巡按贪酷不法的事情也屡次出现。顺治十二年（1655年）六月，福临亲自召见派往各地的巡按，对他们劝勉训诫一番："从前奉差御史，以朕谕严切，初亦思立名节，勉邀廉洁虚誉，及将报代，贪婪掊克者甚众。"[18]就在福临训示不久的同年底，就发生了顾仁贪婪案。吏部书吏章冕不堪索要，刎颈叩阍，告顺天巡按顾仁"悖旨婪赃,陷害无辜"。该案由福临亲自审结,顾仁以六款大罪被处斩。[19]次年正月的上谕说:"今巡方御史,悖旨虐民,贪酷成风,私通线索者甚多。"[20]巡按御史的形象如此之差,已与察吏安民的设官宗旨相违背,就不难理解有罢遣的呼声了。

顺治十七年(1660年)六月二十二日,统掌全国监察的都察院在上奏中指出:"直隶各省自差巡方以来,未能即致地方宁谧、民生安遂,每年一遣,诚觉徒劳,请停止巡方之差,俟二三年后,选择重臣差往巡察。"顺治帝以事关重大,令议政王大臣会议具奏。[21]

议政王大臣会议,又称"国议",它的雏形应追溯到努尔哈赤创建后金时期。为了适应军政扩张的需要,清太祖在八大贝勒(旗主)会议的基础上,增设若干名理政听讼大臣,或称议政大臣,责成他们与八旗旗主一同议政,但其地位远在后者之下。皇太极即位后,为抑制八旗旗主的地位,有意提高议政大臣在国家政治生活中的作用,议政大臣总理一切事务,军国大事,均于此决之。[22]崇德二年(1637年),"国议"正式确立其中央辅政机关的地位。

顺治年间,为征服全国的需要,议政王大臣会议已经走出狭隘的氏族血缘关系的樊篱,吸收了非满族的战略家与议,如范文程、安达礼、宁完我等。但就根本而言,它仍掌握在满族贵族手中,甚至对皇帝的诏谕也可予以否决。[23]

二十八日,议政王大臣会议覆议都察院的上奏,认为应当罢遣。顺治帝以"御史停差,关系甚大",令议政王大臣会议会同九卿、科、道确议具奏。汉族官僚被吸纳进来,使讨论很快形成了截然相反的两种意见。议政王安亲王岳乐等满族王公贵族坚持罢遣，理由同前，并说"除在京各差应留外，在外各差应照原题停止"，巡按事务归并巡抚，二三年后选重臣巡视各省，指实纠参不法督抚。以吏部侍郎石中等汉官组成另一派，不赞成罢遣。理由是一则巡按职任繁巨，督抚不能代替；二则停差后督抚无人互纠，钦件无人互审；三则各省内或有巡抚无总督者，更难责成一人。满汉各持一议，福临令其不得谬执成见，再行确议。七月二十七日，议政王、贝勒、大臣、九卿、科、道一同签名画题，表示一致赞同停遣，并对汉官前次提出的问题——解答，认为"督抚有互纠"之例，督抚纠劾审拟之事，必经部院覆核，方行结案，加之部院又有甄别督抚功过，以示劝惩之法，因此可罢巡差之遣。[24]

顺治十七年，对于少年天子福临而言，是个最不幸的年月。他所钟爱的董鄂妃病情日渐加重。他祈祷上苍，盼望爱妃否极泰来。罪己诏、自责书一个接一个下发，满汉大学士、尚书遵谕自陈乞罢者数十人。[25]进入七月，董鄂妃已进入弥留状态，多情的天子痛苦不堪。大清的军国大政，福临苦苦支撑，但已显力不从心。对于会议的结果，福临予以批准。

事情似乎就这样决定了。可是，半个月后，即八月十二日，陕西道试监察御史陆光旭呈上长疏，力言满族王公大臣排斥异议，胁迫汉官在停止差遣巡按签上画押。这份奏疏有理有据，语言恣肆，显示出这位七品汉官的胆识，对于认识清初的政治也是难得的材料，兹择录如下：

乃于会议之时，主前议者，升堂入室，安坐从容；主后议者，惟听待于二门之外。及至发出画题，而议稿已成，盈廷喏嚅不敢为异，即有二三廷臣因公持议，亦置之不论不议之列，唯出而吁嗟叹息而已。是皇上曰众议，而诸臣出于独断。皇上曰佥同，而诸臣出于一偏。皇上曰不得胶执成见，而诸臣之胶执愈甚成见更坚。夫巡方一官何足惜，我皇上于一切重大事情，无不凭诸臣之会议，倘事事如此，擅专者罔顾国是而快偏私，唯诺者甘徇情面而负君父，则天下事尚可言哉？臣计今大小诸臣，内之所不便者惟言官，外之所不便者惟巡方，有言官而大奸大恶得以上闻，有巡方而污吏贪官不时参处，其为佥邪刺目者，固非一朝夕矣。而诸臣必欲去之，当必有故，臣亦何敢深论。但今时犹多故，九重宵旰弥殷，在外所借以勠力封疆抚绥弭戢者，惟抚按是赖，督臣总其要而已。今一去之后，督抚无人互纠，贪墨无人参劾，钦件无人审理，以及赃赎之无实贮，民隐之难上通，利弊之无兴革，豪蠹之肆意行，皆可不论。只今伏莽未靖，饥荒载道，兵旅繁兴，军需孔亟，抚臣专驻省中，谁为佐其不逮，而分献合算，亲咨利病，而密陈机宜，是实关天下之安危。杞人之愚，不得不念及此也。况朝廷之设官非一，而独巡方一职，设而屡停，停而屡复，停者无不由于下议，复者无不出于睿裁。是皇上早已洞见，诸臣之议或偏或公，皆在睿鉴中矣！如以人有不肖，则当去其人，何必并去其官；如以法有不善，则当更其法，何可并废其事。如以贿赂可言也，则贪如卢慎言，未尝漏网，如以情面可通也，则贵如耿熔，亦未尝容隐。若以其人未必皆贤而去之，则督抚亦有不肖，方面不乏贪污，有司时多败类，将尽天下之官而停之乎！此真因噎废食之计也。臣以台臣而言巡方，迹涉嫌疑，然因避嫌疑之迹，而不顾国是之有关，遂隐忍不敢言，身谋虽善，而负国之罪更大矣。伏愿皇上于军国重情，**用人行政，关系民社，例应会议者，悉召满汉诸臣于御前，令其各抒所见，互相质正**，可否一听于宸断，庶几天威在上，私议难徇，确见良策，可以自展，则真是真非，自有一定之权衡，其所关于国计，非浅鲜矣。[26]

陆光旭的奏疏酣畅淋漓，把清初满族贵族把持决策权、汉族官僚处于从属地位的实际情况揭露得入木三分，尤其是把满族官员对言官、巡按御史之忌恨，欲除之而后快的隐情公诸天下，这无疑是需要相当大的勇气的。福临为陆光旭的奏疏所说服，于当日降旨令议政王大臣回奏。四天后，福临又下达了倾向性很明显的谕旨，即肯定巡按之差遣。此后议政王、贝勒、大臣为一方，又两次上疏，力辩陆光旭的"专擅"之说，并说："巡方何碍于臣等，而必欲去之乎？""夫停止巡方于臣等何益？留之于臣等何损？"陆光旭为一方，再次回奏，重申前意。十一月十一日，议政王会议结果，巡按御史"仍旧差遣"，福临依议。[27]至此，满汉官员连续辩论四个多月的巡按罢遣，以汉官之议暂时取胜告一段落。

御史巡按之制，虽终顺治一朝没被废除，但它所关联的问题值得思考。

首先，巡按制是适应对地方监察的加强而产生的。明太祖朱元璋鉴于元代地方行省权重难制的弊端，为加强专制主义中央集权，于洪武九年（1376年）改行省为承宣布政使司。按照他的初意："所以承者，朕命也；宣者，代言之也；布者，张陈之也；所以政者，军民休戚，国之利病；所以使者，必去民之恶，而导民之善，使知有畏。"[28]承宣布政使司掌民政，是省级最高行政机构。朱元璋又设都指挥使司掌军政、提刑按察使司掌司法监察。都、布、按三司互不统属，直接听命中央。这本是和平时期的体制，但是，正统以后，内地边疆人民群起反抗，三司互不统属的体制很快暴露出问题，于是朱元璋设置巡抚，意在统领三司，协调一省。再以后，反抗的队伍已超越一省，"各省抚臣皆相视而莫之能救，必设总督而后能平之"。由于国家连续不靖，属临时差遣性质的总督、巡抚自嘉靖时期逐渐向定制化转轨，衍化成地方长官。[29]因此，总督巡抚的出现以及向地方官转化体现了中央对地方军事控制权的加强，它是封建社会后期社会矛盾加剧的产物。

巡按的派遣是为监察地方而设立的，它具有权力重大、一年一任、只察大体、以贱临贵等特点。随着督抚向地方官转化，巡按监察的对象已由三司转变为督抚。明中叶以来，抚按之争异常激烈，说明了监察对象的变化。

清朝入关后，从体制上承继了明朝的制度，但又有很大不同。明代督抚仍被列入中央职官，三司名义上仍是地方最高长官。但清代督抚从一开始就以地方最高长官出现，而三司不再只有其原来的地位,哪怕是名义上的。这就存在一个问题:督抚执掌一方,谁来进行监督?这是巡按制废遣之争的一个核心问题。

其次,满族王公贵族为什么对巡按御史如此忌恨?是否存在陆光旭所说的"何敢深论"?这一点只有厘清清初督抚的出身情况才能下结论。巡按肩负监察督抚的使命,这是明朝的旧制,但明朝督抚例带宪衔,本身也是监察官,清代则不然,虽仍带宪衔,但因其已成为地方官,所以其宪衔已没有实际意义,因此谁能对其监督就十分重要。清初的督抚因满族官员不习汉语、不谙地方民情,不可能由其出任;清朝又不信任汉族官僚,所以主要由入关前编入汉军旗的"辽左旧人",特别是文馆人员担任,总督的绝大多数和巡抚的半数以上都是这样。《清史稿》总结说:"顺治初,诸督抚多自文馆出。盖国方新造,用满臣与民阂,用汉臣又与政地阂,惟文馆诸臣本为汉人,而侍直既久,情事相浃,政令皆习闻,为最宜也。"[30]因为督抚多系辽左旧人,多是汉军旗人,那么他们的任革升降便与议政王、贝勒有密切关系。八旗制度下,旗人必须编入八旗各牛录,听从本牛录、本甲喇、本旗固山额真、甲喇章京、牛录章京的管辖;如是下五旗,他们则分别是该旗王、贝勒等的属人,与本主有君臣之义;他们的出仕为官及升降任免,在很大程度上与本主有关系;他们也必须为本主效劳,贡纳金银财物,同时受本主的保护。巡按御史之遣,在事实上形成对督抚的监督、纠察,这就限制了督抚的权力,使后者不能为所欲为。因此,从利害、亲密关系而言,八旗王公贵族厌恶巡按对督抚的钳制。谈迁在《北游录》中论及顾仁被杀一事,明确指出"满人意以巡使掣其肘也",可谓切中要害之论。

如此看来，满汉官员在对待巡按废遣问题上持迥然相反的态度，就不单纯是对国家体制的认识问题，而有着更深刻的利害、利益关系。

汉官拼死力争的巡按之遣，最终还是废罢了。福临去世后四个月，即顺治十八年五月四日，都察院覆议满洲兵部尚书管左都御史阿思哈奏：各省巡按差宜停止，各省巡按将事务交与抚臣，速行来京。四大辅臣批准其议。[31]

巡按御史之罢，影响十分深远。当时人们就指出它带来的弊端：削弱了都察院对地方的监察权，地方督抚贪污纵恣为所欲为。清初思想家顾炎武在历数巡按御史"察吏安民之效，已见于二三百年者"后指出："若夫倚势作威，受赇不法，此特其人之不称职耳。不以守令之贪残而废郡县，岂以巡方之浊乱而停御史乎！"[32]可见他是反对废巡按的。

废巡按的弊端很快暴露出来。康熙十七年（1678年），工部右侍郎田六善指出"今日官至督抚，居莫敢谁何之势，自非大贤，鲜不纵恣"，提出"非遣巡方，此弊终不能解"。[33]于是在康熙十九年，清廷又议"选重臣巡察地方"。据《康熙起居注》同年九月十七日载：御史徐廷玺请求再遣巡方御史，康熙帝以"此事屡经条奏"，令大学士讨论是否可行。勒德洪、明珠等满族大学士认为：巡方御史如派遣得人，则有裨于地方，倘不得人，此地方被害匪浅。"恐此事行之不便。"满官一定调子，汉官唯诺不敢提相反意见，但也默不表态。康熙帝一再问汉官意见，学士徐元文奏道："差遣巡方诚属美事，但不得其人，恐未被巡方之利，而先受无穷之苦。"康熙帝令"此事着暂停"。满官之所以请罢巡按及反对恢复巡按之遗，主要是想摆脱巡按的监督，所遣家奴可以在地方横夺掠索，这类事到康熙中叶十分突出。以后随着密奏制度的推行，清廷误以为找到了监督的极好形式，而后者的作用与巡按相去甚远。没有监督的权力必然走向腐败，这就是清代康、雍、乾诸帝一再倡导廉洁而地方督抚贪赃累累的缘故。

无独有偶，似乎清代对科道言官格外憎恨，裁减"冗员"每次都逃不掉言官。康熙三十八年（1699年），九卿议裁科道官，王士正时掌都察院事，会议之日，他力言科道官不可裁，并说："御史为朝廷耳目之官，有弹劾之责。所云：'猛虎在山，藜藿不采。'关系言路，岂同闲散！况明时两台设御史至百二十员，本朝初裁其半，再裁留四十员，又裁仅留二十四员。虽巡按停差，而见存之差……往往乏人。余尚欲请增数员，庶几备官无旷，讵可裁乎！"经王士正力争，尚书库勒纳首肯，没有按计划多裁，但汉军御史由八员裁减到五员，巡视五城，余三员裁去，又裁汉军都事一员。[34]

对言官的深恶痛绝，反映了满族王公贵族从自身利益出发，保护其贪污枉法行为的本意。储方庆的上疏比陆光旭更深入一步，他严厉批驳以省费为名行己之私的做法：

> 皇清受命，屡议裁官。世祖章皇帝罢巡方，今上即位又裁科道员，尽去天下理刑推官，以为省不急之俸，可以佐国用。臣谨议曰：官有可裁者，有不可裁者。若今日所裁之官，皆必不可裁之官也。……**今减科道员，是弱言官之势也，言官之势弱，六部之权重**

矣；罢巡方，是削宪臣之柄也，宪臣之柄削，督抚之令尊矣。尽去天下之理刑推官，是蔽法司之耳目也，法司之耳目蔽，府县之恣睢莫有与为难者矣。盖天下之官以数万计，而其大势常出于两途：六部操政柄，行之于督抚，督抚下之府县，以集其事，此一途也。科道察部臣之奸，巡方制督抚之专，而推官实为之爪牙，此又一途也。故设科道、遣巡方、重推官，于人主甚有利，于群臣甚不便。不便于群臣，则此三者之官为朝廷计，决不可裁，而决然裁之不少惜者，省费之说误之也。夫天下之患，莫大于外托为国之名，以亟行臣子自便之私。臣子之私遂而人主之势孤矣。且今之裁官，诚为省费乎？抑有他旨乎？诚能省费也，则内之府寺散员何以不裁而独裁科道？外之一省二三督抚，与一府五六府佐何以不裁而独裁巡方、裁推官？**然则今之裁官其意不出于省费也，明矣**。臣伏见去年裁推官时，郡县豪吏莫不欣欣得志，举手称庆，征歌会饮，以明得意。朝廷省费而裁官，于彼何与而若此之乐？亦足以见推官为郡县所不悦，陛下奈何徇郡县欲自蔽其聪明也。愚谓天下之大，天下之人之众，并为一途，以乱一人之视听，恐非天下之福。今上自六曹，下及州县，苟有设施举措，可以内外联络，上下相蒙，必无一人敢发其奸。目前之弊，不过容隐奸邪，恣夺民力，然亦足以乱天下有余矣。古之人非不知政本在尚书，而动引新进小臣许其攻击者，盖豫养天下发奸之人，以破党同之局，则外之督抚州县之知所备，以工迎合，惟有奉公守正，可以杜天下之议论而结人主之深知，其有关于天下国家之治乱，非细故也。臣愚以为今日所裁之官，莫若尽复之便。[35]

储方庆的奏疏并没能阻止康熙年间对科道言官的裁减。如果说康熙未亲政前，四大臣执掌政柄，按所谓的顺治"罪己诏"的"罪状"，意在对从上到下的各项汉化措施进行倒行逆施式的"修正"，幼小的玄烨无力挽回这种局面，但康熙亲政后对科道官仍裁之又裁，不能不说反映了满族统治集团的一些偏见，是对明末言官横肆的一种逆反、一种矫枉过正。另外，从满族自身发展而言，它刚刚脱离掠夺式的奴隶制阶段，即使最高统治者认识到贪污行为是政权统治中的不稳定因素，但满族贵族视此为正常。我们看到清代贪官之多之大，似乎表面上是其道德自律差，实际上是其文化形态上尚未完全摆脱奴隶制生产方式的影响使然。对言官的憎恶、欲去之而后快，就是这种观念的反映。储方庆和陆光旭等人的预言很快就成为现实：一个腐败的政权很快就出现了。因为为数甚少的言官队伍早已七零八落，不成气候，所谓监督，只是形式而已。

尾注

1 引自孟森《世祖出家事考实》,载孟森《明清史论著集刊正续编》,第231页、239—240页。
2 焦竑《国朝献征录》卷65《李兴传》。
3 《明史》卷139《周观政传》。
4 《明史》卷188《张钦传》。
5 《日知录》《巡按》条。
6 《明经世文编》卷185,霍韬《第三札》。
7 《明史》卷257《梁廷栋传》。
8 《大清会典事例》卷998。
9 《碑传集》卷19。
10 《碑传集》卷19。
11 《清世祖实录》卷53。
12 《文献征存录》卷2《李森先》,天津古籍出版社2020年。
13 《国朝耆献类征初编》卷133。
14 《文献征存录》卷2《李森先》,天津古籍出版社2020年。
15 道光《重修平度州志》卷28。
16 叶梦珠《阅世编》卷3,上海古籍出版社1981年,第72页。
17 叶梦珠《阅世编》卷3,上海古籍出版社1981年,第72页。
18 《清世祖实录》卷92。
19 《清世祖实录》卷95。
20 《清世祖实录》卷97。
21 《清世祖实录》卷137。

22 金梁《满洲秘档》，民国抄本。
23 昭梿《啸亭杂录》卷2。
24 《清世祖实录》卷138。
25 参见《清史编年》第1卷（顺治朝），中国人民大学出版社1985年，第558—559页。
26 《清世祖实录》卷139。
27 《清世祖实录》卷142。
28 《高皇帝御制文集·承宣布政使诰》。
29 参见林乾《论明代的总督巡抚制度》，载《社会科学辑刊》1988年第2期。
30 《清史稿》卷239。
31 《清圣祖实录》卷2。
32 《日知录·巡按》
33 《明清史料》丙编五本，第440页。
34 章梫《康熙政要》卷6，中共中央党校出版社1994年。
35 《清经世文编》卷18《吏政·官制》。

二、言路的沉寂和风闻言事

应该说，终顺治一朝，无论是多尔衮还是福临，对言路的通畅都相当重视，二人多次下旨求言。这种状况在中国历代王朝的初建时期都屡见不鲜。汉代的武帝、唐代的太宗以及明太祖朱元璋等，都曾以善于纳谏而著称。这自然与王朝初建、大局未稳有关。"水能载舟，亦能覆舟"，旧王朝覆亡的惨状历历在目，新贵们当然要千方百计地巩固得来不易的政权。在他们所采取的种种兴国利民的政策中，重视言路理应成为重要的一条。

自先秦始，中国就盛行"治国之本在于治官"的理念。"明君治吏不治民"[1]，大臣的擅权营私，才会导致民众轻法犯禁；而君臣之间则是权力与利害关系，根本无信义可言，因而必须加强对官吏的管理和监督。同时，"物固莫不有长，莫不有短，人亦然"[2]，即使是君主也不能遍见万物、遍知万事，必有不及者，而"以人为镜，可以知得失"，因而君主应该用贤纳谏，以他人的智慧来弥补自己的不足，才能够巩固统治，于是中国的先贤们设御史以纠百官，设言官以正人君。与西方社会相比，中国古代的监察制度异常发达和完善,就是这两种理念直接作用的结果。

熟悉历史的多尔衮也同样接受了这样的理念。即使是圣主行政,也不能完满,他自己又体力不支,肯定有许多疏漏之处,因而入关之初,他便屡次向众臣求言,搞得初降清朝的汉官们感激涕零,颇以其为贤。而更令多尔衮担心的则是朝中的臣僚们,他了解那些满人,却不甚了解汉官们的贤与不肖,这个问题困扰了他一生。

与历代统治者不同的是,多尔衮与福临是以清朝最高统治者的身份入主中原的,他们所面临的广袤的内地,是汉文化、封建制度高度发达的区域。在言路这个问题上,他们比其他任何君主都具有更为明显的两面性:既重视言路,又扼杀言路;既怀疑汉人的忠诚,又不得不任用汉官。这种特点终清一朝一直存在。言官们便是在这种政治重压下,欲言还休,欲罢不能,渐渐失去了往日先贤们批鳞折槛的熠熠风采。

以论劾吏蠹、无所畏避而闻名的陕西道监察御史赵开心曾多次受过多尔衮的恩赐。这位心直口快的湖南人士上任后尽职尽责,日日上奏,先后对明太子案、驱逐痘民、减少冤狱等事上书直言。当弹劾朝中红人李若琳"垂涎内院一席,辄借剃头为先资"时,他却遭到了多尔衮的严厉批驳。此后,他只好沉默不语。

多尔衮一贯认为人臣强颜尽谏才是忠,不应因为奏本被驳回,就缄默不言。他觉察到赵开心的变化后,便赐他骡子,鼓励他进言。几日之后,赵开心果然又上了一本,多尔衮大悦,笑说"赐他骡子,遂有此本",然后又大加赏赐,并说:"不是为剃头赏他,但因他敢言。大率开心言事,十件未必尽是,然可听者居多。"[3]这也许是当时言官们所能得到的最高评价了。

一大批科道言官像赵开心一样坚持不懈地上疏言事。这对治理一个历史悠久的泱泱大国而又没有多少统治经验的多尔衮来说是很大的帮助。《清世祖实录》中记载，顺治元年（1644年）五月和六月共有官员建议十五项。内容从速攻李自成、蠲免田赋到革除加派、荐举人才，无所不包。这显然对初建的王朝大有裨益。

以"敢言第一"著称的魏裔介的仕宦沉浮，更能透视言路在清初政治舞台上的作用。顺治三年，出生于直隶的魏裔介考取进士。在此后的七年间，他由工科给事中逐级升任兵科都给事中，一直居言谏之职。顺治六年，他"首陈宽逃人之法"[4]。福临亲政后，魏裔介慷慨陈词，再上宽逃人之疏，顺治大受震动，令所司"速议以闻"[5]。魏裔介还上疏少年天子，实行经筵日讲和逢五视朝之制。

顺治帝对魏裔介在给事中任上的敢言直谏大为赏识，多次召见，顺治十二年十月，破格升任他为都察院左副都御史，旋升左都御史。福临在中和殿召见他时勉励说："此番擢用，出朕之意，非有他人荐举。"[6]此后，魏裔介常"诣行幄，备顾问"[7]，与顺治谈经论史。一次，顺治称赞唐太宗是"英主"，魏裔介则意味深长地说："晚年无魏徵苦谏，遂穷兵高丽，至贻后悔！"福临深表赞同。[8]

顺治十四年七月，魏裔介因奏请更定"世职袭例"，与福临意见相左，从此后屡遭申斥，并于顺治末年（1661年）被罢官。福临病逝后，康熙即位，四大臣辅政，魏裔介升任秘书院大学士，仍留心于国计民生，谏止加派练饷，议设满洲兵镇守云南，等等，均见其非凡卓识。康熙十年（1671年）初，抱定"知止不辱，知足不殆"的宗旨，他以病乞休，时年仅55岁。此后，魏裔介赋闲家居达十五年之久，直到病逝。

魏裔介是清初"敢言第一"之臣，是宋朝欧阳修以后，唯一的先为谏臣，后升宰相，历职较久的人。清初的"诸大典"多依其"奏议所定"。[9]然而，他的聪明才智并没能充分发挥，尤其是康熙亲政后，家居十五年，在人生最成熟的时期远离政治，这不能不说是一种遗憾。用时人的评价说："君才自十倍，天意竟三分！"[10]

终顺治一朝，言官承明代敢谏余风，凡朝中大政，诸如逃人、圈地、投充、剃发、易服"五大弊政"，相继建言，流徙罢黜接连惩创，但"洗心竭虑"陈言不断；其他如谏止顺治扬州买女、谏废皇后、谏勤学听政、勿事游猎，等等，皆关宫闱帝德，即使满族官员也噤不敢言；尤其是沸沸扬扬的弹劾大学士冯铨案，几乎所有言官都参与其中，该案虽带有"朋党"色彩，其结局以多尔衮压制言路告终，但言路之开放与敢谏，使满族最高统治者也颇感震惊。

更重要的是，顺治朝几次对因言获罪者平反昭雪，这与以往朝代只有新君即位才"翻案"形成对比，对及时纠正施政过失、鼓励言官进谏很有裨益。

顺治帝多次下诏求言，并明确表示："一切启迪朕躬、匡弼国政者，所言果是即与采用，如有未当，必不加罪。"[11]顺治十二年正月初九，吏部遵福临前谕，开列科道等官从前言事不当及纠参失实降革名单，计有林起龙、魏象枢、赵开心等四十人，福临令林起龙等七人官复原职。[12]顺治十七年五月，福临再次下诏，令吏部等重新审议因建言得罪之各官。七月，福临亲降诏旨："季开生建言，原从朕躬起见，准复原官，归其骸骨，仍荫一子入监读书。李呈祥、魏琯，当日所犯情罪颇轻。魏琯已故，著免罪，归其骸骨。李呈祥著免罪释回。"[13]如前所述，魏琯以上疏"逃人"治罪，李呈祥以部院应裁满用汉获遣，季开生因谏采办罹祸，三人罪状皆属严惩之列，顺治予以宽免，说明对言路的重视。魏琯还被列入原籍的乡贤祠。当时，其家乡山东寿光县县令王克生还赋诗一首，中有"我公自今荣不死""它山突兀非其群"等句，[14]从侧面反映了魏琯死后被赦在当时汉官中的影响。

然而，随着清朝对全国征服的基本完成，尤其是基本政策的趋于稳定，清初那种言官竞相敢谏的风气渐次消失。君子不开口，言路趋于沉寂。这种状况在顺治末年即已呈现。顺治十五年五月，御史李森先上《请宽言官之罚疏》中指出：朝廷求言之诏屡下，而朝臣"回迟观望""不肯进言"，是因为"从前言事诸臣，一经惩创，则流徙永锢，相率以言为戒耳"。[15]顺治帝责其"市恩徇情"，命吏部从重议罪。[16]康熙亲政后，三番五次指责言官或者缄口不言，或者毛举细故以塞责。康熙十八年（1679年），玄烨在中左门召集科道等官，指出："朕亲决机务十年余矣。科道为朝廷耳目之官，每览奏疏，实能为国有裨政事者少，草率塞责者甚多。"次年，玄烨又指责言官说："缄默不言。即有条奏，多系繁文。言官职掌，殊为未尽。"并认为"目今之弊，莫大于此"。在康熙帝再三强调言官应尽职尽责的同时，科道官的奏疏仍是"皆首以上谕极是回奏"，或以"诸事尽善，臣等实无可言"搪塞。这种状况至康熙中期更加严重。康熙二十九年（1690年），左都御史陈廷敬在《直陈言官建白疏》中承认，言官"专欲以塞责了事，则不免毛举细故，剔摘成例，驯至于刻薄繁碎不急之务，而无裨于圣朝宽大经久之规"。康熙三十六年，玄烨针对"近时言官条奏参劾章疏寥寥，虽间有入告，而深切时政，从实指陈者甚少"之弊政，指出"广开言路，为图治第一要务"。然而言官们仍然我行我素，上奏言事"但以朕可者可之，否者否之，无一人有直言者"。[17]这令孜孜求治的康熙帝大动肝火，骂这些"读书之人""不知忠为事君之大义"。

康熙三十九年，玄烨精心编撰的御制《台省箴》《给事中箴》《御史箴》正式颁行全国，以儆言事诸臣。内容不外乎劝诫言官恪尽职守、直言无隐之类，但在清朝决策、行政体制已发生重大变革的条件下，让言官畅所欲言只能是一种良好的愿望罢了。

清朝的统治者包括未登九五之尊的多尔衮，以及顺治、康熙、雍正、乾隆等诸帝，在总结明亡的教训时，都把言官挟制政府、朋党乱政作为其重要原因之一，因此对言官无论从体制上还是从内容上都意在钳制，这是清代监察无力的根本原因所在。对此，我们将在以后的相关部分中详尽分析。

不过，鸦雀无声总不是一件好事。在密折制没有广泛推行前，言官仍是君主获取各种信息的重要渠道之一，因此对噤若寒蝉的局面，君主就不能视而不见。风闻言事正是在这种气候下被拉上政坛的。

风闻言事的历史，可以追溯到南北朝时期的刘宋以后。北齐御史中丞沈约在弹劾王沅状中有"风闻东海王沅"一语，被认为是风闻言事之始。[18]到了唐代，监察制度异常完善。承担"正朝廷纲纪，举百司紊失"之责的御史台，在弹劾百官时，不论是自己采访得知，还是接受别人告状而来，在举弹之前皆云"风闻访知"，不得轻易道出告发人的姓名，这也是为了保护告发人。以后御史怕得罪权贵，不愿通状弹奏，"递相推倚"，告状无人受理，弹奏之职阙而不举。于是开元十四年（726年）规定受事御史之制，轮流知弹奏。弹奏之时亦题告事人姓名，云是某某告发，不再称得自"风闻"了。[19]

明代言路异常活跃，是政治舞台上一股巨大的势力，但风闻言事也在禁止之列。清顺治一朝除个别时间（如顺治十年）对风闻言事偶一行之外，也多在禁止之列。康熙中叶以来，言路归于沉寂，玄烨对风闻言事前后立场不一，康熙十八年（1679年）的一场辩论，他基本上倾向于不开禁。

康熙十八年，是大清王朝的多事之秋。尽管征剿三藩的战争已近尾声，但许多战场仍是如火如荼；年初，山东、河南以及大江南北均遭天灾，饥民无数，他们食草根，吃树皮，甚至起而夺取官粮。更为不幸的是，七月二十八日开始，京师地震，声如雷，势如涛，白昼晦暝，裂地成渠，流出黄黑水及黑气，居民死者无数。此次地震波及的地区包括今河北、内蒙古、辽宁、山东、河南、山西、陕西、甘肃、江苏、安徽等省区。康熙帝避震于景山三昼夜，才幸免于难。[20]

中国古人历来相信，天降灾异于人间，必定是人的所作所为违背了天意。每当此时，天子总会虔诚地反躬自省，下诏求言，希望通过痛改前非，而挽回天意。八月二十六日，礼科给事中姚缔虞应诏疏请仍许科道官风闻言事。这给了康熙帝不小的震撼。姚缔虞上奏说：

> 科道乃朝廷耳目之官，原期知无不言，有闻则告。自故宪臣艾元徵请禁风闻条奏，自此言路气靡，中外多所顾忌。臣请皇上省览世祖朝诸臣奏议，如何謇谔；今者相率以条陈为事，软熟成风。盖平时无以作其敢言之气，一旦欲其慷慨直陈，难矣。乞敕廷臣会议，嗣后有矢志忠诚、指斥奸佞者，即少差谬，亦赐矜全。如或快意恩仇，受人指使，章奏钞传，众目难掩，纵令弹劾得实，亦难免于徇私之罪。如此，则言官有所顾忌，不敢妄言；中外诸臣有所顾忌，不敢妄为。[21]

康熙对于风闻言事的心态是相当矛盾的。有感于明末科道言官参与党争而危害朝政的教训，他十分厌恶风闻言事。的确，言官们本身良莠不齐，致使风闻言事常被党同伐异、假公济私之徒利用，他们借机诬陷或毫不负责地以虚情上奏，颠倒是非，制造混乱，这种恶劣的后果从南朝以来就屡见不鲜，贻害无穷。由于忧谗畏讥，官僚中弥漫着怠于政事、以求苟全的风气，同时却为攀龙附凤、互相攻讦殚精竭虑，因而政权衰微，政事腐败，以致亡国。况且，亲政之初，百业待兴，财政经济非常困难，人民需要休养生息，政务应当力求宽平，与其多一事，不如省一事。因而，康熙延续了世祖时的禁令，[22]对风闻言事仍予禁止。[23]

然而，尽管禁令连发了几道，还增订了处罚条例，朝中却仍不乏主张风闻言事的言论。这让康熙很伤脑筋。他无法以皇帝之尊扼杀这些声音。因为，作为一位明君，正是他下令百官上书言事，若对反对他的人采取断然措施，必定会丧失威信。毕竟，不能用风闻言事之弊来一概否定其有利的一面。对于那些权贵的纠劾，风闻言事的作用是不容忽视的。权贵们一手遮天，他们的罪行常常被掩盖得天衣无缝，一般人很难了解全部事实和内幕，即使是拥有真凭实据，为了防止报复，言官们也往往推说"风闻"，以不负言责。

有鉴于此，康熙决心组织一场有关"风闻言事"的辩论。这是康熙的一贯作风。他一生都十分注重与臣僚的交流。亲政之初，他便立下了"每日视朝"的规矩，每月除逢五在太和殿常朝外，其余时间都去乾清门"御门听政"，风雨无阻。数十年坚持"未明求衣，辨色视朝"[24]，这是需要相当的决心和毅力的。

能够组织一场敏感问题的讨论反映了康熙具有足够的勇气和自信。这是他所具有的美德的另一部分。这些美德在与鳌拜的斗争中已充分体现，并让他终身受益无穷。这一次，他也同样勇于面对现实，并且相信自己的力量。他相信大多数朝臣会站在他一边，相信真理会愈辩愈明。

八月二十九日，即姚缔虞上疏的第四天，康熙帝在中左门和乾清门两次召集百官，廷议风闻言事。值得注意的是，在廷议前，康熙帝已为风闻言事是否可行定了调子。《康熙起居注》记载颇详，透露了这次所谓"辩论"的内幕情形。在百官齐集中左门时，康熙帝先召吏部侍郎折尔肯、屯泰等至内殿，对二人说："科道为朝廷耳目之官。每览章疏，实能为国有裨政事者甚少，草率塞责者甚多。"他令二人传谕九卿等官,说面谕时再"面询得失",希望臣僚"各据所怀,直陈勿隐"。屯泰当然明白康熙帝的意图,回奏说:"言官风闻言事,若所奏属虚,不照例治罪,恐有不肖科道借辞纠参,吓诈外官。外官畏其纠参,私行请托,则弊从此生,无益政事,实不宜行。"折尔肯、屯泰二人捧上谕至中左门,先向众官口传康熙谕旨:

即如科道条陈一事,部议妥确奉旨准行,又有科道官言其不可者。今日之所谓是,明日又转而为非。朝更夕改,部院至于督抚有司,不知今日之事,或行三五日而即更,或行数月而即更,茫无成宪,难取信于天下,岂治道至理哉。

就在两天前,康熙帝对大学士、学士们语重心长地说:自古帝王治天下之道,因革损益,期于尽善,原无数百年不敝之法。果属不可行者,自应参酌时宜,归于可久。至于制度既定,事可遵行,不宜议论纷纭,朝更夕改。近阅奏章,亦有不思事之可否,但欲徒为更张,或粗识数字即为大言,准之事理,殊属茫昧。且明末一切事例,游移不定,上无道揆,下无法守,以致沦亡,此皆尔等所亲见,亦众所共知。

在康熙看来,明末因为朝令夕改而败亡,因此殷鉴不远,不能重蹈明亡覆辙,要着力保持政策乃至制度的稳定性,而督抚与部院的关系,又成为制度运行的关键所在。康熙担心,如果部院经常驳回督抚的奏请,就会让地方感到朝廷处处掣肘;反之,如果对地方督抚的奏请，部院一一允准，又难免出现督抚权重，地方为所欲为的弊端。朱元璋废除丞相制度后，着实给中央与地方的权力关系出了大难题。而废除巡按之后，地方处于无监督的局面，让康熙感到左右为难。

在宣读完上谕后，康熙帝在乾清门与廷臣"讨论"风闻言事。

"科臣姚缔虞所奏风闻言事疏，尔等会议如何？"康熙问。

吏部尚书郝惟讷奏："言官奏事，原不禁其风闻。但风闻参奏，审问全虚者，定有处分之例。若将此等参奏全虚者，不加处分，恐有借称风闻挟私报怨者，亦未可定。仍应照定例行。"

兵部尚书郭四海奏："现行例，科道奏事全虚者处分，一款得实者即免议。人人原可尽言，不必又开风闻之例。"

户部尚书梁清标奏："向来言官论人，未尝不是风闻，止处其全不实者。"

户部左侍郎田六善奏："科道参奏，不得不出于风闻。但风闻自上开不得，开风闻亦无典故，亦非好事。"

户部右侍郎朱裴奏："'风闻'二字从古未有，风闻者风影之言。若云奉旨谕令风闻言事，无此体统。"至此，讨论基本上是一边倒的意见。只有左都御史魏象枢等持异议，他说："臣另为一议，科、道系朝廷耳目，耳目广，则贪官不敢肆行无忌，但言官身在辇毂之下，凡直省情弊，不能分身亲访，况督、抚身在地方，必凭藩、臬开报。藩、臬必凭道、府开报。言官既无揭报，不得不令其风闻言事。但要虚公体访，不可妄行陈奏。"

魏象枢是都察院的首官，关系言路，也是言官领袖，该人一贯敢言，康熙对他十分敬重。康熙令众言官发表见解。吏科掌印给事中李宗孔、礼科掌印给事中余国柱都先行表态,认为此例不宜开。康熙帝终于一锤定音,说道:"此系明末陋习,若此例一开,恐有不肖言官,借端挟制,罔上行私,颠倒是非,诬害良善。"接着他又说近日言官尽职者少。随即,康熙把话题转入部院对地方督抚奏报钱粮应否参驳,说:"科道条奏,每言部中不宜屡驳,以掣督抚之肘。督抚亦以部中掣肘为言。朕思各省督抚各理一省之事,部臣料理部务,关系天下之事。有一省可行,而他省不可行者;有可行于古,不可行于今者;亦有不可行于古,而可行于今者。原宜审时度势,斟酌至当。若胶执一说,不知变通,岂能行之无碍?"与诸位大臣讨论后,为体现公正,康熙帝又让姚缔虞出班进御前,问其"言官宜风闻言事"的初衷何在。二人的问答颇有意思。

姚缔虞答:"臣心无欺,只知为朝廷。言官是朝廷犬马,若宽言官处分,便敢于言。"

康熙:"朕曾处分几言官来?"

姚缔虞:"皇上至圣至仁,从不曾处分言官,但有处分条例在,言官皆生畏惧。且畜犬所以御盗,如禁犬不吠,则盗亦无所顾忌矣。"

康熙:"人臣为国,不择利害,有志之士,虽死不避,况降级乎!尔等皆以风闻为言,朕亦何尝无风闻。姑举一二端言之。君臣分义,休戚相关,当吴逆(吴三桂)初叛时,诸臣中有一闻变乱,即遣妻子回原籍者,此属何心?视国如家之谊,当如是耶?又有占人田土,受人贿赂,徇情行私,大为不法者,尔言官何曾一言参奏?由此观之,犬不能吠盗,而反为盗用矣。若任尔等之言,借'风闻'二字恣行其私,不立处分条例,可乎?"

姚缔虞:"臣疏原不敢谓不应处分,但望辨公私诚伪。若一念至诚为主,天日可矢,即言有未当,仍望皇上宽其处分;苟一念涉私,即弹劾得实,亦应重加惩创。且皇上亲政以后,原未禁风闻,因故宪臣艾元徵条奏,始定此例。……科、道官本卑,责任又重,非启奏不得时在皇上之前,又有此处分条例,所以为皇上指奸斥佞是极难事。"

康熙:"言官奏事,宜将国家重大事务确加敷陈,尔等所言,多举细事,无关治要,今后慎勿草率塞责。如有大奸大贪参劾得实,朕法在必行,决不姑贷。"

姚缔虞复班。这位给事中不愧敢言之臣,当康熙帝在大庭广众中质问时,仍然坚持己见,尤为可贵的是,康熙面揭其"短",说姚去年赴江西,所行不善,此也是风闻时,姚缔虞不为"风闻"所吓倒,继续侃侃而言。

巡按罢了,言官不许风闻言事,处分条例日日加增,魏象枢忧心忡忡。他面奏道:"宫中亦有不当言而言者。如外官贪污事发,非皇上遣官察审,督、抚岂肯将所属之官审出,自取徇庇之咎?前赵之符奏请停止遣官察审,臣即面言其非。"[25]

至此,风闻言事的辩论暂时告一段落。

姚缔虞还是康熙年间坚持"旨必下科"传统制度的一位言官。

康熙十九年(1680年)十二月,平定三藩的战争,清廷已胜券在握。十八日,给事中姚缔虞上疏说:向来上谕皆先下部,部中已行后方到科,所以科臣有不知者;嗣后上谕应先发科,后发部。

按皇帝谕旨，务必下科，如有不善，科臣可以驳回，这是明朝的旧制，称为"科参"，又称"封驳"。它是言官最重要的权力。清朝入关后，由于议政王大臣主持朝政，又涉及战争机密等事，此制没能沿袭。

早在顺治十七年（1660年），御史季振宜就上《请复封驳旧制疏》，提出"倘以皇上之可否为依违，待政事已行之后，始纷纷条奏，请收回成命，则朝廷有反汗之嫌，部臣已执奉旨为定例矣，明知其不可，缄口腹诽，不忠莫大焉。臣请敕下科臣，凡值发抄之日，务详加磨核，少有可议，即奏请改票，纵其议有不当，再经皇上推敲裁夺"，"至于上传密本，近来有不由科臣，而竟发各部者。夫六部六科之设，相为表里，原有深意。科臣既任耳目之官，欲以不见不闻，责其揣摩于冥漠之途，抑亦难矣。况上传密本，每经一年半载而复知之，及知之矣，复以为上传密本，拘忌辗转，迟之又久，补救虽工，行如流水，嗟何及矣"，他的结论是"封驳之制复，而皇上永无过举，各部尽洗前非矣"。[26]

但季振宜的上疏为朝廷所讳忌，特别是上传密本，涉及机密，尤不经科臣之手，因为科臣是被控制的群体。尤其是平定三藩期间，机务紧要，这项制度更无法实施。现在姚缔虞要恢复旧制，康熙自然不满，批驳道："姚缔虞疏内言，上谕皆先下各部，及部中已行，恭缴上谕后，始发科，故未经传示之旨，科臣有所不知，自以为大负职掌。自比年用兵以来，凡颁发谕旨，虽极其严密，往往泄露，以致贼境皆得闻知。贼中屡有密奏报部，则云汉官中以消息传语奸细通贼，以故事虽警密，辄行漏泄，于事大有妨害。此等大事，姚缔虞皆未察参，不以为有负职任，乃以一、二到部密旨，未曾闻知，以为有负职掌，何也？应令明白以奏。"[27]姚缔虞又一次成为"不识时务"者。不过，康熙帝毕竟是个宽厚的君主，姚缔虞的仕途并未受影响，在考察科道时，康熙嘉其称职，并升任左佥都御史，两年后升其任四川巡抚。可是，官可以升，但明朝的旧制是不能恢复的。风闻言事再起波澜是在八年以后。

禁止风闻言事的讨论又过了八年，康熙帝的文治武功都明显收到了成效。清朝已实现了全国的统一，广大汉族知识分子已完全承认清朝的统治。战争基本结束，以及国家政治生活的趋于正常都使康熙的统治更加巩固。然而，平静的水面下也蕴藏着暗流，这就是群臣结党营私、贪赃枉法的事屡有所闻。显然，这与康熙一贯倡导的清廉政治大相悖背。为了揭露这些腐败分子，康熙旧话重提，组织了与八年前同样内容的讨论。

康熙二十六年（1687年）十一月二十日，玄烨在乾清门处理政事毕，忽然对大学士们说了这样一段话：

> 凡参劾贪官，其受贿作弊处，因身未目睹，无所对据，恐言事不实，不行参劾者甚多。今间有弹章，亦止据风闻参劾耳。苟非通同受贿，何以深知？天下岂有通同受贿，而尚肯题参者乎？自来原有风闻之例，世祖皇帝及辅政大臣停止。今再行此例，贪官似有畏惧。若有挟仇参劾者，必须审明，果系挟仇，自有反坐之例。将此谕旨著九卿确议具奏。[28]

康熙的这番话与八年前的主张判若两样，显然是有弦外之音。不料，次日，大学士明珠、余国柱的汇奏却反其道而行之，其中有这样一段话令玄烨大失所望：

> 臣等又遵旨传谕九卿，凡参劾贪官有风闻之例，应复举行，着详议具奏。据九卿、詹事、科、道会同详议云：惩戒贪婪，剔除积弊，乃致太平之美政。皇上至德英明，与尧、舜同。御极以来，留心吏治民生，孜孜图治，天下升平。自古虽极盛之世，不无一二奸贪之人。今间有一二贪官，难逃皇上明鉴，亦不能免于诸臣之访举。若风闻参劾之例，自古未有，明末始有此例，复设立厂卫衙门，故不肖之徒，各结朋党，争立门户，互相仇害，借端风闻，恣肆妄议，祸及边疆。**今又行风闻之例，恐不肖之徒借端吓诈，阴挟私仇，转相请托，谗构横行，亦未可定。**此例断不可设，请照现行例行。[29]

明珠等人的口气十分强硬，又举明亡为训，理由亦似乎说得通，康熙听后大为不快，表面上只说了句"知道了"，心中却另有主张。于是，风闻言事的弛禁还是在皇帝的默许下在朝野弥漫开来。言官们也想趁此东风，掀起阵阵风波，朝中权贵的贪酷劣迹也随之公诸天下。

尾注

1 《韩非子·外储说下》。
2 《吕氏春秋·用众》。
3 《多尔衮摄政日记》,天津古籍出版社2018年,第26、69页,周莎校释《多尔衮摄政日记》《司道职名册》。
4 《魏贞庵先生年谱》第2页,畿辅丛书本。
5 《清世祖实录》卷81。
6 《魏贞庵先生年谱》第17页。
7 《晚闻先生集》卷6。
8 《碑传集》卷11。
9 《文献征存录》卷1。
10 《魏贞庵先生年谱》第44页。
11 《清世祖实录》卷88。
12 《清世祖实录》卷88。
13 《清世祖实录》卷138。
14 康熙《寿光县志》卷12。
15 《清世祖实录》卷117。
16 《清世祖实录》卷117。
17 以上参见章梫《康熙政要》卷6《论求谏》。
18 杨鸿年、欧阳鑫《中国政制史》,安徽教育出版社1990年,第138页。
19 张国刚《唐代官制》,三秦出版社1987年,第76页。
20 参见《清史编年》第2卷(康熙朝)上,中国人民大学出版社2000年,第332页。

21 《清史稿》卷274《姚缔虞传》。
22 《康熙起居注》第1册,第68页。
23 《清圣祖实录》卷36。
24 《清圣祖实录》卷103。
25 《康熙起居注》第1册,第427—432页。
26 《清经世文编》卷9,第1册,第233页。
27 《康熙起居注》第1册,第645页。
28 《清圣祖实录》卷131,康熙二十六年十一月二十日;《康熙起居注》第2册,第1682—1683页。
29 《康熙起居注》第2册,第1683—1684页。

三、震惊朝野的弹劾案

清朝自入关伊始，就为言官划定言事"禁区"。言官也完全成为服务于皇权的附庸，而不再具有独立的监察职能，像明朝那样批鳞碎首者，更是寥若晨星。而开放言路乃至开放的尺度，是否实行风闻言事，等等，也完全服从于加强皇权的需要。

魏象枢是乾隆帝推崇的言官。据魏的后人魏煜说乾隆皇帝曾敕"言官奏事，当如魏象枢奏疏"，旨下后，"当道者购求（魏象枢的《寒松堂集》）甚夥，所藏迨尽"。[1]魏象枢在顺治、康熙朝为言官时，确曾以敢于参劾、谏净闻名。顺治五年（1648年），清廷以满、汉不便杂处为由，强令将京师汉族商民全部迁到南城居住，在政策上给予一年时间缓冲，并给予一定搬迁费，还允许将原来的房屋拆卖。魏象枢时任工科右给事中，上《小民迁徙最艰疏》，提出南城本来地狭民稠，现在又将五城民众迁到这里，想租赁、买卖的商民苦于无房，即使拆掉原来房子的木料等，也没有地方可以建造，百姓一筹莫展，朝廷的恩泽有名无实，他们将把妻子儿女寄于何处？于是他请求把城外官地向商民开放，允许建造，给予印照，永为产业。鉴于租赁房屋的需要激增，价格高于原来数倍，他还提出"概平一价，凡买者、卖者、典者、赁者，各勿增减，供相保恤"的建议。魏象枢的建议，对于缓和非常紧张的满汉关系，乃至对京师的稳定，都有重要作用。清廷予以采纳，奉圣旨："着工部督同五城御史，察南城官地，并民间无房空地，将迁徙官民，好生安插。"[2]

魏象枢还就投充、惩贪等事宜建言，而他最有名的是向康熙进言，罢索额图之官。这是康熙十八年（1679年）七月二十八日的事。三个月前的四月二十三日，魏象枢由左都御史调任刑部尚书，但他考虑到任职最高监察长官以来，虽然对正风肃纪多有成效，但贪墨大吏尚多逍遥法外，为此援引汉朝大臣汲黯自请为中郎补过拾遗的故事，上疏请留任总宪（左都御史）一职。康熙帝鉴于他忠心无欺，乃收回成命，命他加刑部尚书衔，仍留左都御史原任。在中国传统的司法体制中，三法司具有制衡的安排，而在清朝，大理寺基本是备位没有多少事权的衙门，所谓"部院之争"，在清朝前期，主要表现为都察院与刑部之争。康熙把三法司中两个最重要的职位，让魏象枢一人兼领，足见对他的信任。魏象枢也表示，"惟有益竭愚悃，激浊扬清，以期无负职掌，然而生死祸福，皆不敢计矣"。

七月二十八日这一天，魏象枢连上三疏，包括直纠不法司官等事，又请严禁火耗、私派、勒索三弊。当天拜疏回到寓所，他在书斋里一人独坐，接近中午时，京师及近京发生大地震。等地震平缓，魏象枢立即到皇宫恭请圣安。司门禁的说："满官请安已毕。汉官一人未至，不便启奏。"魏象枢再三请求觐见康熙帝，

第二章 美化的圣祖和真实的历史 097

说:"地道,臣道也。地道不宁,乃臣子失职之故。臣子失职,乃臣不能整饬纲纪之故。"当即蒙康熙帝召见,"奏对语失记"。[3]魏象枢究竟向康熙进了什么?他提出罢免索额图。陈廷敬言地震后,象枢"独被召对,近御座前语移时,或至泣下,其言秘不传"。徐乾学进而明确说,魏象枢灾变陈言,"语侵权贵尤亟,下部院科道议之"。[4]康熙十九年(1680年),索额图解任大学士。

索额图、明珠是康熙前中期的两位位高权重的满洲重臣。索额图罢大学士,魏象枢发挥了很大作用。八年后,解除明珠的大学士职位,也是借用言官的力量,当然,这是康熙的授意。

康熙二十七年(1688年)二月初六,御史郭琇上疏题参大学士明珠、余国柱,述及阁中票拟,轻重任意;传奉谕旨,市恩立威;联结党羽,戴德私门;勒索学官,士风大坏;牵制言官,压制举劾等八大罪状。[5]此举可谓一石击破水中天,在朝廷中掀起了轩然大波。

一份弹劾朝臣的奏章本不该引起如此的震动,御史郭琇不过是尽一己之责而已。但是,自从禁止"风闻言事"以来,科道言官们有分量的讽谏之疏甚少,特别是对那些权臣的纠举更是寥寥无几。康熙治事历来勤勉谨慎,注重实据。尽管他十分希望科道言官能忠于职守,勇于建言,并命令吏部举荐清官担负科道之职,但言路依然沉寂。

沉寂中的一声呐喊总是会有特别的震撼力。况且郭琇所参劾的又并非无名小卒,而是权倾一时的大学士明珠。这当然更令人震惊。

明珠,满洲正黄旗人,生于明崇祯八年(1635年),是海西四部女真之一的叶赫贝勒锦台什之孙。其父尼雅哈于顺治元年授骑都尉。明珠最初由侍卫授銮仪卫治仪正，几年时间，屡次升迁，官至兵部尚书。[6]在平定三藩的过程中，他坚决地站在皇帝一边，得到了康熙皇帝的信赖。明珠的为人相当机智灵巧，很会讨皇上的欢心。当他得知康熙皇帝将到京城南苑晾鹰台检阅八旗兵时，他便事先暗中安排训练。检阅之时，八旗兵自然军容整齐，威武雄壮，甚得皇上称赞，并被定为阅兵的楷模。[7]诸多此类之事，使得明珠官运亨通，权势日重。

清朝自世祖始，就十分注重整饬吏治。吏治不清是明末的弊习，尚存古朴之风的清朝统治者对此痛恨至极。他们一向认为，崇祯皇帝的不幸来自党争以及不可计数的恶吏。然而，清理、整顿并启动一架庞大的官僚机器十分不易。自权力产生以来，人类就似乎与贪污腐化结下了不解之缘。它就像那黑色的影子，时大时小，时强时弱，日上中天时，凝聚为一点；日落西山后，吞没整个天地，但从来都与人寸步不离。古今中外，人们不能有效地根治这种弊端，但又不能不努力去遏制这种行为的扩大和泛滥。各代惩贪的最好结果，不过是将这种行为遏制到最低程度，而这又取决于监察制度和法律是否完备、是否具有权威。

圣祖康熙对吏治败坏的状况十分忧虑。清朝初年，由于前朝弊习未除，加之连年战乱，财政绌支，官员队伍冗滥不堪，造成吏治败坏，贪风日盛。他一贯深信司马光的"治官之道有三：任官、信赏、必罚"，为"万世不易"[8]之理。因而他十分注重奖廉和惩贪，希望能够激浊扬清，树立新风。

康熙帝对明珠一直视为亲信，宠信有加。康熙二十三年

第二章　美化的圣祖和真实的历史　099

（1684年）冬，他初下江南时，便以明珠为扈从。他十分感激明珠多年来对他的忠诚和支持，也十分欣赏明珠的才能。这位大学士不但是位军事战略家，还精通满、汉两种文字，极有辩才。康熙并非没有听到有关明珠腐贪的传闻，康熙二十六年京师久旱不雨，他命令侍读学士德格勒占卜时，德格勒就曾奏称天灾是明珠等小人执政贪权纳贿所致。御史笪重光等也曾上疏弹劾过明珠。不过，康熙都认为言无实据，而未加深究。这两位朝臣后来反倒被明珠借机罢黜。

康熙的这种做法源于他一贯的"无为而治"的治国思想。当他登基不久、尚在冲龄之时，便以"愿天下太平，生民乐业，共享太平之福"[9]为治国的最高目标。因而在御宇的几十年中，他力求政务宽平，尽量不惊吏、不扰民，甚至认为多一事不如少一事。督抚上任，他嘱咐务必安静，认为"安静为地方之福"。[10]因而他禁止"风闻言事"，耳不听为净，害怕官吏们恐慌，造成不必要的混乱。在惩贪这个问题上，他虽十分重视，却比他的父辈宽容，发现问题重在教育，惩罚并不很重。因为顺治时期定律：贪赃十两即处死刑，反而使得大小官吏相互包庇掩护，查出之案过十两者很少，大贪污犯逍遥法外。并且，自立国以来，财政状况不佳，官僚体系庞大，俸禄一直不丰，官吏不贪几乎无法生存下去。因而他对官吏少量的贪污、加派便睁一只眼、闭一只眼地听之任之。即使是他大加褒扬、重用的清官也并不都是毫无瑕疵。

康熙帝并没有想到他的宽容会有这样多的副作用。大学士明珠显然辜负了他的一片仁慈之心，反而有恃无恐、变本加厉。明珠惩治、排挤弹劾康熙的朝臣，并把持科道言官的考选。他与科道言官们订立密约：凡是上呈的奏章都必须由他过目，唯恐有人揭发他的罪状。他把持了朝中大权，公然索贿受贿。督抚藩臬等地方大员缺出时，他和亲信余国柱便私下招标贩卖，以出价最高者予之。这些人赴任后便大肆搜刮百姓，以弥补当初的损失。朝廷的科道官有内升或外放的，也都必须向明珠一伙奉送谢礼。以至每到年终之时，百官都各走其门，争相贿赂，每当此时，明珠府第附近的客店便生意兴隆。送礼者不计其数，需按顺序排队送上礼单，然后才能送进礼物。等待的时间往往长达数十日。那些客店就近水楼台先得月，生财有道了。

去过明珠府的人都会感受到其间的豪华气派。花园亭台都按照江南园林的样子建造，风廊水榭全以白玉雕花镶嵌。每到冬天，奴婢们就用五彩绸缎剪成荷花、菱角，用杂色羽毛编成野鸭、大雁，放浮到十亩的湖面上，如同阳春盛夏一般。

最让康熙痛恨的是，明珠与左都御史佛伦、内阁大学士余国柱等人结党营私，同索额图一派互相倾轧。索额图的追随者多为满洲八旗将领，而明珠的党羽多为朝中大臣。内阁大臣会议已被明珠控制，内阁中文件起草和批示皆由明珠指挥，轻重任意。明珠还示恩立威，笼络人心。凡是皇帝谕旨称不好的人，他就说"这是皇上不喜欢，我一定尽力挽救"；凡是皇帝谕旨称赞的人，他就说，这是他极力推荐的结果。他身边因此聚集了一群党羽，每当明珠上朝完毕，出中左门时，他的心腹们便拱立以待，围在一起窃窃私语，朝中一切机密大事俱泄无遗。特别是在历时三年的治河方案的讨论中，朝臣以明珠为后盾，支持靳辅对抗康熙的命令，令玄烨大失君威。

康熙二十六年，康熙皇帝是在一种焦灼、矛盾的心情中度过的。这一年，全国大旱不雨。按照儒家的观点，旱灾是上天对人间帝王的统治不满而示警。他亦像其他皇帝一样，虔诚地下诏求雨，反躬自省。像以往一样，他并没有得到多少批评和建议。仅有的几件也多是对明珠的指责，对此，他虽未予理睬，却陷入摆脱不掉的烦恼中。也许他并未真正了解朝中权臣专权的内幕，此时"要做官，问索三；要讲情，问老明"[11]的民谣已广为流传。当实实在在的权力开始向明珠聚拢，当越来越多的臣僚向明珠接近时，康熙已经隐约感受到了自己将成为孤家寡人的威胁。他一生都致力于求真求实、体察下情，并为此每日御门听政，常年不懈，还多次出巡视察，可如今，言官们显然已在敷衍塞责。

这年年底，他宣布恢复"风闻纠劾之例"。这肯定是他反省的结果。他以他那特有的逻辑性的语言说出他思索的结论：大凡参劾贪官，因为身未目睹，大多害怕所言不实，因而不参劾的人甚多。偶尔有些弹章，也只是风闻参劾。若非一同受贿，怎么深知其详？而一同受贿的又岂有参劾之理？如今再行"风闻奏事"之例，贪官肯定会有所畏惧。如有挟仇报怨的，定要依例处罚。[12]

开"风闻言事"之禁不足一个月，就发生了一件震动不小的弹劾案。这一年的十二月十八日，御史陈紫芝在皇帝御门听政时，当着部院大臣的面，公开参劾湖广巡抚张汧贪赃累累，请皇帝将张汧和最初保荐他的大臣一并治罪。康熙听完，将目光转向诸位大臣，让他们表态。张汧的同乡亲戚、吏部尚书陈廷敬和刑部尚书张玉书、左都御史徐乾学率先表态，说张汧居官名声不佳。康熙立即命钦差前往湖广查办此案，并一再褒扬陈紫芝敢于言事，随即升其为大理寺少卿。

其实，张汧秽迹早已朝野共知。不久前，张汧题参道员祖泽深贪酷不法，而祖泽深翻供称：张汧曾向他索贿白银万两，自己拒不交才挟仇诬告。此案正在调查中。康熙两天前还曾暗示诸人：张汧本人定有问题。所以，陈紫芝的弹劾无疑是有充分把握的。

康熙对陈御史的奖赏及提拔既是一个信号，也是一种刺激。其他言官跃跃欲试。给事中陈世安、御史陆祖修等人随后上疏，表示对张汧和河南巡抚章钦文早就想参奏，只是苦于没有证据，至今才敢因风闻言事之开禁而陈奏。张汧不必论，章钦文在陆祖修参奏前已受到康熙的怀疑，九卿都说章不堪为官。因此，所谓"风闻言事"开禁无疑是皇帝暗示要对贪官"风闻"而已，而被弹劾者早已在革职拿问之列，陈、陆两位御史是秉承皇帝旨意，做了件落井下石的事罢了。

不过，事态的发展却不简单。小小的涓流预示更大的政治风暴将来临。左副都御史开音布与直隶巡抚于成龙、山西巡抚马齐前往湖广调查张汧贪酷事，经复审，以实结案。张汧被革职，在调查其贪污所得的银两去向时，张汧又供出在京许多大臣的名单，一时朝野汹汹，人人自危。康熙不愿此事牵连面过广，大事化小，息事宁人。但不久陈紫芝御史不明不白地死去，京中哄传是明珠所害。这着实让康熙大为震惊。言官们三缄其口，经开风闻言事之禁，好不容易又有御史弹章公之朝堂，但暗中不免为权臣所左右，这确实是康熙所不能容忍的。

康熙二十六年（1687年）十二月二十二日，作为康熙坚强后盾的太皇太后（孝庄文皇后）撒手人寰，离开了她几十年厕身的政治旋涡。玄烨对祖母的感情至深至切，在她病危前整日在慈宁宫侍疾守候；祖母死后，玄烨痛不欲生，寝食俱废，坚持守孝二十七个月，一度将政事全委之于内阁，并带发尽孝。这样，刚刚由言官借"风闻言事"掀起的反贪风暴被迫中止了近两个月。

康熙二十七年（1688年）正月二十三日，在朝臣的坚请下，康熙身着青色布衣，在侍卫的扶掖下升座乾清门，中断很长时间的御门听政又恢复了。

监察御史郭琇首先出班，参奏靳辅治河无效，病民抗旨。大臣们不等郭琇奏完，面面相觑，窃窃私语。康熙接过参疏，问道："廷臣中有掣肘河务者，你在本章内曾言及否？"康熙此言一出，郭琇心领神会，回答虽说"没有"，可在心中已有"数"了。数日后，弹劾第一权臣明珠的奏章就出现了。

郭琇，字华野，山东即墨人，少时励志清苦，读书于深山绝壑中，自治饮食，练就了不苟于群的冷峻性格。康熙初年，郭琇中进士，十年后始授江南吴江县令。吴江向是难治之地，经郭琇七年治理，大为发展，郭琇的治行也列江南之最。康熙二十五年十月，一向被康熙器重的江宁巡抚汤斌疏荐郭琇"居心恬淡，莅事精锐"，奏请朝廷升迁。吏部以征税拖欠为由不准。康熙破格提升，命其为江南道监察御史。郭琇感戴皇恩，上任后正值开"风闻言事"之禁，又借御史陈紫芝弹劾受赏之际，遂第一次上弹章劾奏靳辅，再次上弹章，参劾权臣明珠。

据说，郭琇自参靳辅后，名声大振，朝臣都惧他三分。他没上疏时，正值明珠寿诞之日，公卿大僚赶往祝寿。郭琇也袖藏草疏，乘车到明珠官邸。明珠以为此人向来倔强，从不肯逢迎大臣，此番来祝寿实属不易，故亲自屈礼迎请。郭琇入内，长揖不拜，刚落座，就故意做出袖中探物之状。明珠大喜，说："御史公莫非兴致不浅，有寿诗见赐？"郭琇连答三个"不"字，遂探袖出视，竟是参奏明珠的本章！明珠还未读完，郭琇拍案起身，正色道："郭琇无礼，劾及故人，应受罚！"他连饮数杯寿酒，扬长而去。

康熙览过郭琇的奏疏后，一反以往的做法，既不让大臣讨论处理，也不调查所奏是否属实，而是给吏部下了一道长长的谕旨，列举了目前吏治败坏的种种表现，特别强调明珠、佛伦等背公营私之状，最后宣布：明珠、勒德洪革去大学士官衔，交领侍卫内大臣酌用；令大学士李之芳休致回籍；大学士余国柱革职；满吏部尚书科尔坤以原品解任。这样，在当时五位内阁大学士中，除另一位两朝元老王熙外，全部被革职或勒令休致。不久，支持靳辅一派的尚书佛伦、熊一潇与给事中达奇纳、赵吉士均相继被解任。

康熙何以凭郭琇的一纸弹章，对明珠等人大动干戈？根本原因在于明珠的专权，尤其是赏罚由己，这与康熙的执政思想大相抵触。康熙多次讲："用人之权，岂人臣所得专擅？朕今用人，若有保举官员，亦必就中论俸升补，即素所深知者，亦视其效力之处，酌量用之，否则，俱使论俸。朕乃天下之主，用人之际尚不肯任意，为人臣者，乃妄意自擅，可乎？"[13]康熙二十六年（1687年），有人控告明珠、余国柱卖官，康熙问："何无人参？"奏曰："谁不怕死？"康熙云："有朕在，难道他们的势力比四辅臣还大吗？我欲去，则尽去之，有何怕？"[14]据说郭琇弹劾明珠的奏章，是康熙授意徐乾学所拟，只是由郭琇这个御史之口说出而已。[15]

明珠等人被罢免后，为澄清事实，康熙又发特谕，说："今用一人，外人即曰某大臣荐举，故用之；或有商议之事，即声言某大臣称某官之优，言某官之劣，致躁进之徒营求奔竞，从此而起。凡官之优劣，若不问何由而知？大臣虽有荐举，用舍皆出于朕。问用一二人，亦朕所知而用者，若但因大臣荐举而用之，朕所理者又何事耶？虽有问九卿举出之人，亦得者半，而不得者半，此皆幸遇耳。"[16]将这段上谕与郭琇的弹章对照一下，可知明珠之败乃是康熙策动的政治风波，并非一个御史所为。

尾注

1 《寒松堂全集》附录,中华书局1996年,第728页。
2 《寒松堂全集》卷1,中华书局1996年,第3—4页。
3 《寒松堂全集》附录,中华书局1996年,第710—711页。
4 《碑传集》卷8。
5 蒋良骐《东华录》,中华书局1980年,第229页。
6 《清史稿》卷269。
7 《清史稿》卷269。
8 《清圣祖御制文集》第2集,第39卷。
9 《清圣祖实录》卷244。
10 《康熙起居注》第3册,第1719页。
11 引自[美]吴秀良著,张振久、吴伯娅译《康熙朝储位斗争记实》,中国社会科学出版社1988年,第30页。
12 《康熙起居注》第2册,第1682页。
13 《康熙圣训》卷45。
14 《榕村语录续集》卷14。
15 参见高翔《康雍乾三帝统治思想研究》,中国人民大学出版社1995年,第38页。
16 《清圣祖实录》卷133。

四、河务案与英主认错

"河务"和"漕运"是康熙"书而悬之宫中柱上"的另外两件大事,它们与三藩一样令皇帝日夜悬念。因而,当康熙十六年(1677年),平定三藩之乱这件首要大事获得基本胜利之后,康熙便下定决心大规模治河。从此,"治河"便成为科道言官们为数不多的奏疏中的主题之一。

古代的中国地形条件复杂,是多灾的农业社会。生产力水平低下,自然条件的影响就相当大,因而,在以农业立国的国度里,治水问题常常是与国家兴衰联系在一起的重大社会问题。自古以来,黄河既养育了中华民族,也让生活在这里的人饱受了家园被毁、流离失所之苦,它流经土质疏松的黄土高原,挟带大量泥沙。泥沙年复一年淤积,在下游形成了高于两岸平地的"地上河",一遇雨季汛期,便极易冲决河堤,泛滥成灾。自宋、元、明至清代,黄河下游河道从河南,经江苏北部入海,在淮阴附近与淮河、运河会合。几河交汇,更增加了泛滥的可能。康熙初年,河患更加严重。从康熙元年至十六年(1662—1677年),黄河大的决口就达67次之多，河南及苏北大受其害。

江南历来是鱼米之乡，经济发达。自明成祖迁都北京以来，政府每年都要从南方各省经大运河运输四百万石漕粮到北京，供应大批官吏、士兵食用，称为"漕运"。如果运河淤塞，南北交通断绝，势必引起恐慌和混乱。因而，此时的黄河治理已不单纯是疏导通流，防止泛滥，还要使黄河保持相当的水位，以便蓄黄济运。河务和漕运已经紧密相连。

关于治河方案，历来都是众说纷纭，专家们主张各异。有人主张将河道加宽，以使水流通畅。有人则认为河道宽则流速慢，流速小则泥沙容易沉积，因而主张在重要地段将河道收紧，将附近清水河流引入黄河，以水攻沙，让黄河"自浚"，以解经常需要人工疏浚之苦。康熙十六年，被康熙皇帝任命为河道总督的靳辅，经过多次实地考察，向专家请教，并总结了历代治河的利弊得失，基本上采用了后者，也就是明代河臣潘季驯的"筑坝束水，以水攻沙"的理论，批驳了只知"保运"，不求治黄的短视做法，提出了统筹全局，将河道、运道看作一体，"彻首尾而合治之"的指导方针，并制定了一整套的治河方案。[1]

工程大致分为两个阶段。第一阶段从康熙十六年至二十二年（1677—1683年），主要是堵塞决口、增筑堤坝，使黄河复归故道。数年之间，完全堵塞了高家堰与黄河其他诸决口，使黄、淮各归故道，并留减水坝，以备旱时蓄水济运，涝时泄水保堤；又在水流湍急的清水潭修筑数十里的偃月形堤坝，使得"运艘行乎其间，永无漂溺之患"。[2]

第二阶段从康熙二十二年至二十七年（1683—1688年）工程

向上游稍稍转移：在河南考城、仪封一带，筑堤7989丈，在封丘筑大月堤330丈，在荥阳修埽工310丈，以保护堤岸，防水冲刷；并开凿了中河，使得漕船避开了一百数十里的黄河之险，大大提高了运输效率，减少了损失。

靳辅治河十余年，成效显著。"水归故道，漕运无阻"，苏北一带长期被水淹没的土地变成了可耕的肥沃之田。他按照康熙的"务为一劳永逸之计"[3]的要求，全面修治，使得明朝溃决的黄河，五十年没有太大的灾害。

不过，尽管后人对靳辅的治河功绩评价颇高，但在当时，围绕着靳辅的治河方案，朝中却掀起了一场旷日持久的大讨论。本来，治河是一项技术性很强的庞大工程，涉及的地区多，持续的时间长，财政支出很大，慎重讨论是无可非议的。但是，由于治河工程浩大，所费颇巨，加上财务制度不够科学严密，预算和支出诸多环节都有很大漏洞。朝臣们历来将河臣之职视为肥缺，期待着从中捞个盆满钵满。这就给技术之争增加了许多复杂的因素，甚至衍化成为政治集团之间的互相倾轧。大规模的争论起于康熙二十四年（1685年）。在此之前，由于工程浩大，水情复杂，时堵时决，短时间内难见功效，指责靳辅的疏奏时而有之。老臣魏象枢就曾指责靳辅花钱太多，不见效果，质问："所谓一劳永逸者安在？"候补布政使崔维雅奏呈所辑《河防刍议》《两河治略》二书，并条议二十四款，对靳辅几年来的治河成就一概否定，还主张拆毁所有工程。康熙二十四年，在排泄里下河洼地积水和修浚入海口的问题上，靳辅和安徽按察使于成龙的意见不一，从而引发了朝中长达数年的治河纷争。

于成龙主张开浚下河入海口。这种方法所费不多，却忽视了挖低海口后，海水倒灌的问题；靳辅则主张"筑堤束水以注海"，工程庞大，耗资颇巨，却无海水倒灌之忧。

康熙皇帝倾向于采用于成龙的方案。在这个问题上，他是十分慎重的。治河工程关系着沿河两岸的百万生灵，他多次派内阁大臣和御史前去勘阅河工，还亲自六下江南巡视，并鼓励臣僚们发表意见，参加答辩，希望能够得出公正科学的结论。

以明珠为首的大学士、九卿及靳辅等治河官员组织了一场从上到下抵制皇帝开浚下河方案的运动。抵制态度的坚决出乎康熙的意料。从讨论、定案甚至动工之后，明珠一派都在不停地上疏反对。朝中仅有极少数几个人同意于成龙的方案。朝廷大员的一致反对不仅仅是由于技术上的原因，事实上许多朝臣对河务并不真正了解。问题出在康熙不同意由靳辅兼理"海口"工程，而另派于成龙督理。靳辅是由明珠举荐的，抛却技术上孰是孰非不谈，而把河工与朝臣的利益联在一起，这是不言而喻的。他们在向康熙答辩之时，常常隐去反对意见，形成朝中舆论向一边倾斜的局面，康熙也因此将疏浚下河工程暂停。

在科学相对不发达的时代，河臣的品德操守往往比科学更为重要。历来治河名臣都因廉洁和勤恳而成功。廉洁则能使所费国帑，悉数到工；勤恳则视工事为身事，想尽一切办法治理河患，除力所不能及外，不致因为玩忽职守而肇祸。[4]以这两者为根本，并以科学为指导，则常常会事半功倍。

指责靳辅不勤恳，显然有欠公允。多年以来，他奔波于沿河两岸，督导施工，辛勤劳苦，成效显著。连奉命前去考察河务的官员都感叹他"颜色憔悴"。他所任用的治河专家陈潢也是不避寒暑、不分昼夜地全力以赴，甚至在疾风暴雨之时，甘冒风险，独驾轻舟，以了解水情。不过，关于靳辅的廉洁，则并不是全无疵议。朝中的有关说法，已是沸沸扬扬。

靳辅还犯了一个关键性的错误。作为河督，虽不直接负责下河开海口工程，但也有责任配合疏浚下河，至少不能阻挠和干扰工程的进行。然而，当朝廷重开了海口工程，需要关闭上河的减水坝时，靳辅竟予以拒绝，加上一些负责浚治下河的官员见靳辅久居河督，而纷纷声援他，阻挠下河工程，使得康熙明显地察觉到，从上到下，有一张结党营私的巨网在掣肘河务，甚至达到了专擅的程度。这种侵犯皇权的行为自然是康熙不能容忍的。

于是，康熙设计罢黜了明珠及其党羽。朝中许多支持靳辅的官员都受到了牵连。不过靳辅并没有在被处理的人员之列。这显然是康熙念及他多年治河之功的宽容。更重要的是康熙不想因人事调整而耽误河工大政。这位有着结党营私之嫌的朝臣却生性耿直，颇有不撞南墙不回头的英雄气概，在讨论下河是否宜开、重堤筑与不筑、余田可否屯种、减水坝如何闭塞等问题时，仍然独持己见，敢与皇上对抗。这种不识时务的行为自然得到了应有的惩罚。不久，靳辅及支持他的大小官员一律被革职撤换。

尽管事情还远未结束，但康熙皇帝已是感触良多。如果说，明珠案、张汧案让他认识到禁止风闻言事的危害，以及科道言官们畏首畏尾的艰难处境，那么河务案则让他感受到了科道言官们趋炎附势、翻手为云覆手为雨的一面。当明珠得势，大部分言官都站在他那一边；而当明珠倒台，靳辅被黜时，许多人又跳出来反对，朝野之间甚至刮起了一股彻底否定靳辅之风。为了脱掉同靳辅的干系，有的人竟不顾事实，诿过他人，成为十足的两面派。康熙还发现，一贯支持自己的于成龙并不真正了解河务，而是为了辩论而辩论，采用一些道听途说的事诋毁对方，甚至不惜结成攻守同盟，弄虚作假。这当然令皇帝十分失望。科道言官们的不称职无疑极大地增加了皇帝的负担。在信息传递极不发达的社会，要做一名"不闭目塞听"的皇帝是多么不易。这是明君康熙毕生奋斗的目标。大概这便是他一生勤勉、重视亲察并采用密折制度的原因吧。

尽管康熙谨慎小心、殚精竭虑地努力工作，可是令人遗憾的错误却时有发生。这实在是没有办法的事情。天子不是圣人，而人的力量和智慧总是有限的。在一个专制主义的国家里，有关国计民生的大小决策都出自一人，发生错误的概率是极大的。

康熙二十八年（1689年）初，第二次南巡归来，康熙帝便发现自己对靳辅的罢黜是个错误。他沿大运河南下，往返历时七十天，亲自视察了中河以及七里闸、太平闸、高家堰一带的堤岸、闸坝。一路上他所听到的是百姓及行船夫役们对靳辅的称颂感念。他发现以往于成龙一派攻击靳辅的论据并不足信。于成龙曾禀奏说河道两岸未见靳辅栽有柳枝，可河干上明明长着成行的柳树；于成龙曾主张减水坝宜塞不宜开，可实际上却是不能阻塞。像这样的事例还很多。康熙帝想去下河看看疏浚情况，可随行诸臣极力阻止，想来必定是无所成就，只好作罢。

当康熙充分意识到了自己的失误之后，他便迅速加以纠正。这是他一贯的作风，也是他作为一位英主，与其他皇帝迥然不同之处，而勇于否定自己，并不是每个君主都能做得到的。第二次南巡归来后不久，康熙便宣布自己以前将靳辅革职是一个过失，并重新起用靳辅。十分遗憾的是，靳辅劳苦多年，体弱多病，上任半年多就染病而逝。

尾注

1 靳辅《治河方略》第6卷。
2 《河防述言·杂志》，第11页。
3 《清圣祖实录》卷63。
4 参见孟森《明清史讲义》下，第424页。

五、汉家传统与太子风波

在清朝的所有帝王中,恐怕康熙是对汉族文化最倾心的一个,在他治下的六十一年间,单是编撰的大型典籍就可以开出长长的一串名单,《康熙字典》《古今图书集成》《全唐诗》等,即使今天仍然惠及士林。

康熙在学习儒家经典、接触儒学名臣过程中,深感预立储君有利于皇权的连续和稳固,是巩固统治的头等大事。三藩叛乱,更使他看到"太子"的威力之大,足以维系天下人心。明朝灭亡已多年,明帝后裔也相继消失,而吴三桂居然伪托"朱三太子"蛊惑人心,并以此为号召,煽动叛乱,不正说明太子在未即位前是一块很好的政治招牌,标志一个政权后继有人吗?于是康熙杀掉吴三桂唯一的儿子吴应熊,以丧其志、寒其心、绝其望;同时立自己的太子,除了为身后预做准备,也有壮大声势、稳定人心、巩固统治的作用。

康熙十四年(1675年)年底,只有22岁的年轻皇帝亲御太和殿,按照汉族立嫡立长的原则,册立方满周岁的皇二子、嫡长子胤礽为皇太子，正位东宫，"以重万年之统，以系四海之心"。[1]同时，为太子服务的詹事府衙门也配备了官员。玄烨十分关心太子的成长，亲自为他讲授"四书""五经"。[2]太子6岁即拜师入学，教师经过慎选，理学名臣张英、李光地、熊赐履、汤斌等先后担纲教习。太子稍长，康熙向他传授治国之道，"告以祖宗典型，守成当若何，用兵当若何。又教之以经史，凡往古成败，人心向背，事事精详指示"。[3]

皇太子是个聪明的人，8岁时能左右开弓，儒家经典"四书"也能倒背如流，满汉文字也颇为通晓。太子仪表端庄，身体健壮，眉清目秀，深得康熙宠爱，20岁刚过，就能代父皇处理朝政。康熙三十五年（1696年），玄烨亲征噶尔丹，命22岁的胤礽"代行郊祀礼；各部院奏章，听太子处理；事重要，诸大臣议定，启太子"，既说明玄烨信任太子，也说明太子已具备处理政务的能力。太子不负众望，"举朝皆称皇太子之善"。[4]

也许是过早的政治启蒙教育使太子的权力意识日益增强；也许是对至高无上权力的垂涎，使太子逐渐成为另一个政治权力核心。他的年龄、他的能力，以及他长久的皇太子身份，都在昭示他应该享有九五之尊的快乐和尊荣。可是，乃父身体健壮如初，十年、二十年的等待和企盼未免时间太长。

父子间的矛盾日益加深。康熙最终难以容忍，下令废了太子，这件事给皇帝带来的心灵创痛是难以名状的。大约在康熙二十九年，玄烨就对太子胤礽产生了不满情绪。当时，出征噶尔丹的玄烨生了重病，可是胤礽却毫无忧戚之意，相反，眉宇间倒流露出"窃喜"之情。玄烨由此断定太子绝无"忠爱君父之

第二章 美化的圣祖和真实的历史

念",[5]为此他暗自伤心。在他看来,一位太子至少应当具备三项美德:一是要忠于父皇,不可结党谋位;二是为人仁义,将来为政清明有道;三是孝友为怀,做储君时能守孝道。但是,许多年来太子的表现越来越让康熙感到失望。太子的周围集结索额图等一群死党,密谋不轨,企盼抢班夺权,拥胤礽早日登基。太子本人性格暴戾,甚至当着父皇的面,责打王公贵族,四弟胤禛就曾被太子踢落台阶而晕倒。太子还将官员推入水中。这一切都让玄烨担心,胤礽当政会出现"败坏我国家,戕贼我万民"[6]的恶果。康熙四十七年(1708年)九月,玄烨终于忍无可忍,将皇太子胤礽废黜。当然,这件事扑朔迷离,康熙是在所谓"帐殿夜警"的特殊环境下做出废太子决定的。而向康熙密报胤礽图谋不轨的恰是皇长子胤禔,以及与胤禔一同负责父皇安全警戒的皇十三子胤祥。这两位皇子后来都被最先排除在皇位候选人之列,而胤祥竟然在父皇生前没有得到封爵,说明这件事颇不一般。康熙回到京城后,李光地曾经向康熙质疑过"帐殿夜警"这件事。

皇太子的废掉,给更多的皇子带来了希望和机会,为了实现这个梦寐以求的理想,诸皇子纷纷登台亮相,皇长子胤禔凶相毕露,建议处死胤礽;皇八子胤禩怀图位之志,市恩立威,结党谋位;皇二子胤礽被两次废立,仍然不思悔改。胤祉、胤禛、胤䄉、胤祥、胤禵……尽管皇子众多,选择余地很大,但事实上很难让康熙平心静气地定夺。因为,比来比去诸多皇子都有诸多缺憾,没有哪个人更符合康熙的选择标准。这种矛盾一直困扰着康熙的思绪。还有什么比这更让一位心高气傲、望子成龙的老父亲痛心的呢?

不过，这一切都怪不得别人，始作俑者正是康熙皇帝本人。据记载，康熙一生共生子35人，其中早殇不叙齿者11人，叙齿者24人。他们从小就受到了良好的教育，个个能文能武，气宇轩昂。康熙曾对大臣们说：朕的诸子论才能都不后于人。当太子被废，储位虚悬之时，他们自然都有条件也有能力争先恐后地一展身手。

皇帝多子是多妻的必然产物。康熙皇帝一生先后共有4位皇后、23个妃嫔、10位贵人、10位答应、8位常在，共55人。皇后、皇贵妃、贵妃、妃、嫔、贵人、答应、常在是皇帝妻妾的不同等级。这种严格的等级区分是从康熙朝开始的。清朝在入关之初，还没有建立完整的后宫制度，基本上延续了皇太极时期所设立的后、妃两级制。顺治帝就曾有过4位皇后、15个妃子。到了康熙朝，才仿照明制确立了有着满族特色的后宫制度。

尽管康熙皇帝一生文治武功，勤勉治国，堪称英主，但这一点也没有妨碍他纵情享乐。无论到哪里，他的周围总是簇拥着无数的嫔妃、侍女。正如马国贤神父于康熙五十年（1711年）在热河避暑山庄所见到的，皇帝总是坐在一把形同宝座的高椅上，由太监们抬着来往于庭园之间，那些含笑的嫔妃步行跟随，皇帝跟她们一起泛舟人工河，在湖泊中垂钓。当皇帝读书写字时，妇人们也是侍奉左右，静若处子。甚至皇帝因国事要到外宫时，也是跟嫔妃同乘一舟前往，后面还尾随着一队坐满妇人的船只。有时候，康熙皇帝还跟嫔妃玩个小小的游戏，他吩咐她们站在他面前的毡毯上，然后出其不意地把假造的蛇、癞蛤蟆和其他一些讨厌的动物向妃嫔抛去，开心地看着她们惊惶躲避。[7]

康熙在一生的不同时期里，所宠爱的妇人也在不断更替：起初是胤礽的母亲孝诚皇后及惠妃、荣妃；然后是胤禛之母德妃（雍正继位后升为皇后）及宜妃、温僖贵妃、敏妃等；从康熙二十九年开始，他的汉族嫔妃开始受宠，例如密妃王氏和襄妃高氏。他甚至还违反宫廷礼仪，允许耶稣会艺术家为王氏画像。皇帝对嫔妃的恩宠，自然会惠及她们所生的皇子们。胤礽就是因为其母备受恩宠而被立为太子的，当然这里面还包含更多的政治因素。不过，胤礽确实因为他的母亲而备受爱怜。他的母亲在生他时因难产去世，康熙为了不致影响胤礽皇太子的地位，先后两次册封的皇后，原来都是不育、无子的妃嫔。当胤礽暴露出抢班夺权、恣行不孝的倾向时，康熙迟迟下不了决心废弃太子，并且废而再立。不过，康熙对密妃王氏的宠幸还是威胁到了胤礽的地位。当王氏所生的皇十八子胤祄染疾去世，康熙发现胤礽因失去了潜在的竞争对手而喜形于色时，他勃然大怒，终于将郁积在胸中的怨愤发泄了出来，并最终决定废黜太子。

康熙废黜太子的另一个重要原因是胤礽恣行淫乐。在随驾巡幸陕西、江南时，太子和他属下人等"恣行乖戾，无所不至"[8]，致使皇帝赧于启齿。康熙是通过王鸿绪的密折得知这一切的。因为为数不少的满汉大臣成为太子党，了解情况的科道言官们并不敢公开上疏弹劾。按照康熙的指示，王鸿绪将探知的情况密奏康熙：太子和他的同党不择手段地买卖少男少女，而且得到了地方执法官员的公开协助。他们或发出缉捕状，或用武力胁迫百姓卖儿卖女，并且声称是得到了陛下许可。密折内容自然令康熙甚为震惊。不过当时他仅仅在奏折上批了个模棱两可的"知道了"。

关于购买少男少女，康熙的确也脱不了干系。由于喜爱昆曲，他自组了个私人戏班，并命苏州织造李煦在江南购买演员。而后，几乎所有非法购买人口者都声称是奉了皇帝之命。

实际上，在此之前，康熙对胤礽的丑行已有所耳闻。康熙四十七年，当康熙废除皇太子后不久，他曾委婉地谈及胤礽在这方面的劣迹，他说："（朕）从不令外间妇女出入宫掖，亦从不令姣好少年随侍左右，守身至洁，毫无瑕玷。……今皇太子所行若此。"[9]言下之意，皇太子周围肯定是既有妓女，又有娈童。对这一点，康熙帝完全了解。在清代，官吏狎妓是被严格禁止的。但是由于男妓大多是优伶，官吏可以招戏班子到府中唱堂会，因而私下里狎男妓之风一直很盛，只不过都是半遮半掩而已。而皇太子近乎公开的放荡行止自然令康熙帝大失体面。

尽管康熙皇帝标榜自己从不与外间男女交往，洁白无瑕，但他在宫中与合法妻妾的逸乐生活，足以令耳濡目染的皇太子无限向往，而胤礽的皇位继承人身份也令他产生了太多可能实现的欲望。实际上，正是康熙在不断地强化太子那傲视一切的自信力。他采用了汉族的嫡长子继承制，却只学了皮毛，没学到精髓。汉族的皇子包括皇太子，都是被禁止参加任何政务活动的，而康熙很早就让胤礽从政，管理一部分八旗事务。皇太子享受着近乎皇帝的礼仪，百官在向皇帝行朝贺礼后，还要向皇太子行二跪六叩礼。皇太子的舆轿也是采用与皇帝专用颜色相近的明黄色，俨然成了第二个权力中心。这一切都助长了胤礽主宰国家的权力欲望。既然整个国家都注定要属于自己，那么多养几个俊男美女，又算得了什么呢？

在康熙帝看来，皇太子的放浪形骸已经表明了他道德的败坏。古往今来，历代帝王尽可以三宫六院，妻妾成群，但是私自在民间猎奇是被禁止，也是被鄙夷的。这一方面是为了保持皇室血统的纯正，另一方面也是为了保护皇帝的身心健康与安全，而皇储胤礽的行为显然表明他不具备一位君主所需的德行。康熙甚至怀疑胤礽会沦落为像唐明皇那样"重色思倾国"的君主。

这一年，南方大旱，盗案四起。康熙虔诚地认为这是上天对他的统治表示不满。像以往一样，他依然下诏恳切求言，而言官的上疏及密奏所揭露的，很多都是太子的或是与太子有关的恶行。百姓也在私下里议论太子的不忠不孝。康熙已经认定，江南的无雨与太子在江南的恶劣行径有关。这成为他废黜太子的另一个重要原因。

豫建储君，是汉族王朝的传统，也是构成君权的重要组成部分。康熙因废立太子而身心受到极大打击。但岁月不饶人，康熙过了花甲之年，特别是几次重病，使得立储君显得非常迫切而必要了。但康熙心有余悸，担心立太子后又出现另一个权力中心，重蹈覆辙。这是康熙的烦恼，是来自关外时期的传统，诸皇子都在实际的政治、军事、文化等重大活动中得到锻炼、成长，由此，担任职位的皇子更有竞争力。

汉家传统也需要御史们向皇帝申明。第二次废太子几个月后，即康熙五十二年（1713年）二月初二日，左都御史赵申乔就奏请立皇太子。康熙帝对大学士们发表长篇谕旨，回顾了过去立太子所带来的问题，他说："赵申乔上疏，皇太子乃是国本，应行册立。朕自幼读书，凡事留意，纤悉无遗。册立皇太子大事，岂有忘怀之理？但关系甚大，有未可轻立者。昔立皇太子时，索额图怀私倡议，凡皇太子服御诸物，俱用黄色，所定一切仪注，与朕无异，俨若二君矣。天无二日，民无二王。骄纵之渐，职是之故，索额图诚本朝第一罪人也。大清会典所载，皇太子仪注，应酌古准今，裁度定议。"康熙停顿片刻，似乎又联想到汉族王朝，接着又说："宋仁宗三十年未立太子，我太祖皇帝并未立皇太子，后诸王、贝勒、大臣奉太宗皇帝即位。太宗皇帝亦未立世祖皇帝为皇太子。汉唐以来，太子幼冲，值人君享国日浅，尚保无事。若太子年长，其左右群小结党日久，鲜有能无事者。人非圣人，谁能无过？安得有克尽子道，如武王者。今众皇子学问见识不后于人，但俱长成，已经分封，其所属人员未有不各庇护其主者。即使立之，能保将来无事乎？此福亦非易享，伊等并无冀望之心。如果有冀望之心，则不堪矣。……欲立皇太子，必能以朕心为心者方可，岂宜轻举？""太子之为国本，朕岂不知？本一不正，关系非轻。"康熙帝痛苦回忆了他教育胤礽的过程，说"自废而复立以来，六年之中，朕加意教训，心血耗尽，须白身衰。朕始终望其痊愈，并非有意另立而废之也，若有此心，前岂肯废而复立乎？父子之间不责善，责善则离，离则不祥莫大焉"。康熙帝随即取赵申乔奏折，交给满大学士温达，说："立皇太子一事未可轻定。前事已误，今若轻举再误，将若之何？欲明示朕意，故集尔众大臣谕之。将此折发还。"[10]

　　康熙的担心不无道理，也可以说是来自惨痛的教训。从康熙对大学士、大臣宣布不立太子这件事看，赵申乔用的是奏折形式。康熙五十六年（1717年）十一月，康熙嫡母病危，康熙本人也病情危重。大清王朝处于暂时停摆状态。大学士王掞密奏请立太子。随即,陈嘉猷等八位御史联名上疏,公开请立皇太子,并提出太子可以分担康熙的一些政务,从而减轻康熙帝处理朝政的压力。大学士在票签时只是笼统地驳回,并没有明确指出不合。二十六日这一天,康熙对大学士说:"伊等所奏,以朕为忘之矣。此等大事,朕岂有遗忘之理?尔等票签,以为不合。伊等所奏有理,有何不是之处?但不当奏请分理耳。天下之事,岂可分理乎?去此票签。本发回收贮。"随即,康熙对大学士王掞说:"凡密奏条陈之人,皆为名起见。以为吾曾陈奏,遂刊刻传播。或有未经陈奏,即行刊刻者。凡新刻之书,朕皆详阅,故知之甚悉。所谓密奏者,惟所奏之人知之,朕独知之,方可谓之密奏。尔等折稿或尚存乎?"王掞连忙回奏说:"臣安敢如此?"康熙说:"朕非专指尔而言。即如李光地,为此事亦曾口奏。朕强以为折奏,可乎?"他又对诸大臣说:"大臣乃朕之股肱耳目,应将所闻所见即行奏闻。尔等皆有密奏之任,若不可明言,应当密奏。天下大矣,朕一人闻见,岂能周知?若不密奏,何由洞悉?""所谓密奏,惟所奏之人与朕知之,方可谓之密奏。不然,安得谓之密奏乎?尔等,朕不知如何。若朕于尔等一切陈奏之事,从不泄之于一人。密奏亦非易事,稍有忽略,即为所欺。朕听政有年,稍有暧昧之处皆洞悉之,断不能欺朕。奏请之人,亦不敢欺朕。密奏之事,惟朕能行之,他人则不能矣。前朝皆用左右近侍分行刺探,此辈颠倒是非,妄行称引,何所不至?如此偾事者甚多。"[11]

康熙帝对明朝通过锦衣卫、东西厂实行特务统治,深恶痛绝,他认为密奏也只有他这样的君主才能实行。康熙由于身体衰弱,走路需要人扶掖,大臣向他请万安,他说"一安也没有"。为此立太子已经迫在眉睫,但康熙坚持认为,太子不能与他分理朝政,这是他坚持的底线,也是对汉族王朝太子制度的回归。

  进入十二月初,康熙嫡母已进入弥留之际。康熙当时双脚浮肿,不能走路,他让侍从把他的双脚用手帕缠裹起来,乘软轿到宁寿宫,捧着嫡母的手给她请安,说:"母亲,我在此。"皇太后张开眼睛,因为怕光,用手挡住光线,看着康熙,又用尽平生的力量,执康熙的手,摇了摇,意思是她认得这位有孝心的皇帝儿子。康熙因为身体实在不支,回到宫中。这是母子二人最后一次见面,是生死诀别。初六酉时,皇太后去世。半个月后,康熙把满汉大臣、诸皇子召进宫中,说自己"豫立遗诏",天下大权当统于皇帝一人,断不可由储君分理。转年正月,康熙帝又明令大臣议定皇太子仪注,仿佛一切准备妥当,就等康熙帝宣布储君人选。但康熙随即以身体尚好为由,叫停立皇太子之事,由此留下清朝历史的一个大谜团。

尾注

1 《清圣祖实录》卷58。
2 王士禛《居易录》第3卷。
3 《清圣祖实录》卷234。
4 《清圣祖实录》卷234。
5 《清圣祖实录》卷147。
6 ［美］吴秀良著，张震久、吴伯娅译《康熙朝储位斗争记实》，中国社会科学出版社1988年，第105页。
7 《清圣祖实录》卷234。
8 《文献丛编》第3辑，《王鸿绪密缮小折》《范溥买苏州女子案》。
9 《清圣祖实录》卷234。
10 《康熙起居注》（标点全本），徐尚定标点，第8册，东方出版社2014年，第8—9页。
11 《康熙起居注》（标点全本），徐尚定标点，第8册，东方出版社2014年，第450页。

第三章
走向极致的秘密政治

把中国的秘密政治发挥到极致的是有诸多之谜的雍正皇帝,他驾驭军机处这个"小班底"办大事;把密奏这种"小报告"转向制度化;他打击科甲出身的官员,对言官极为轻蔑;他终于完成了"君主不再受监督"这一体制的最后一棒任务。

一、猜不完的登位之谜

康熙六十一年（1722年）十一月十三日，一代英主康熙大帝带着他对臣民的无限眷恋和诸位皇子的希冀与遗憾，在畅春园寝宫溘然长逝。此时，号称先帝指定为继承人的皇四子雍亲王胤禛对自己的未来还不知晓。这天早上八时，他奉父皇谕令匆匆从南郊斋所赶到畅春园，当时已近中午。随后，他曾三次进入父皇的寝宫，向病势沉重的父皇问安。最后一次，弥留之际的康熙还将自己颈上的念珠"授雍亲王"[1]，那是世祖顺治的遗物。这一做法多少具有承认胤禛继承权的含义。然而，康熙皇帝始终没有说出自己的决定。因而，当步军统领隆科多当着诸皇子的面，宣布皇帝遗诏"皇四子人品贵重，深肖朕躬，必能克承大统者，著继朕登基，即皇帝位"[2]时，未来的雍正皇帝闻之惊恸，昏仆于地。

康熙皇帝的这一决定，几乎令所有的人都大为惊诧。因为，在此之前，康熙从没有表现过对胤禛的特别关爱。在诸皇子长达二十年的储位斗争中，胤禛一直韬光养晦，超然于斗争旋涡之外，与几乎所有的皇子都保持着良好的关系。

而且在人们心目中的太子人选上，并没有胤禛的名字。这就不能不使人怀疑胤禛继位的合法性。

事实上，自从雍正于康熙六十一年（1722年）十一月二十日宣布登基那天起，朝野上下，便已是人言籍籍了。康熙皇帝那缺乏透明度的、近乎神秘的传位过程，给了人们揣测琢磨的广阔空间。的确，这里面包含着太多的谜底。

如果说，事实真如雍正在《大义觉迷录》中述及的那样，康熙皇帝在去世的当天凌晨四时左右，将等候在卧室之外的胤祉等几位皇子以及隆科多召至榻前，下达了传位谕旨的话。那么康熙为何不向后来赶到的当事人胤禛提起，而只是述说自己那日渐恶化的病体，而后者在一天之内进入卧室问安达三次之多。更奇怪的是，七位皇子和隆科多在获知圣命以后，直到晚八时，康熙谢世，在长达十六小时的时间里，竟然守口如瓶，使得新帝雍正在得知消息后，错愕惊诧以至昏厥。

据现有的材料看，七皇子聆听帝命的说法只是雍正一家之言，其他皇子在这一问题上一直缄默不语。他们是承认此事，还是慑于新皇之威，不敢吐露真言呢？在办理康熙皇帝丧事期间，雍正戒备森严，诸王非传旨不得进入大内，京城九门关闭了六天，无非是为了防止诸王有变。新帝登基后不久便诏令收缴圣祖的朱批谕旨，不许隐匿烧毁，这是否意味着他担心自己的篡位被父亲的朱批揭穿？

这种种的疑点被当时的人们演绎出了种种故事。这些故事显然给新帝雍正带来了不少的烦恼。他甚至亲撰《大义觉迷录》逐一加以批驳，这真是一个亘古未有的创举。然而事与愿违，并没有太多的人相信他的辩词。相反，书中收录的种种传说却因《大义觉迷录》的颁布愈传愈广。

至今，仍有两种传闻颇有市场。一种说法是雍正毒死了父亲。说当康熙皇帝在畅春园病重时，胤禛进奉了一碗人参汤，"圣祖皇帝就崩了驾，皇上（指胤禛）就登了位"[3]。

另一种说法是雍正偷改遗诏，当了皇帝。说康熙帝本意是想把皇位传给皇十四子胤禵，并留下了有"皇位传十四子"字样的遗诏，而胤禛在舅舅隆科多的帮助下，将"十"字偷偷改成了"于"字，于是，遗诏就成了"皇位传于四子"，四子胤禛便顺理成章地做了皇帝。

对于这桩历史遗案，史家历来争论不已。尽管各个派别都在浩繁的史籍中寻找有力的证据，但是谁也无法说服对方。然而不管事实究竟如何，有一点却是可以肯定的，胤禛的政敌们显然充当了散布传言的主力军。因为一介平民无论如何也无法了解到宫中的机密，流行的传言显然是出自朝中知情人之口。传言的倾向性是明显的。这使得雍正不得不全力反击。

与康熙相比，雍正一改其父的宽和仁厚的为政方式，大刀阔斧，"猛严"治国。这当然与雍正深知"宽仁"之策的弊端有关。康熙晚年，吏治废弛，百弊丛生，风俗日下，社会矛盾加剧。正因为如此，雍正一朝才一扫康熙末年因循守旧、拖拉宽和的作风，呈现出"政治一新"的气象。不过，雍正的"猛严"更是他登位时危机四伏的局面所必需的。雍正所必须承受的，是康熙诸皇子二十年激烈争斗的积怨，如今由先皇酿下的苦酒全都化作皇子们对新帝的满腔嫉恨。雍正的那些野心勃勃的兄弟时刻威胁着他的帝位，为了保护自己的帝位，他毫不犹豫地采用无情的镇压手段，而这一切足以让那些早已习惯于康熙宽仁政策的朝臣产生敌意，使得他们加入诽谤新帝的行列，从而使得本来就疑窦丛生的雍正继位变得更加扑朔迷离。

如今，我们已经很难从支离破碎的历史记载中完全厘清历史真相。这是猜不完的登基之谜。不过，有一点是可以肯定的，那就是康熙晚年的储位之争以及延续到雍正朝的诸皇子的明争暗斗，对历史的发展产生了不小的负面影响。在特别讲究纲常礼仪的中国传统社会，登位的不合法性等于从根本上否定了一个皇帝的权威与地位。对雍正来说，他所承受的压力是可想而知的。康熙皇帝若在天有灵，不应当只是一味地埋怨诸皇子的不孝，更应当深深地自责。这场皇室亲兄弟间的相互倾轧、互相残杀的始作俑者正是康熙帝本人。康熙无论如何也不应当在年仅22岁时就立不满2周岁的儿子做太子。对太子来说，父亲的寿命实在太长。在漫长的日子里，一朝之中存在着两个权力中心，现实的和未来的，这就必然会产生强烈的对抗。

康熙朝储位之争的历史之长，参与人数之多，都是史无前例的。这几乎使每一位皇子的命运都带上了悲剧色彩。雍正帝胤禛即位时已经45岁，他一生中最美好的时光都是在无休止的争斗中度过的。这肯定对他性格的形成和发展产生了重大影响。他为人谨慎多疑，喜怒无常；动辄"笑得不得了"，旋即怒不可遏，出言不逊。在他十三年御极的日子里，除了例行到东北和遵化扫陵祭祖外，他全部的活动几乎都在紫禁城和圆明园那两点成一线的空间里，没有声势浩大的南巡，没有气氛轻松的狩猎。他几乎把全部的心思都耗费在严肃枯燥的政务上。正是他使得台谏合一，使得言官在事实上丧失了"匡君过"的功能；正是他，发展了密折制度，从上到下安排了一大批耳目，以知天下。从此，言官们的地位便更如日落西山，江河日下了。

尾注

1 萧奭《永宪录》卷1,中华书局1959年,第49页。
2 《清圣祖实录》卷200。
3 《大义觉迷录》卷3,《吕留良诗文集》下册附,浙江古籍出版社2011年。

二、说不清的"华夷之别"

明末清初,汉民族的反清斗争波澜壮阔,历久不绝,直至清末,资产阶级的反封建运动仍然打着"反清复明"的旗帜。这让清朝统治者伤透了脑筋,甚至入关近百年的第三代皇帝雍正帝仍在感叹:"从来异姓先后继统,前朝宗姓臣服于后代者甚多,从未有如本朝奸民,假称朱姓,摇惑人心,若此之众者。"[1]

显然,在这一过程中,中国儒家传统的"华夷之别"的观念发挥了极大的神力。"华"指华夏民族(汉族),"夷"指"夷狄"外族。在儒家鼻祖孔子生活的时代里,居住在中原地区的华夏民族,同周围的少数民族(夷狄)经常发生战争,因而孔子强调"夷"与"夏"的区别,提出"夷夏之防"的思想,以维护华夏的统一。这一思想被历代儒家宣扬和阐发,逐步成为整个汉民族根深蒂固的观念。

古今中外,凡是涉及民族利益的冲突和战争都异常激烈。民族的自尊心和凝聚力常常是非凡的。满族以少数民族的身份入主中原,这对于华夏子孙来讲,自然是一种奇耻大辱。面对清朝统治者,他们以一种超乎寻常的同仇敌忾的勇气,或者起而抗争,或者退而著书立说,都为这种正统观念中的理想、道德奔走呐喊,不遗余力。但事实上,对于日渐巩固的大清王朝来讲,这些抗争和反击,无法扭转大局,他们的血泪之苦最终都没能逃脱悲惨的命运。清朝的汉族人为他们根深蒂固的"华夷之辨"的思想付出了沉重的代价。雍正朝那起著名的曾静策反案牵出的吕留良文字狱案就是个典型的实例。

事实上,康熙一朝致力于弥合满汉分歧和矛盾。康熙设立南书房,虚心向汉臣学习汉文化;六下江南,在孔子大成殿行大礼,在洪武皇帝的孝陵行三跪九叩大礼;等等,都是化解矛盾的重要举措,特别是通过修《明史》,肯定明朝的历史地位。

康熙三十一年(1692年)正月,他对大学士们说:"前纂修《明史》,诸臣以所编本纪、列传数卷进呈,朕俱一一披览,倍加核实。曾示熊赐履,命之看阅。赐履具签奏缴,于洪武、永乐本纪多有驳论。朕思明洪武为创业之君,功德甚盛。如宣德则为守成令主。虽时殊事异,皆能于一代之中奋发有为,功德垂后,各尽为君之道。朕亦一代之主也,孜孜图治,夙夜靡宁,惟期无旷万几,致臻上理。若于前代贤君苛求疵隙,评论是非,不特朕素无此才,无此本领,且亦并无此心。朕自顾于古昔圣王,不能企及,安敢轻论胜国谊辟耶?如欲撰洪武、宣德诸论赞,朕当指示词臣重加称美。倘使苛谪贬刺,非朕所忍为也。至于开创时佐命之臣,文武各有功绩。列传内纪文臣事迹,逾于武臣,则持论失平,乌可为信史?编纂史书虽属史官之事,而当朕之时修成《明史》,有一失当,则咎将归朕。《明实录》及记载事迹诸书悉应汇辑收贮。日后《明史》告成，新编之史与旧著之书可并存之，以俟公论于天下后世。向年面谕徐元文亦曾及此，尔等识之。"

诸大臣闻听康熙帝训导，立即要参劾熊赐履。康熙予以驳回，说："朕自冲龄即在宫中博览经史，《明实录》曾阅数过，见其中立言过当、纪载失实者甚多。纂修《明史》，宜详加斟酌。……所云尽信书不如无书，正此之谓矣！至于宦官为害，历代有之。明之王振、刘瑾、魏忠贤辈，罪恶尤甚。崇祯时诛锄阉党，极为善政。但谓明之亡，亡于太监，则朕殊不以为然。明末朋党纷争，在廷诸臣置封疆社稷于度外，惟以门户胜负为念。不待智者知其必亡，乃以国祚之颠覆，尽委罪于太监，谓由中宫用事之故，乌得为笃论耶？朕宫中所用太监，止令供洒扫奔走之役，一颦一笑，从不假借。所以三十年来，太监皆极贫乏，有不能自给者尔。诸臣想亦悉知。朕非信用太监之主，故惟朕可为此言。作史之道，务在秉公持平，不应胶执私见为一偏之论，今特与诸臣言之。修史者，宜令知此意。熊赐履曾令其看阅明朝实录，今若将言者参处，更谁肯言？熊赐履不必参奏。"[2]

本来，康熙帝化解满汉民族隔阂已经取得很大成效，而雍正即位后，不但对诸兄弟乃至宗室采取扩大化惩治手段，以维系其统治，而且通过很多大案，特别是停止浙江乡会试，使得暗流涌动的反清力量又重新抬头。

此案肇始于雍正六年（1728年）曾静的弟子张熙投书川陕总督岳钟琪策反。岳钟琪本是四川成都人，因为在西南边疆屡建奇功，而连年累迁。雍正皇帝用人最忌科甲朋党和攀附皇室的人，而岳钟琪既不是科甲出身，又与皇室素无交往，因而被雍正看中并任命为川陕总督。在此之前，由于川陕战略位置的重要，这一职务皆由满人担任。岳钟琪能荣任如此要职，自然备受朝野关注。

不知从什么时候起，岳钟琪被传为宋朝著名抗金将领岳飞的后代。[3]这令岳钟琪相当紧张，因为为了抗击金国入侵而死的岳飞已经是家喻户晓的英雄。在清代，岳飞显然是个极为敏感的人物。说岳钟琪是岳飞后代的人，自然是不怀好意，或者是想借他之名，激众谋反；或者是心怀嫉妒，诽谤诬陷。外间已经传言，岳钟琪已和朝廷有隙，三次召京不赴。甚至在雍正五年（1727年），一个名叫卢宗汉的男子竟然沿成都街巷疯狂叫喊"岳公爷带领川、陕兵马，欲行造反"，号召人们"从岳钟琪造反"。尽管雍正皇帝明察，认定卢宗汉是奸邪之徒，故意谗毁大臣，而将其斩首，[4]但岳钟琪之心却始终惴惴不安，诚惶诚恐。

果然，一波未平，一波又起，雍正六年（1728年）九月，岳钟琪回驻西安后不久，又接到一封署名"南海无主游民夏靓遣徒张倬上书"的策反信，这显然是说投书人不肯臣服清王朝。信的内容就更加悖谬不已，称"华夷之分大于君臣之伦"，并列举雍正谋父、逼母、弑兄、屠弟、贪财、淫色等十大罪状；说雍正继位以来，灾异甚多，这是天象有兆，言反清时机已经成熟；认为岳钟琪是名人之后，且有重兵在握，应当乘机反叛，为宋明复仇。[5]岳钟琪读罢心惊胆战，立命将投书人拿下，严加审问。

这位大胆的投书人名叫张熙，张倬是他的化名。信中所提的夏靓，是他的老师曾静。曾静是湖南郴州人，因为科举屡试不中，在家闭门读书，收授门徒。听到有关岳钟琪的传言，雍正六年（1728年）五月，曾静修书一封派张熙千里送信，策动其举事反清。没想到岳钟琪却是个大清国的忠贞之臣，对雍正的重用提拔感恩戴德，一心想脱掉干系，马上便将此案密报雍正。

本来，岳钟琪并未将策反信上呈雍正，因为信中所言实在荒谬不经。但雍正帝一定要"阅览"原信，态度似乎颇为大度，于是原信被送往京城。显然，信中内容的恶毒远远超过雍正帝的想象，它竟然让坚强的皇帝"惊讶堕泪"，连呼"梦中未料天下有人如此论朕也"。[6]

雍正帝素以在藩邸四十五年了解官情世态自许，认为长在宫中的父亲康熙，甚至以藩王入承大统的汉文帝也不如他阅历丰富。这种强烈的自信心，使得他一生的处世为人带有浓厚的主观色彩。在批阅永无休止的奏折时，他总是不忘发表自己的意见。在他当政的十三年中，他亲手批阅的公文就印行了《上谕内阁》159卷，《朱批谕旨》360卷，没有印行的还有很多。

雍正是个勤于思考的君主，他断定这并非一般的策反案件，信中所言有理有据，逻辑缜密，其思想的深邃、事实的确凿绝非曾静、张熙一类的山野小民所能及的。果然，张熙供认，他们的反清思想是由于读了吕留良的著作而产生的，他们对雍正的指责则是从已被镇压的雍正诸弟允禩、允禟手下太监那里听来的。

吕留良是清初的著名学者，与黄宗羲交往甚密，后者曾受他的聘请，在吕家教授生徒。黄宗羲的名著《明夷待访录》充满了对专制主义的批判。吕留良的思想里也有着强烈的反清意识。他在解释孔子"微管仲，吾其被发左衽矣"一语时说："看微管仲句，一部《春秋》大义，尤有大于君臣之伦，为域中第一事

第三章　走向极致的秘密政治　139

者。"[7]明确提出民族大义高于君臣之伦。吕留良15岁时恰逢明清鼎革,他散家财万金支持抗清义军,直到康熙五年(1666年)才回到家乡浙江崇德,即今桐乡。五年后易名光轮在县考试为诸生,但于康熙五年拒绝参加学使课试,表示放弃在清朝取得的诸生身份。康熙十七年,玄烨为了笼络汉族士大夫,特开博学鸿词科,吕留良也在浙江征召的名单上,但他拒绝。两年后,清廷征聘天下山林隐逸,嘉兴府想把他举荐,他索性削发为僧,隐居吴兴妙山,改名耐可,号何求老人。吕留良拒绝与清朝合作,把平生对儒家经典的研究,都在选评时文中阐发。早在顺治十二年(1655年),他就在吴门开始编选科举考试必备的时文著作,后来自己开天盖楼刻书局,在金陵、福建等地售卖。在时文及讲学中,他极力阐述"华夷之辨",他把驱逐异族统治者、恢复汉人的天下,看作比君臣之义更重要的道德原则;他还认为君臣的关系不应当同父子关系一样,而应当以义为重,反对尊君卑臣的风气。曾静、张熙正是因为读了吕留良的著作,"始而怪,既而疑,继而信"[8],最后发展到要将思想付诸行动的。

在雍正看来,一两个妄图谋反的曾静、张熙并不可怕,可怕的是,吕留良那极具蛊惑力的思想的存在和传播。吕留良反清思想一日不绝,那么曾静、张熙之徒就还会出现,无法根除,于是雍正帝以其特有的思维方法,对这桩清代文字狱中唯一以谋反大逆罪定案的案件,做了极出人意料的"出奇料理":将思想犯吕留良剖棺戮尸,其家人、门徒或斩首或流放或为奴;而对犯有谋逆之罪的现行犯曾静、张熙则免罪释放,予以自新之路。雍正解释说,曾、张二人是误信了吕留良的邪说和允禩、允禟余党的谎言，应该算作从犯，并声明"朕之子孙将来亦不得以其诋毁朕躬而追究诛戮"[9]。这种赦免现行犯，追究死去多年的思想犯的做法，在古今中外的案例中都是罕见的。这也许正是雍正皇帝的与众不同之处。

曾静、张熙的确如雍正所愿，对朝廷的宽大感恩戴德，到处现身说法，自我批判，为朝廷歌功颂德。这令雍正皇帝十分得意，因为曾、张等人已经成了他教化治国的成功典范。儒家历来提倡德治，认为对于民众，统治者首先应采用教育的方法，这样民众就会从心底里顺从，万不得已时才能使用刑杀的手段。在这一点上，雍正感到自己似乎已经达到了为政的最高境界。为了教育民众，雍正甚至独出心裁地亲撰《大义觉迷录》，对那些悖谬的流言进行批驳，以正视听。雍正是个争强好胜的人，他认为自己既是合法，又堪称勤勉，他无法容忍社会上有任何不利于他的言论存在。

《大义觉迷录》是针对当时一切悖谬言论的一部大批判书。尽管此书的问世在客观上使得那些传言真正广泛并且长久地流传了下来，但是此书本身却堪称有理有据、逻辑严密。雍正首先指责吕留良是个"千古悖逆反复之人"，因为他是在屡试不中之后，忽而追思明朝、深怨本朝的。他根本不配称作忠贞不贰的明朝遗民。进而，雍正又批驳了吕氏极力宣扬的"华夷之辨"之说，认为"华""夷"之别是因为古代疆域不广而产生的，其实"华""夷"都是一类人。应当把"华""夷""满洲"之称视为中国籍贯。例如三代以上有苗、荆楚、猃狁，即今湖南、湖北、陕西、甘肃一带，难道我们今天还视之为夷狄吗？而舜为东夷人，周文王为西夷人，这并没有妨碍他们成为圣王，因为评价一国之君应以五伦为准则，而不应以地域民族来区分。

雍正的辩词有着相当强的说服力，它反映了当时中国各地区政治、经济、文化联系得更加紧密和各民族融合日益加深的现实。实际上，"华夷之别"是个很难界定和说清的问题，因为随着民族的迁移以及各民族的融合，"华"与"夷"的内涵和外延从古以来发生了巨大的变化。正像雍正所说的，孔子时代的"夷"与清朝的"夷"根本无法同日而语，一味地强调"华夷之别"是不正视现实的狭隘的民族主义的表现。

但是，也并不能因此否定"华夷之别"的存在。抛却"夷"的歧视性色彩不谈，作为外族的代称的"夷"确是始终存在的。这里面还包含着一个国家的问题，中国历来是个多民族的国家，很多少数民族与汉族组成一个利益一致的共同体，并逐步融合在一起，而在国界以外，存在的众多国家也可以称之为"夷"。这种国与国之间的各自独立，在人类发展的历程中，有相当长的一段时间是难以消除的。人类总是在战争与和平的交替中挣扎着生存、繁衍。也许，世界最终会真的走向大同，战争会永远消亡。到那时，"华夷之辨"也将成为无稽之谈了。

不过，在清代，汉族人却始终难以放弃"华夷之辨"的观念，而清朝统治者也一刻未停止对反清分子及其思想的剿杀。犯有谋逆之罪的曾、张二人，最终并未逃脱死亡的厄运。乾隆继位伊始，就命将二人押解至京，凌迟处死。这一定让思想犯吕留良的子孙和弟子们找到了些许的平衡。还可以一提的是，雍正以假面孔出现，说什么吕留良的书籍不必销毁，因为如果销毁了，后人反而认为雍正对吕留良家族的惩罚没有依据了。乾隆却不这样认为，在焚毁的书籍名录中，吕留良乃至传播其思想的，都在禁毁之列。

有清一代，在思想文化领域进行剿杀，尽管在顺治、康熙朝也偶一为之，但真正把它视为洪水猛兽并作为钳制思想文化的武器的，可以追溯到雍正帝大行其道的恶例。这以后清朝的文字狱大多以大逆不道论处，株连之广、治罪之重，都已超过历史上的其他王朝。

雍正帝大兴文字狱，自然缘于他统治的需要。御宇以来，他总是难以赢得舆论的支持，无论是官方的，还是民间的。这是关系到统治基础及政权稳固的大问题，而要控制舆论、排除异己，文字狱自然是绝好的武器。它不受时空限制，任意定罪，完全可以应付裕如。雍正帝用它铲除了威胁王位的政敌、朋党，并出奇地料理了曾静、吕留良案，借以遏制民间反清思想的蔓延。清朝正是专制皇权得到空前加强的时期。文字狱发生的客观条件与客观需要具备，惨祸自然迭起。

在料理吕留良一案中，雍正帝的另一出奇之举便是向全国各地的府学生员（秀才）及国子监生下旨，征求他们对曾、吕一案的看法，并特意指出，各地学官必须代为上达，不得阻挠隐瞒。此时，刑部等衙门已经议定吕留良应照大逆律碎尸悬首。雍正此举不过是想寻求各地生监拥护朝廷的决策。这是雍正帝的一贯作风。他历来主张教化治民，他总是不断地采取各种方式将自己认定的规范向百姓灌输，希望他们能够心悦诚服，铭记在心，并体现在日常的行动之中。

此次雍正皇帝的谕旨自然令无数生监突然面临一项艰难的抉择，因为当权者的礼贤下士十有八九是虚伪和做作的，其背后隐藏的往往是可怕的陷阱。因而，绝大多数的生监无意揣测雍正帝的诚意，纷纷表示吕留良之罪罄竹难书，朝廷的判决，实为至当。唯独来自吕留良家乡浙江天台县生员齐周华憨态可掬，居然作"独抒己见奏稿"，为吕留良辩护。故事的结局自然可想而知。当地的官员拒绝代为陈奏，齐周华反被以"挟嫌妄告"之名投入大牢，永远监禁。[10]

雍正帝没能看到齐周华的奏稿，自然不能对他的狱案负责。不过，这以后的许多起文字冤狱，雍正则脱不掉干系。正所谓杀鸡给猴看，结果却使猴也学会了杀鸡。雍正帝大兴文字狱，给人们提供了一个满足一己私利的契机。正像曹一士在奏折中所言，大多数的文字狱案是因为地方官企图邀功请赏或是仇家徇私报复而被制造出来的。对此，雍正帝自然也有所察觉，因而后来有许多的案子，他都淡化处理了。

尾注

1 参见杨凤城等著《千古文字狱》，南海出版公司1992年，第110页。
2 《康熙起居注》（标点全本），徐尚定标点，第4册，东方出版社2014年，第366—367页。
3 《上谕内阁》，五年七月初三谕。
4 《文献丛编》第3辑《卢宗汉案》
5 《文献丛编》第2辑《张倬投书岳钟琪案》。
6 《文献丛编》第1辑《张倬投书岳钟琪案》。
7 吕留良《四书讲义》卷17。
8 《大义觉迷录》卷3。
9 《大义觉迷录》卷3。
10 参见杨凤城等著《千古文字狱》，南海出版公司1992年，第214页。

三、"小班底"办大事

在诸子争储的暗战中，由一名平凡的皇子跃居九五之尊，胤禛的快乐与满足可想而知。然而很快沉重便随之袭来。乃父给他留下了22个兄弟，从本朝无规则的皇位承袭制度来看，他们都有权继承大统。这些皇位的觊觎者使他的宝座周围危机四伏。雍正花费了足足四年的时间，才将诸王铲除。然而，在多年的争斗中，诸皇子们拉帮结伙，与朝臣们沆瀣一气，势力盘根错节，遍布内阁、六部，甚至议政大臣会议。总不能将所有的人统统格杀。没有哪一位皇帝，能比雍正更深刻地体味到加强皇权的重要性。唯一的办法，便是绕开朝中的原班人马，重新组建一个嫡系的机构，于是军机处便应运而生。

实际上，任何一个朝代的皇帝都拥有一批心腹之臣。治理偌大一个国家，驾驭从上至下庞大的国家机器，以皇帝一人之躯，即使是使出浑身解数，也是力不从心的。在交通极不发达、通信极为落后的时代，任用私人，尽量做到上情下达、下情上传，是唯一可行之策。他们或者是深居内宫，侍奉皇帝左右的宦官；或者是因其姊妹成为皇帝宠爱的妻妾而身价倍增的外戚；或者是与皇帝关系甚密的王公大臣。历史上宦官外戚的擅权，也无一不是走了从小圈子受宠，到小班子商议国事，再到把持朝纲这样一个过程。

在清朝，从某种意义上讲，军机处便是皇帝罗致并任用心腹的表现形式。清初统治者鉴于明朝宦官专权祸国的教训，严禁宦官参与政治，并于顺治十二年（1655年）命工部在皇宫立内十三衙门铁牌。敕谕曰：

中官之设虽自古不废。然任使失宜，遂贻祸乱。近如明朝王振、汪直、曹吉祥、刘瑾、魏忠贤等专擅威权，干预朝政，开厂缉事，枉杀无辜，出镇典兵，流毒边境，甚至谋为不轨，陷害忠良，煽引党类，称功颂德，以致国事日非，覆败相寻，足为鉴戒。**朕今裁定内官衙门及员数职掌，法制甚明，以后但有犯法干政、窃权纳贿、嘱托内外衙门、交结满汉官员、越分擅奏外事、上言官吏贤否者，即行凌迟处死，定不姑贷，特立铁牌，世世遵守。**[1]

清朝统治者对于外戚也做了种种限制，因而清朝皇帝所能宠信的只能是一些近臣了。

康熙时期的南书房就有着军机处的些许影子。起初，南书房只是康熙与汉人博学之士讲经论史、切磋学问的地方，而后随着谈论范围的扩大，南书房为皇帝提供咨询、以备顾问的作用愈加明显。康熙十六年（1677年），康熙还选调翰林等官到南书房当值，称作"南书房行走"，他们除了陪伴皇帝作诗写字，也秉承皇帝意旨拟写谕旨，发布政令，"非崇班贵檩、上所亲信者不得入。词臣任此为异数"[2]，显然，南书房成了皇帝处理政务的机要秘书班子。正是借助南书房，高士奇、徐乾学等人才能招摇过市。前述张汧贪污一案也涉及高、徐等南书房人员。康熙为此密召高士奇入宫，当面询问。高士奇对康熙说："督抚诸臣，以臣蒙主眷，多有馈遗。其实，圣明威福，从不旁落。臣何能参与一字？在彼诚无益，在臣则寸丝粒粟，皆恩遇中来也。"[3]康熙听了这番奏对，不但未对高士奇加以责罚，反而面露微笑。后来，康熙把弹劾明珠的郭琇升任左都御史，并授意郭琇参劾高士奇等南书房汉臣，乃至有"可杀之罪"。郭琇参劾文说："士奇供奉日久，势焰日张，人皆谓之曰'门路真'，而士奇遂自忘乎其为撞骗，亦自居之不疑，曰：'我之门路真。'是士奇之奸贪坏法，全无顾忌，其罪之可诛者二也。"[4]高士奇等人随即被罢归。至于郭琇，康熙利用这个为皇权服务的鹰犬，参靳辅，劾明珠，弹高士奇、王鸿绪，所谓满洲党、汉人党一扫而光后，郭琇再无利用价值，"私书案""冒名案""兵粮案"三案迭起，郭琇被赶回老家山东即墨，而操纵"三案"的，又少不了康熙或有意或无意的背后身影。

比起父皇康熙，雍正的统治术堪称"小巫"。尽管他总是装出虔诚的样子，但久之都被那些在官场浸润多少年的臣僚看破。而军机处的建立，又是他实行神秘政治的重要一环。

关于军机处设立的确切时间，史家历来存在分歧，它与清廷对西北用兵有着密切关系。抛开具体的时间不谈，军机处由小圈子到小班子，再到行政中枢的发展轨迹却是相当清晰的。

在康熙帝众多的皇子中，胤禛是最善用权术的一位。对于未来的帝位，他同其他兄弟一样，有着强烈的渴望。只不过这种渴望被精心地掩藏了起来，这一半是因为在竞争中他没有太多的优势，同自然规律一样，弱者总是以守为攻，先把自己隐藏起来，不到关键时刻不会主动出击；而另一半则是因为他敏感、多变、善用权术的性格。

实际上，早在藩邸时期，为了谋取帝位，胤禛就罗致了一批亲信。他们之中，有川陕总督、胤禛的妻兄年羹尧，有理藩院尚书、步军统领隆科多，有皇十三子胤祥，有福建道员戴铎，有湖广提督魏经国，有博尔多、傅鼐等。田文镜、李卫在有的史记中也被称为雍邸旧人。为维系一种紧密的主仆关系，胤禛软硬兼施。一方面，他秘密地命人带东西给招揽的对象；另一方面，又以主仆之分严格地约束仆从，不允许他们有一丝一毫对他不利的言行。年羹尧不经常致书请安，即使具启本也只自称官职，不称"奴才"，胤禛便大发雷霆，抓住年羹尧的把柄，将年羹尧10岁以上的儿子从其任所调回京城，作为人质。[5]这种锱铢必较的做派，与其他人，特别是康熙皇帝所表现出的宽容友善、与世无争恰成对照。

胤禛的小圈子人数并不是很多，却为他登上皇位起到了相当重要的作用。戴铎就曾为胤禛的谋位提出"三策"，不但写下千言密书，分析形势，出谋划策，而且亲自出马，游说康熙帝信任的李光地等人；而隆科多则是传康熙遗诏将皇位传给胤禛的唯一之人，因此也蒙受着多年的假传遗诏之嫌；年羹尧则手握重兵，成为雍正除去几位皇子的强大后盾。

第三章 走向极致的秘密政治

不过，雍正的这些藩邸旧人并非人人都能善始善终。雍正并未跳出古代帝王"兔死狗烹"诛杀重臣的老路。登位几年间，他便将年、隆二人置于死地。他在自己周围又罗致了一批新的宠臣，如鄂尔泰、张廷玉、李卫、田文镜等人。他们连同允祥等藩邸旧人成为雍正执政后的小秘书班底。

许多新政措施都源自这个小班子。改土归流之策便是由云贵总督鄂尔泰首倡和实施的，这种创造性的措施革除了长期以来西南少数民族地区土司制度的弊端，安定了边疆地区，而怡亲王允祥、大学士张廷玉则在军机处的建立与运行中起到了至关重要的作用。他们也成为最早的军机大臣。

军机处的建立，在中国的政治制度史上可谓一个创举。作为皇权的附庸，它将专制皇权推向了史无前例的巅峰。在明代，虽然明太祖朱元璋废除宰相后建立内阁，使皇权得到了空前的加强。但是内阁自明中期后事实上班列六部之上，地位崇高，对皇权仍然具有相当大的约束力。明代皇帝的诏令皆由内阁草拟，下旨必经内阁；阁臣对诏令拥有封驳的权力。皇帝的诏旨皆于邸报上公之于众，中旨、内降，也就是皇帝不经过内阁发布诏令都被视为违反权力运作程序的不合法行为。因而，当万历皇帝想立福王朱常洛为太子，而得不到朝臣的同意时，只能毫无办法地与朝臣们冷战几十年以示抗议。对清朝统治者来说，这是绝对不可想象的。

军机处的建立，使得原来作为行政中枢的内阁和议政大臣会议被贬抑成为有名无实的闲曹，只能处理一些程序性日常事务。大学士虽勋高位极却没有实权，成为无公事可办的荣誉头衔。整个国家政治运作体制发生了改变，由原来的内阁承旨、六科封驳，公事用题本内阁承办、私事用奏本直达御前的方式，改为皇帝亲书谕旨或口授，军机大臣承旨书谕经雍正钦准后径自廷寄各地。中央和地方官署的本章，经内阁阅看，附以意见后，仍要交给军机处送给皇帝审议。题本成了"例行公事"的具文。这样，皇帝的旨意就被毫无阻滞地贯彻下去，不受监督，不受约束，不受朝臣的掣肘了。

雍正肯定对自己的创造十分得意，他完全摆脱了那些令人生疑的朝臣。与内阁相比，军机处至少有着以下三大优点。一是"简"。它机构简单，人员少，只设军机大臣和军机章京二职。前者是兼职，俗称"大军机"，尊称"枢臣"，多从大学士、尚书、侍郎中选任，人数并不固定。他们虽有领班和一般大臣之分，但没有隶属关系，各自对皇帝一人负责。后者是大臣的僚属，负责满、蒙、汉文字工作，俗称"小军机"。整个机构人数最多时不过三四十人，并且"有官而无吏"。由于成员都是由中央各衙门特别选进的，如不称职，随时可以罢职回到原来衙门，因而省去了许多繁文缛节。二是"速"。它办事效率极高。皇帝的诏旨直接交由军机处办理，省却了以往各衙门辗转交送的时间并且当日事当日毕。每日折奏多者至五六十件，年终十二月二十五日为最末之一日，折奏有多至百余件者，或经内阁明发上谕，或廷寄地方大吏，皆于当天办完，未有压搁至一日者。廷寄的速度相当之快，有"马上飞递"日行三百里，日行四百里、五百里、六百里以及日行八百里等之别，根据事情的轻重缓急使用。皇帝的意志因此毫无阻滞地直达地方。三是"密"。军机处地居宫禁，不易受到外界的干扰，并严禁外官擅入值庐。洒扫庭院、勤杂送水等工作，都由15岁以下不识字的儿童担当，等到20岁即退出。军机大臣都是皇帝的亲信，他们入值时，太监不得在侧。退而起草诏旨，则严格限于值房之内，改定发出时，要径交径收。军机处用印，也要严格按照程序进行，用毕马上交还。

由于拥有上述长处，军机处一经设立便功效卓著。其中的妙处，正像清末御史张瑞荫所说："内阁之制，在前明有严嵩之奸，张居正之专擅，周延儒、温体仁之邪佞倾国。及至本朝，乾纲自秉，旧染一新。然以圣祖仁皇帝之天宣聪明，犹有鳌拜、明珠、索额图之小作威福。自设军机处，名臣贤相指不胜屈，类皆小心敬慎，奉公守法；其弊不过有庸臣，断不至有权臣。……军机处虽为政府，其权属君；若内阁，则权属于臣。"[6]因而，皇帝对军机处自然另眼相待，视为体己。雍正帝也一改以往刻薄寡恩的常态，对军机处成员不吝赏赐，或是绫罗绸缎，或是时鲜果蔬。每日入值的大臣、章京都由膳房供饭，备受恩宠。

然而，奇怪的是，终清之世，这样一个权大威重的奇妙机构在法律上一直不是正式的国家机构，也没有独立的衙门。光绪《大清会典》只称其为"办理军机处"，军机大臣为"内廷差使"，只有值庐，并无衙署。自从雍正时期创立后，军机处被各位皇帝有意识地发展完善，成为一代定制，甚至越来越具备了行政中枢的职能。然而从结构上看，军机处却始终更像皇帝的私人秘书班底。这当然与雍正设立军机处的初衷有关。军机处的出现既然与清廷用兵有着密切关系，并且冠以"军机"之名，自然带有强烈的秘密色彩，而它所承担的工作在王朝庞大的政权机构中均有专门的部门负责，这些机构是经过上千年的政治实践演变而来的，雍正和他的后人们并没有足够的理由另起炉灶。事实上，清朝法定的行政中枢一直是内阁，而军机处则是杂合了智囊团、贴身秘书及行政中枢等多种功能的混合物，带有强烈的御用机构的色彩。单就军机大臣一职而言，并没有多少崇高的地位，因而最早担任军机大臣的张廷玉，在自陈履历时，备言他历任的各种官职，却绝口不提军机大臣之职。[7]

从某种意义上来讲，军机处的出现为清朝杜绝宦官和外戚专权起到了良好作用。与宦官、外戚专权有着本质不同的是，雍正所创立的军机处完全掌握在皇帝的手中。军机大臣虽地位显赫，但绝对听命附属于皇帝，没有丝毫独立行动和决策的余地，"只供传述缮撰，而不能稍有赞画于其间"[8]。他们的一举一动，都在皇帝的授意和监视下进行，处处谨慎，事事小心。到了乾隆年间，还开创了一人不能承旨、个人不作书谕的传统，真正达到了雍正所期望的如"人之使臂，臂之使指"[9]的要求。因而，当军机处逐渐代替议政大臣会议和内阁，而承担行政中枢之责时，清朝皇帝丝毫也没有感受到它的威胁。它完完全全充当了皇权的御用工具，成为专制极权发展到新阶段的一个重要标志。也许，不设正式机构正是控制它的妙处所在。

从根本上讲，军机处的秘密特征是反监督的。这种神秘政治的倾向是明显的倒退。因为它的出现，使得六科给事中的封驳之权有名无实。皇帝决策以及传达的无所滞碍，实际上已经宣布中国古老的给谏制度的完结。这种名存实亡的言官与以往相比，实在不可同日而语了。

尾注

1 《清世祖实录》卷92，第12页。
2 萧奭《永宪录》卷1，第65页。
3 《郎潜纪闻二笔》卷11，第534页。
4 蒋良骐《东华录》卷15；《清史稿》卷271。
5 《文献丛编》第1辑《雍亲王致年羹尧书》。
6 《清末筹备立宪档案史料》第2编《官制》《御史张瑞荫奏军机处关系君权不可裁并折》，第430页。
7 引自冯尔康《雍正传》，人民出版社1985年，第274页。
8 赵翼《檐曝杂记》卷1，中华书局1982年。
9 赵翼《檐曝杂记》卷1，中华书局1982年。

四、"小报告"制度化

每当雍正打开折匣,阅读从四面八方呈来的密折的时候,心中就有说不出的愉悦。他总是暗自庆幸自己找到了一种绝妙的方法,能够足不出户,便胸装天下。这当然比明火执仗的特务要好得多。前明的锦衣卫和东厂虽然能够充当耳目,却臭名远扬,其荼毒臣民的残酷和恐怖,至今让人谈虎色变。如今有了密折制度,一样能够洞悉庶务,通达隐幽,督治天下,但一切都在不露声色中进行,并且主动权完全掌握在自己手中,绝无矫枉过正之虞、尾大不掉之忧。真可谓"于无声处见精神"了。

然而,就在雍正皇帝辞世不足百天,他所钟爱的密折制度就遭到了猛烈的抨击。曾任御史的谢济世在代替伯爵钦拜书写的《论开言路疏》中,对密折制提出严厉批评:

臣闻致治在乎求言,求言期于闻过,与其遍求诸有官守之人,不如专求诸有言责之人。而欲收开言路之益,且先除开言路之弊。夫开言路何弊之有?告密是也。自后世有密本之例，小人以此谗害君子，小臣以此摇动大臣，首告者不知主名，被告者无由申诉，上下相忌，君臣相疑，无论捉影捕风，将无作有，就令情真事实，而臣子阴私小过，亦非君父所乐闻，请自今除军机外，皆用露章，不许密奏。即或论列宫闱，指斥乘舆，如唐魏徵之于太宗，后人美魏徵之能谏，未尝不美太宗之能容。至于有言责者，台谏而已。内而六卿外而督抚提镇，皆有官守，所条陈者任内之事，所举劾者属下之官。惟六科十三道，职衔虽有部省之分，而天下之事皆得条陈，天下之官皆得举劾。今恐言路不开，舍科道而问诸督抚提镇及藩臬，犹御膳不调舍尚食而问之尚衣及百执事也。臣愚以为言路当仍责成于科道。[1]

他还提出严不言之罚、除文字忌讳之禁。钦拜称其"世受国恩"，康熙时任散秩大臣、副都统二十年，雍正时任参赞大臣、内大臣。他上奏的时间是雍正十三年（1735年）十一月十五日，此时仍在百日大丧期内。令人感到惊讶的是，乾隆帝对钦拜的上奏大表赞成。墨批道：

> 观汝调（条）陈数折，皆朕已行及现议之事。可谓千里同风好。勉力扩充识见，学为名臣。王大臣所议折片夹来，汝观后自知朕近日所料理之事矣。[2]

乾隆时期的密折，与雍正时期相比，其密报功能已大异往时,而雍正皇帝对密折制度的倚重,从某种程度上说,已经昭示了科道言官的命运。这意味着雍正帝对科道言官的不重视、不信任已成定局。早在康熙四十八年(1709年)十月初二日苏州织造李煦所上折中,玄烨曾痛心地谈道"言官类多瞻顾缄默","为君者"若不能"见于几先",则"渐使滋蔓,其弊不可胜言矣"。而像明代厂卫那样的谍报机构,康熙认为不可靠,反至于偾事,而推行密折制,"奏请之人,亦不敢欺朕。密奏之事,惟朕能行之耳"。这实际上是个循环的怪圈,皇帝越是不重视、不信任,言官们则越是畏首畏尾,不敢多言;而言官越是苟且取容,沉默不语,则越得不到皇帝的信赖。尽管雍正皇帝"以求言为急",屡次下旨要求科道诸臣"凡有所见,应竭诚入告,绝去避嫌顾忌之私",[3]而且科道官中有许多人拥有密奏之权,他们也应因此放开胆量,敢于直言纠谏。但是,对皇帝来说,他们首先是密奏之人,然后才是科道言官。他们的存在实际上是对其他科道官员的根本否定。这实际意味着科道言官的职能越来越被密折制度取代。

不过,也并不能因此将密折制全盘否定。

密折制还有一些优点。自古以来,臣下给皇帝的报告文书名目繁复,有章、奏、表、议、疏、启、记、札子、封事、题本等,不一而足,而且手续繁杂,大多要求用宋体字书写,附有摘要,录有副本,并由主管衙门审核拟旨,方能送给皇帝御览。这中间往往要通过几个衙门,不利于保密,并且效率不高,而密折制则省却了这诸多的麻烦,书写不拘格式,不限字体,内容丰富,范围广阔,并且无人敢拆阅,直达御前。这样,既解除了上奏的朝臣的后顾之忧，激励官员们不断上进，又增加了皇帝的见闻，防止闭目塞听的情况发生，更重要的是，皇帝在做出重大决策前，可以事先与心腹大臣私下商议，互相协调，从而避免出现尖锐的对抗，造成政局的动荡。

事实上，密折不过是官吏与皇帝单独对话的形式，只不过长期以来大多以应召奉对的形式出现，而采用文字的形式，大概源于明朝。明仁宗、宣宗时曾赐给内阁辅臣杨士奇"绳愆纠谬"等银章，准其密封言事。[4]张居正回籍安葬父亲，也曾奏请万历帝为他制作类似银章，以便将国家大事及时处理。而作为一种正式公文的形式，密折可能在顺治朝就已存在，顺治朝官员王熙在《自撰年谱》中曾写道："辛丑（顺治十八年），三十四岁，正月初三日……及奉谕询问'密封奏折'俱不敢载。"[5]这是至今见到的最早的称"密折"的文献。但是顺治朝没有保留下密折原件。现存最早的密折是康熙三十二年（1693年），苏州织造李煦到任后给圣祖所上的请安折。这或许是满族人习惯给主子请安，由此最早衍生出来的一种文体。

的确，正像康熙帝自己所说的"密奏之事，惟朕能行之耳"，[6]密折的大量使用在康熙朝，现存当时的汉文密折有3000多件，满文朱批密折有4300件之多。

事实上，密折最初并不具有太多的功能。在康熙年间，最初密折奏事的多是皇帝的亲信，人数很少，并且内容多是降雨、收成、请安等琐细之事，并无机密可言。身居宫禁的康熙甚至将密折当成了解闷的工具。江宁织造曹寅是另一位具有密奏权的内臣。康熙就曾嘱咐曹寅之子曹𫖯说："你虽不管地方之事，亦可以所闻大小事，照尔父密密奏闻，是与非朕自有洞鉴。就是笑话也罢，叫老主子笑笑也好。"[7]

密折作为皇帝获取信息的途径之一，进而充当政治情报，是因为康熙中叶后政治局势的日趋复杂。康熙四十五年至五十年（1706—1711年），江南接连发生了太仓起事、张念一反清、朱三太子案、处州彭子英起事、科场案等许多事件，加上诸皇子为储位激烈斗争，朝臣们也随之朋比为奸，使康熙帝心力交瘁。为此，他将密奏人数大大增加，除了内务府包衣出身的官员以外，许多受到皇帝信赖的朝臣也获得了这一特权。在当时，能够获得这一权力显然是莫大的荣幸，因而他们尽心竭力之状自不待言。

雍正帝将密折制发展到了极致。此时，密奏的内容除了奏事，还增加了荐人。真正是天南海北、军机家务无所不包了。拥有密奏权的人数也由康熙朝的100多人，猛增到1200多人。而且责成言官密折奏事。雍正即位不久，号称乃父实行密折制，"较言臣风闻言事，胜什倍矣，以此皇考据所闻见，折衷行之。大小国政，措置咸宜，言官无所用其建白，而实则天下之利弊，无不洞烛于圣心也"。他以此为由，称其即位以来，一切遵守成宪，尤以求言为急，于是雍正元年（1723年）命"各科道每日一人上一密折，轮流具奏。一折只言一事，无论大小时务，皆许据实敷陈，即或无事可言，折内亦必声明无可言之故。在外候旨，或召进面见，或令且退，其所言果是，朕即施行，即或未甚切当，朕亦留中不发，不令人知。至于有能面折廷诤，或弹劾权要，或更革弊端，不妨仍以露章奏闻，朕亦不拒"。[8]

雍正即位之初，就有以密奏代替言官露章进言之意，但他说成这是沿袭皇考成宪。对于密奏中"言有可采而易于招怨者",雍正将折内职名裁去发出,或令诸臣会议,或即见诸施行,而外间不知何人所奏,"乃有诈伪之人,因所奏既行,而夸耀于人者,亦有因裁去衔名,无可稽考,竟将他人陈奏之事据为己有者;亦有谓出之自朕,托言诸臣,而实非诸臣之条奏者。种种浮言,深可痛恨"。为此于雍正三年(1725年)规定,凡面奉谕旨者,俱著缮写进呈,若不缮写进呈,但私相传播,及私自记载者,即系假捏旨意。定当从重治罪。[9]

令言官密奏,实际是因为雍正即位之初面临严酷的政治斗争,诸兄弟对雍正即位大表怀疑并进而密谋逼其退位,为此雍正希望通过更多耳目了解兄弟们的背后动向。雍正三年,他以御史"崔致远等不堪小人,妄行渎奏,是以将密折停止"。但言官并未露章陈奏一事,乃至雍正气愤地说,"科道官除徇私报复,党同伐异之外,遂无可言之事矣,朕从前令尔等轮奏密折,大有深意。因崔致远等不堪小人,妄行渎奏,是以将密折停止","明季吏治之坏,多由科道巡按,结党营私,紊乱是非所致。朕励精图治,耳目甚广,虽不专恃尔等,但尔等身居言路",何竟默无一言?[10]

科道官行使密奏权,这与自古以来的监察制度设计相悖谬。科道官实行的监察,就是要有警示、震慑以及进贤退不肖的效果。科道进入"暗道",公开的监察转入秘密状态,而且与露章上奏没有分工,致使以察察为明的雍正帝也感到无所适从。特别是言官借密奏"密行告讦,诋毁大臣,挠乱国政"经常发生,雍正为此"降旨停止科道官之密奏,止令各用露章"。但言官"相率而为依违缄默之计,竟未见一人一事,实有所建白,裨益于国计民生者。夫以朝廷耳目之官，视国家之政治如陌路"。命科道官嗣后条奏事件，著如文武大臣等轮班具奏。[11]

密折自缮折、装匣、传递到批阅、发还、收缴，都已规范化、程序化，每日有条不紊地进行，并且为此成立了专门负责转呈、接收密折的机构——奏事处。奏事处分内奏事处、外奏事处，由皇帝最为亲信的"御前大臣"负责。密折先交外奏事处，然后转交内奏事处，呈给皇帝。皇帝批阅后，发还缮折人，缮折人捧诵皇帝朱批，知道处理意见后，再把朱批密折缴还归档。这一切都表明密折制度已经发展得相当成熟。

拥有密奏权的朝臣自然与雍正有着非同一般的亲密关系。实际上，密折中有相当一部分篇幅是有关君臣之谊和臣属家事的。也许，雍正可以算作古代帝王中最具有耐心和毅力的人。他每天不厌其烦地翻阅亲信们从四面八方上报的密折，并不辞劳苦地在他认为重要的奏折上亲笔写下批语，称为"朱批谕旨"，其中就包括那些琐细的家事。雍正五年五月，他为向宠臣鄂尔泰表示关怀，便在鄂尔泰的奏折上批道，"默祝上苍厚土、圣祖神明，令我鄂尔泰多福多寿多男子，平安如意"。[12]而八月，当鄂尔泰奏称已连得二子之后，雍正便又批道，此乃他的祝福至诚感动了上苍所致。[13]面对如此款款深情，鄂尔泰自然感激涕零，很快他便在密折中回应："（皇上）爱臣谆笃，臣之慈父；勉臣深切，臣之严师。"[14]在这秘密的应对中，中华民族素有的含蓄的品格似乎已无影无踪，取而代之的则是这些让人至今读来仍不觉耳热的直露的表白。

不过，我们大可不必替古人汗颜，上述例子只不过是密折制度的附带产品。密折最为重要的作用还是治事和察人，而这种作用的发挥则关键在于一个"密"字。如果不能保密，一整套苦心建立起来的制度都将形同虚设，甚至贻害无穷，那么它的监控作用便无从谈起。因而，雍正皇帝对此十分挂心，批阅奏折时，每每提及此事。他曾说过："缜密二字，最为要紧，君不密则失臣，臣不密则失身，可不畏乎？"[15]忧虑沉重之心溢于言表。

雍正帝的确应该加强保密措施。因为小小的密折中所包含的，已不仅仅是单纯的军机大事，还有为人君的狡黠权谋，而后者是万万上不了台面的。中国的专制统治者，历来崇尚权谋。先秦的韩非子，早在几千年前就宣传君主治国，要有"法、术、势"的思想，主张搞神秘政治，实行愚民政策。这当然是维护专制集权所必需的。雍正帝处事谨慎，生性多疑，因而，他比他的父兄们更注意运用权谋。从现存的雍正年间的密折中，我们可以发现许多有趣的事情。

在雍正的秘密调遣下，每一位重要官员几乎都是身处多人的监视之中，很多人甚至有着相互监视的任务，却蒙在鼓里。为了考察广东提督王绍绪的品行，雍正帝先后密令广东将军石礼哈、两广总督孔毓珣、广东巡抚傅泰等多人暗访密报。傅泰受命监视广东布政使王士俊，而王士俊也正在受命监视傅泰。这种典型的政治控制手段，自然是天机不可泄露。因此，雍正最怕的是官员之间相互串通密折内容。一旦失密，必将自己置于十分尴尬的境地，以往所有对臣下的关爱与宠信都会显得那么虚伪，他将失去臣僚们宝贵的信任，而这一点对于维护一位皇帝的尊严与凝聚力是何等重要。杨启樵在其名著《雍正帝及其密折制度研究》中指出:"传统政治,尊卑统属,督察参劾,均有规定,世宗则出间道,混乱上下次序,使互相监视,只对皇帝个人负责。"[16]正如世宗自己所说:"如此用密折,不具题本,则是非全在于朕。"一语道破密折制的真谛。

因而,雍正帝竭尽全力地维护着密折制度的神秘性。他亲自规定了从折匣到收缴的每一个细节,严禁官员们互通密折内容,并且下谕说,一经发现,一律按泄露军机治罪。[17]

但是,泄密的事件总是时有发生。由于当时通信手段的落后,封疆大吏们很难迅速地掌握朝中政事的微妙变化,因而也就难以把握自己所呈奏折是否符合时宜。为此,他们通常会在京城安置几个亲信,以掌握朝廷的动态,并负责预先拆阅奏折,决定是否上奏;而对于皇帝批下来的奏折,这些人也会先行阅视,以便为封疆大吏出谋划策。

当然,这种情形是雍正绝对不能容忍的。当他发现浙闽总督觉罗满保、云南巡抚杨名时的上述行为时,便立即宣布停止他们的密奏权,以示惩罚。直到他们承认错误后,才肯罢休。[18]

据说为了测试官员密奏的真实程度和官吏的忠诚与否,雍正还经常用一些生活小事向当事人当面对证。王云锦于新年在家与友人耍叶子戏,忽然丢掉了一张。一日上朝,雍正问他元旦干什么了,王从实作答,雍正甚为满意,说王云锦不愧为狀元郎,细事不欺君,随后便从衣袖中拿出叶子还给他。[19]

类似这样的记载还有很多。如果没有后人虚拟的成分的话,面对如此"至察"的君主,当时官员诚惶诚恐之状便可想而知了。

第三章 走向极致的秘密政治 163

尾注

1 朱批奏折，钦拜折，中国第一历史档案馆藏；《谢梅庄先生遗集》卷1。
2 朱批奏折，钦拜折，中国第一历史档案馆藏。
3 《清世宗实录》卷4，第18页。
4 《明史·杨士奇传》，第148页。
5 王熙《王文靖公集自撰年谱》。
6 《清圣祖实录》卷275，第15页。
7 《康熙朝汉文朱批奏折》第7册，第349—350页。
8 《清世宗实录》卷4。
9 《清世宗实录》卷33。
10 《清世宗实录》卷78。
11 《清世宗实录》卷81。
12 引自冯尔康《雍正传》，人民出版社1985年，第480页。
13 引自冯尔康《雍正传》，人民出版社1985年，第480页。
14 引自冯尔康《雍正传》，人民出版社1985年，第480页。
15 《朱批谕旨》第8函，雍正四年八月十九日路振扬奏折及朱批。
16 杨启樵《雍正帝及其密折制度研究》，三联书店香港分店1981年，第174页。
17 《清世宗实录》卷29，第4页。
18 《雍正朝起居注册》，二年十一月初九日。
19 昭梿《啸亭杂录》卷1《察下情》，中华书局1980年，第11页。

五、台谏合一：君主不再受监督

清朝最高统治者对明朝言路过盛，牵制政府不能有所作为，有深刻认识。康熙帝晚年明确说："言路不可不开，亦不可太杂。明朝国事，全为言官所坏。"[1]特别是地方督抚大吏，每有奏请事项，中央部院在议复前，言官先行表态上奏，故部院只得依据言官所奏而可否时，康熙帝非常警觉，认为言官"于未经部覆之先，预行条奏，则部议自然不准"，"如此则权尽归都察院科道等官。此是明末恶习，断不可长"[2]。为此，康熙时期对言官严加考核，实行优者内升，劣者外转制度，"以示劝惩"。在执行过程中，又出现才力不及、不称言职之人，外转为道员的情况，康熙认为"在外道员职掌甚要，外转科道官员以道员用，殊为太过，应以在外小品官员用"，令九卿詹事科道会议。左都御史魏象枢不赞成这样做，他说如此一来，恐天下不肖之辈，不识朝廷慎重道员之意，疑为厌薄言路之端；而且，近年外转科道并无贪污溺职者。康熙帝予以驳斥。随即，吏部尚书郝惟讷依据《会典》提出，科道官一等者内升，二等者外转。据《康熙起居注》记载，康熙帝对每次内升外转的言官,都非常重视,详尽询问任职言官时的具体表现。

"在藩邸四十余年","于群情利弊事理得失无不周知",[3]在洞悉下情之处不但超过父亲康熙,甚至超过那些像汉文帝那样以藩王身份入承大统的古代帝王,[4]这是雍正帝颇为自豪之处。他也因此时常告诫他的臣僚,不要做那些欺君罔上之事,因为,任何狡猾的伎俩也逃不过皇帝的火眼金睛。他对晚明言路嚣竞与乃祖乃父抱有完全相同的认识。他说:"尝观前明季世,一二新进后生,窃居言路,遂朋比固结,挟制大臣,把持朝政,以至国是日非而不可挽,此其炯鉴也。我世祖章皇帝、圣祖仁皇帝,圣神御极,大观在上,言路弘开,群邪屏息,一切猖狂浇薄之风,早已翕然丕变,虽有不肖之徒,亦无能施其伎俩矣。"[5]

在这一方面,雍正皇帝是足可以自负的。四十年藩邸的生活的确给了他相当多的帮助,对于朝政积弊、人情世态,他已了如指掌。就拿本朝的监察机构来说,最初沿袭明制,都察院负责监察百官,六科给事中具有封驳谏诤权,二者互不统属,独立运行,而六科的职权尤重。清初规定,凡红本到内阁后,六科立即派给事中一人去领取,然后分发到科,称"接本"。九卿会议之事项,定稿画押后,由主稿部院将副稿盖上堂印,再交与应稽查之科收存。待命下之日,由该科将副稿与皇帝批红的红本核对,如发现有私自更改之处,即行参奏。凡本章命下,事属某部院,即由某科于当天将皇帝的谕旨用清、汉文抄出,发送某部,称为"正抄";如同一件事与其他衙署有关联者,将本章送与别科转发,称为"外抄"。凡内阁发出密本,由该科登号后原封送部。

红本已奉旨到科，未送到部，如将本内事情泄露，将泄露者交部治罪，将科给事中议处。[6]以上是在包括皇帝谕旨及本章成为正式国家法律文件过程中，六科行使的监察权。

清朝的内阁虽然一部分沿袭了明朝的体制，但它由皇太极时期所设的文馆衍化而来，由此有其自身的特点。顺治十五年（1658年）废除内三院（内国史、内秘书、内弘文）名称，改为内阁，满文称多尔吉衙门，大学士加殿阁衔。康熙初年担心汉臣参与机务，又将内阁改回内三院，康熙亲政后改为内阁，其制度才逐渐稳定。内阁的职能是"掌议天下之政"，凡皇帝颁布的制诰诏敕，例由内阁负责草发出，臣僚向皇帝所进的题奏表笺，也经内阁票签，即代拟批旨，皇帝阅后称为"奉旨"，才转发六科或抄发各部院施行。如此说来，六科在明朝原有的主要职能——封驳之权已经大打折扣。这是因为清朝内阁所行之事，都是严格秉承皇帝旨意，"其实每日所治之事则阅本也"，如乾隆帝所言，本朝大学士"其职仅票拟承旨，非如古所谓秉钧执政之宰相也"。同时，"凡军国重务不由阁臣票发者，皆交议政王大臣会议"，自雍正时期设立军机处，"密勿重务，咸在军机"。[7]这就是说，由于清朝决策体制相比明朝发生重大变化，其军国重务，有秘密决策性质，因而，像明朝那样让六科发挥封驳诏旨的职能，也就不复存在了，使得它的主要职能与御史没有更多不同，而六科给事中和都察院职权交叉，互不统属，又造成了相当多的矛盾。

正因为看到了旧制的积弊，雍正帝即位伊始便将六科置于都察院之下，使科道两途完全统一，史称"科道合一"。

雍正元年，世宗借口说六科的掌印给事中责任紧要，人选交都察院公同拣选保奏，并具体规定各科掌印给事中员缺，该科知会吏部，开列各科不掌印的给事中名单，送都察院拣选其人，出具考语，转以吏科，缮本具题。题本用都察院的印信。这是把六科给事中的考核交都察院掌管，使他们成为该院的属吏，都御史的属员。都察院的监察御史，向例有巡视京城五城、京仓、通仓、巡监、巡漕等差，给事中归都察院考核后，都御史把他们与御史一体对待，于是给事中与御史不再有什么区别了，给事中的封驳职掌更变得形同虚设。给事中经常被按照御史分派调遣，以至"奔走内外，朝夕不遑"，领到的本章，根本来不及认真审读，就匆忙发出。为此曹一士上《请复六科旧制疏》，他提出汉唐以来，台（御史台）、省（中书省）异地，故科、道分曹，至今目科、道曰两衙门，并非一衙门官署。明朝废门下省后，六科独主封驳，以补阙拾遗，虽与御史同为言官，"而御史职在监察百司，故居于外，六科职在宣行制敕，故居于内，所以重王言、尊国体，内外秩然不可易也"。他还以《会典》为据，称六科"立制之初，惟在慎重命令，别白是非，专责以言，不在他事"，雍正元年以六科内升外转一事，奉旨着归都察院管，"乃一时权宜之法"，是"轻重倒置"，[8]因为六科给事中所拥有的对皇帝的监督权才是最为神圣的。给事中崔致远于台谏合一之初上疏力陈其弊，但雍正根本不加理睬，后来还在谕旨中申饬说："从前将给事中归并都察院管辖时，崔致远等心怀不平，哓哓陈奏，此即小人无忌惮之明验也。"[9]雍正还称崔致远"抗违狂妄"，是言官的反面典型。[10]

从某种意义上讲，雍正皇帝可以称作一位疯狂的集权主义者。他在位的时间并不算长，在短短的十三年间，他完善了密折制度，创建了军机处，并最终完成了中国古代监察制度向台谏合一的演变，他通过这些改革，将一切权力尽可能地抓在自己手中，并大力推行神秘政治，使得中国封建专制极权达到了顶峰。对此，雍正自然名副其实，不过，我们也不能过高估计雍正的个人力量。他"独揽朝纲"的一系列改革绝非空穴来风。一切都应当放在整个历史发展过程这个大背景下认识，任何事物的存在、发展与灭亡都有其必然性。演变都是由一点一滴的变化开始的，积累到一定程度，才能水到渠成。台谏合一便经历了这样一个过程。

所谓"台谏合一"，就是御史机构与谏议机构的合二为一。这是因循旧时的说法，在清朝以前，御史机构称为御史台，而从明朝开始，早已改为都察院了。

正如前文述及的，清朝以前，中国古代监察制度历来有台、谏之分。台官即御史，属御史台，主要负责纠弹百官、肃正纲纪；谏官，属中书省或门下省，则主管监督皇帝、规谏讽谕。在宋代以前，台官和谏官的职责相当分明，且机构分立，由于唐太宗的从谏如流，还有着"重谏官，轻台官"之风。

"台谏合一"之端是从宋代开始的。当时设立了言事御史，使得御史也得兼谏职，御史台中还有谏官御史厅[11]，谏官的职能也有所增加，对"大臣至百官任非其人，三省至百司事有违失也可以谏正"，拥有了对百官的监察之权。这是防范大臣擅权之举。五代以来，君弱臣强，宋朝统治者欲惩其弊，推行强干弱枝的政策，即君强臣弱，加强中央集权，因而想借台谏的力量遏制宰执大臣。他们也的确达到了目的，台谏官员被许以风闻言事之权，无所顾忌，动辄弹劾宰执大臣，不少宰执大臣如贾昌朝、梁适、陈执中、陈旭等都是因为受到台谏官的弹劾而被迫下台。弹劾的罪名五花八门，甚至一件小事即可奏效。宋庠就是因为被包拯指责不管束子弟而被罢黜的。这一时期，因台谏论奏而被废黜的宰执大臣，数量之多，实属罕见。这自然是皇权对相权斗争的一大胜利。

这一时期，台谏之官的无所忌惮可谓达到了一个高潮。唐宋以来，台谏官虽品级低，但直接受命于皇帝，权高位重。御史可以风闻言事，也可以不经过台长，直接向皇帝奏事；对于皇帝不合法度的命令，还可以不服从。御史台长官宋璟就曾三次拒绝服从武则天的命令。第一次武则天令其赴扬州做推按使，宋璟以职务不明确为由不肯赴任。第二次武则天让他去幽州审察罪案，宋璟又上奏说："御史中丞，非国家大事不当出使，是国家典制，且所察案件，品高者有侍御史，品低者有监察御史，臣不奉制。"后来，宋璟又第三次拒绝了武则天的命令。[12]这抗旨不遵的行为一点也没有影响他的仕途发展，到了唐玄宗开元初年（713年），他还被重用为宰相，与姚崇一起，协创了"开元盛世"。这当然是皇帝虚心并且宽容的直接结果。

严格说来，只有谏官才可称为"言官"，而御史则应称为"察官"，因而，所谓"科道言官"的说法并不准确，显然是将言官与察官相混淆了。不过，自从宋代开了"台谏合一"之端，台官与谏官的职责开始模糊起来。在同等条件下，职责多样化意味着某一专责的弱化。尽管宋代谏官的作用相当巨大，但是与唐代相比，他们作用的发挥更多地体现在对宰执大臣的弹劾上。他们本来所拥有的直接驳议皇帝的圣旨、诏令及讽谏皇帝行为的权力则相对受到限制。从此，谏官监督皇权的职责开始弱化，而开始逐步转化为同御史一样维护皇权的工具。

元代朝着台谏合一的目标又向前迈进了一步，将前代掌封驳之任的谏官给事中，以及掌谏诤之任的左右补阙，都赋予了兼修起居注的记事之责。实际上，他们的谏议之权已经有名无实。除此之外，元代不再设专职的谏官，元世祖忽必烈显然对御史寄予厚望，他说，台官"职在直言，朕为汝君，苟所行未善，亦当极谏，况百官乎"。监察御史李克礼说得更为明确："今朝廷不设谏官，御史职当言路，即谏官也。"[13]至此，称御史为言官，已是名副其实。

中国传统的监察制度在明代有着长足的发展，与前代相比，它更加完善、简便、严密。明朝统治者综名核实，在中央设立都察院，废弃了御史台之名，使其"察事"之责一目了然。下设十三道监察御史，同时在中央另设六科给事中，与都察院并列，专司对六部等中央机关的监察。二者各自独立，并直接向皇帝负责。不过，御史与给事中都既是言官，又是察官，两者职权混同，台谏进一步合一，而"科道言官"之名便由此而生。

在中国历史上，明代是言官最为活跃的一个朝代。由于设有专门的谏官，明代的科道言官既有纠举弹劾之权，又有进言上谏之责。他们秩卑，仅为七品或从七品的小官；权重，拥有直接弹劾内阁大臣，进谏皇帝之权；赏厚，一旦立功，可以从七品直接超升为按察使之类的三品高官，而秩卑则爱惜自身之念轻，权重则尽职不受阻碍,赏厚则求效之心激切。[14]加上"不求今生富贵,但求身后留名"的忠君报国的儒家思想的影响,因而明代言官们犯颜直谏之风甚烈。尽管明代皇帝杀戮言官、惩治言官比历代都残酷,嘉靖皇帝就曾因群臣诤谏兴献王尊号一事而一次廷杖朝臣134人,死者16人。但主威愈震,则士气不衰,批鳞碎首者仍接踵不可遏。[15]

从本质上说,明代的言官、谏官已经合一,只是在形式上仍然保留着台、谏分立的机构。由于职能的交叉,也衍生出了许多弊端。明代是个著名的"钦差大臣满天飞"的时代。中央的各级官吏除了受到六科给事中的监察以外,还要受到都察院的监察;而负责地方监察工作的,除了十三道监察御史,还有督抚和按察使,更有不时出巡的巡按御史。科道两途,互不统属,因而常常会出现几种监察官吏同时聚集在某一地区的局面,他们之间互相牵制,自然有利于皇帝大权独揽,但是也常常会造成相互扯皮,或者同恶相济,或者相互争斗,办事效率十分低下。

中国监察制度演变的基本趋向虽然是台谏逐渐合一,但谏官对君主过失的谏诤这一制度可谓历代相循,沿用不废。按照《说苑·臣术》的解释:"有能尽言于君,用则留之,不用则去之,谓之谏;用则可生,不用则死,谓之诤。"后代的典籍还总结出"五谏"的说法:"凡谏有五:一曰讽谏,二曰顺谏,三曰规谏,四曰致谏,五曰直谏。"《唐六典》卷8《门下省谏议大夫》解释"五谏"的意思为"风之以言,谓之讽谏","其所不可,不敢逆而谏之,则顺其君之所欲,以微动之",谓之顺谏;"陈其规而正其事",谓之规谏;"致物以明其意",谓之致谏;直言君之过失，必不得以然后为之者，谓之直谏。唐代谏官制度发达，凡遇大臣议政和朝廷进行决策，谏官有权与闻政事，并可以当场发表意见，这是秦汉以来谏诤制度上的一个重大突破。至于唐太宗、武则天等纳谏虚己、从善如流的例子，史书已多加赞美，自不必言。

宋代虽开台谏职责合一之端，但台谏机构并立不废，而且朝廷多次下令，不许谏官侵御史言事之权，宋孝宗时还恢复唐制，设左右补阙、拾遗各一人，专掌规谏君主过失事。元丰时，谏议大夫赵彦若因劾丞相不职，被神宗认为"侵御史"权，因而"左迁秘书监"。

明代的专制皇权以强化著称，但六科给事中掌封驳之权。《明史·职官志》载：六科给事中，"凡制敕宣行，大事覆奏，小事署而颁之，有失封还执奏。凡内外所上章疏下，分类抄出，参署付部，驳正其违失"。明朝又是中国历史上政治相当腐败的一个朝代，君主荒淫，权奸当道，更有宦官专权。但国家制度在相当长的时间内没有出现大的紊乱，实有赖于六科给事中在严格审核国家政令中所做出的贡献。顾炎武曾在《日知录》卷9《封驳》中有过极高评价：六科给事中掌科参，"六部之官无敢抗科参而自行者，故给事中之品卑而权重。万历之时，九重渊默，泰昌以后，国论纷纭，而维持禁止，往往赖科参之力"。明代"士气"极盛，士大夫以气节相标榜，以操守相砥砺，忠直敢言，铿锵谠论。清修《明史》，慨叹明代谏官前赴后继，视死如归。清代自康熙初年罢撤巡按、裁减御史员额后，言路已日渐沉寂。雍正初年又将六科归于都察院，科

第三章 走向极致的秘密政治 173

道合二为一，自此君主不再成为监察的对象，中国传统监察制度科道分途的宗旨已荡然无存。难怪乾隆初年曹一士称此举是"轻重倒置"，是对皇帝言行的"不重视"，而雍正恰是要重者轻之，使给事中不能抗皇帝之命，使纶音得到绝对尊崇。剩下的是，满朝一片颂圣声，皇帝也自称绝顶聪明，儒家传统政治、君臣共治的大义已不再见诸史册了。

吴振棫曾在《养吉斋丛录》卷3中评价说："雍正间，或用人惟贤，或因事权授，往往不拘定制。"这个评价是不错的，只不过雍正心目中的"定制"，是集所有权力于一身，而不受任何限制罢了。

尾注

1 《圣祖实录》卷256。
2 《圣祖实录》卷253。
3 《雍正朝起居注册》，二年九月二十五日。
4 《雍正朝起居注册》，四年十月初二。
5 《清世宗实录》卷81。
6 郭松义、李新达、杨珍著《中国政治制度通史》第10卷《清代》，人民出版社1996年，第359页。
7 郭松义、李新达、杨珍著《中国政治制度通史》第10卷《清代》，人民出版社1996年，第113页。
8 曹一士《请复六科旧制疏》，载《清经世文编》卷14，上册，中华书局1992年，第363—364页。
9 《上谕内阁》卷62，五年十月十六日谕。文津阁《四库全书》本，第575页。
10 《清世宗实录》卷30。
11 《续资治通鉴·宋纪》，仁宗庆历五年。
12 《旧唐书·宋璟传》。
13 《元史·李克礼传》。
14 皮纯协等编著《中外监察制度简史》，中州古籍出版社1991年，第186页。
15 皮纯协等编著《中外监察制度简史》，中州古籍出版社1991年，第189页。

六、科甲朋党谢济世

雍正八年（1730年）初的一天，西北边陲阿尔泰地区仍处在严冬的寒冷中。这是个行刑的季节。中国人历来认为秋季和冬季意味着万物凋零和死亡，而春天与夏天则象征着生命发育和旺盛。因而在春夏两季里，行刑这种残酷的事情是被绝对禁止的。每当秋冬来临，伴随着大自然生命的萧条与肃杀，总有许多人的人生将走到尽头。此时，在旌旗招展的阿尔泰军营前，一位已被革职、随军到边关效力的书生便即将迎接死亡。然而，正当他满怀绝望地引颈待戮之时，戏剧性的场面出现了，监斩的振武将军、顺承郡王锡保突然宣布雍正皇帝的密旨：该犯"从宽免死，交顺承郡王锡保，令当苦差效力赎罪"。

这名传奇般死里逃生的人犯，便是谢济世。

谢济世号石霖，广西全州人，康熙五十一年（1712年）考中了进士。雍正四年，他以翰林院检讨授监察御史。然而，正当他踌躇满志，希望成为公正的獬豸，批鳞折槛，一展宏图的时候，厄运却降临了。

谢济世一生所有的不幸都源于他那十足的书生气。他上任伊始，就迫不及待地履行自己的职责，上本参奏河南巡抚田文镜，陈说田文镜贪赃纳贿、任意诬蔑、营私误国、贪虐不法等十大罪状。[1]这是他一生悲剧的开始。

谢济世的弹劾显然是不识时务之举。田文镜是雍正皇帝的宠臣，备受信赖。短短几年时间里，他由小小的侍读学士直升山西布政使，再升为河南巡抚，成为威震一方的封疆大吏，可谓吉星高照，官运亨通。雍正宠信田文镜并非盲目无凭。田文镜的确有为政之才，他在山西任职时，清理文案，剔除积弊，使吏治为之一新；在河南任职期间，他兴办河工，清查亏空，整肃吏治，业绩显著。胤禛曾经感叹道："若督抚皆如田文镜、鄂尔泰，则天下允称大治矣。"[2]谢济世疏劾这样一位朝中红人，无异于以卵击石。

实际上，谢济世并不真正了解田文镜的所作所为，他只是从朋友刑部员外郎陈学海那里听说了田文镜的种种恶行，便义愤填膺，愤而上奏。

据谢济世后来讲，他与陈学海是在都察院一同任御史时才相识的。本来，陈学海原在刑部任员外郎，因熟悉例律，凡部院堂官出差审理案件，多奏请他一同前往。这次审理田文镜欺罔罪状已经取得事实证据，但钦差因为有雍正旨意，要保护田文镜，全然不顾事实，陈学海以一个司员无法据证定田文镜的罪，还被钦差逼着画题，由此非常气愤。此时，二人都任御史，陈学海就与谢济世商量，想公开检举，谢济世表示赞成，于是谢济世上疏。

然而事情并非想象中那样简单，在谢济世参奏田文镜之前，已有由广西巡抚调升直隶总督的李绂告发田文镜贪赃枉法、负国殃民，诬陷科甲出身的州县官员黄镇国、邵言纶、汪诚等人。而田文镜已经反击，指责李绂、黄镇国、邵言纶、汪诚同是康熙四十八年（1709年）的进士，显然是互结朋党陷害他。

田文镜的指斥正合雍正的心意。雍正皇帝从来就不喜欢那些科甲出身的文人学士，尤其对南方文人更是深恶痛绝。认为他们只尚空谈，不务实政，只能因循守旧，博取空名，与他所推行的务实的新政作风不相符合。况且在争夺帝位的斗争中，朝中大多数科甲出身的官员，都支持他的主要政敌允禩，希望学识渊博、为人宽厚的允禩能够承继大统。为此，雍正皇帝始终耿耿于怀，并极力排斥这些士大夫，在他的心腹重臣中，几乎没有一个是通过正规的科举考试而获得重用的。田文镜就仅仅是个监生出身。

早在雍正三年（1725年）六月，摸准了皇上心思的长芦巡盐御史莽鹄立就曾上书言及科甲朋党之害，称大批读书人联络乡谊，拜师投门，一旦结成师生之谊，便如胶似漆。他们为小团体的利益，甚至可以不顾一切。这样发展下去，后果不堪设想。雍正帝自然深以为是，马上责令九卿拿出防范的对策来。[3]

事实上，田文镜对黄、邵、汪等人的处置的确不尽合理。由于自己的出身，他对于那些科甲出身的官员心有偏见，处处打击、刁难他们。再加上他本身为政刻薄，因而在当地口碑不佳。谢济世正是由于听到了这些传言，才直言上奏的。

然而不幸的是，此时雍正已经断定李绂等人是科甲朋党，结党营私了；而谢济世的疏奏内容与李绂所检举的大致相同，他又是进士出身，李绂又在广西为官，因而便无法脱掉李绂同党的干系，于是谢济世首当其冲，成为雍正帝大治朋党的牺牲品。雍正皇帝愤怒地指责他"借直言敢谏之名,行诽谤倾陷之计",下令夺了谢济世的官,交刑部审问。[4]

面对如此巨大的变故,谢济世却依然保持着他那不卑不亢的风骨。这是长期受儒学熏陶的结果。当刑部官员逼问他是谁指使时,他朗声答道:"确有其人,那就是孔、孟!济世自幼读孔、孟之书,应当忠谏,见奸不击,非忠也。"[5]为此,他受尽了酷刑折磨。无奈,刑部最后只得以"显系"听人指使,妄图结朋党,扰乱是非之名,奏请皇帝将谢济世立斩。

皮球踢到雍正这里,如何处置,颇让他费了一番脑筋。"恶"名昭昭的雍正对自己的名节尤为在意。尽管自古言官被戮之事史不绝书,但是在人们的观念里,皇帝对犯颜直谏闻过则喜,从谏如流被认为是天经地义的事。雍正最怕背上杀戮言官的骂名。他甚至怀疑谢济世身后有"大奸大诈之人暗中指使",目的就是让他背负骂名。他当然不能让这"阴谋"得逞,于是圣意乃决,将李绂由直隶总督降为工部侍郎,将谢济世从宽免死,发往军前,效力赎罪。并且将与李、谢二人有同党之嫌的工部主事陆生楠一同革职发配。实际上,陆生楠与此案没有丝毫瓜葛,只是因为祖籍广西,而且性格桀骜不驯,言谈话语中常露傲慢不恭之情,遭到雍正的嫌弃。从此,新疆阿尔泰军营之中便多了两位书生。

雍正始终怀疑谢济世身后的奸诈之人除了李绂之外还有蔡珽。因为蔡珽也是进士出身,并且与李绂私交甚密。不过,由于谢济世的守口如瓶,蔡珽又没有亲自上疏,雍正只好找个借口,将他的要职一律免除,降调奉天府尹。

第三章　走向极致的秘密政治　179

至此，科甲朋党的嫌疑犯虽都已经伏法，但并没有认罪，因而案件并没有真正了结。不过，此案杀一儆百的作用却已完全显现，伴随着官场风气的整肃，行政效率的提高，言路是愈加沉寂了。

雍正一刻都没有放松自己的警惕，对每一名涉嫌结党营私者，他都派人暗中监视。负责监督谢济世、陆生楠的便是前文提起的顺承郡王锡保。

果然不出雍正所料，谢、陆二人远在边关并不安心思过。雍正七年（1729年）七月，锡保参奏谢济世私注《大学》，毁谤程朱，陆生楠则书写《通鉴论》非议时政。

《大学注》和《通鉴论》都是谢、陆二人在边关所著。由于平郡王福彭的关照，他们才能以戴罪之身，安心著述论学。《大学》是儒学经典"四书"之一，而《资治通鉴》则是北宋司马光编撰的史书。自元代以来，宋朝大儒朱熹的思想逐步成为统治中国的思想。他所著的《四书章句集注》更成为天下学子的法定读物。清朝的各个皇帝对于朱子更是尊崇备至，康熙就曾称，朱子所注的经史明确有据，得中正之理，其一字一句都不可更正，而谢济世的《大学注》却不用朱注，自成一派，这显然是大逆不道之举。

在雍正看来，谢济世的可恶并不仅仅如此，更重要的是，他借注经发泄对皇帝的怨恨，并对皇帝肆意诽谤。例如，他在"见贤而不能举"两节中，借言人君用人之道，注有"拒谏饰非，必致拂人之性，骄泰甚矣"等句，分明是在怨恨、诽谤当今皇帝。这是无论如何也不能容忍的，于是雍正不惜笔墨，在谕示中对谢济世大加指责，说他诬参公正任事的田文镜，甘心受钻营之徒李绂、蔡珽的指使，颠倒是非，紊乱黑白。雍正还质问谢济世："数年以来为国家敷陈者何事？为朕躬进谏者何言？朕所拒者何谏？所饰者何非？除处分谢济世党同伐异，诬陷良臣之外，尚能指出一二事否乎？"[6]

而陆生楠的《通鉴论》，在雍正看来也是借古讽今，发泄怨恨之作。因而这一次，谢、陆二人是在劫难逃了。不久，雍正皇帝宣布，谢济世已经供认参奏田文镜是受李绂、蔡珽指使，并下令将谢、陆二人斩立决，李绂拟判斩决，蔡珽斩监候。至此，科甲朋党一案才最终了结。后来，李绂被赦免死罪，谢济世则经受前文述及的那惊心动魄的一幕，而在他引颈待戮之前，陆生楠就已经身首异处了。这极具戏剧性的恐怖场面是偶然巧合，还是雍正皇帝精心设计呢？显然是雍正事先导演好的剧本。至此，经过雍正皇帝的大力打击，清初以来官场朋党之风已大为改观。在雍正朝，师生做官一地必须回避，给事中、御史、吏部司官必须由科甲出身的官员担任的规定也有所松动。知识分子的名誉和地位可谓一落千丈。

谢济世继续留在戍所，又过了四年，他梦见已经去世的陈学海来到西北，进入他的房间，抚掌大笑说："田文镜已伏冥诛矣。"醒来后他感觉很诧异。数月之后得知，田文镜果真去世。[7]

然而儒生谢济世却并没有从中吸取足够的教训，他根本无法改变骨子里要做忠臣的信念。当乾隆时期，政治气氛趋于平和时，他又执迷不悟地推出了自己的《大学注》《中庸疏》，不但不顾禁令私自刊刻印行，还呈给乾隆皇帝。这自然再次给他带来了灾难。他所有的书都被下令销毁。不过他本人却因乾隆帝动了恻隐之心再次逃过了劫难。乾隆二十年（1755年）四月，谢济世平静地死去。十三年后，当乾隆皇帝读罢谢济世著的《梅庄杂著》后，已经完全后悔他当初的宽容。此时，正是文字狱大兴的时候，乾隆根本用不着标榜自己"从不以语言文字罪人"了。

幸亏谢济世的寿命不算太长，否则，后果将不堪设想。

尾注

1 《雍正朝起居册》,四年十二月初七日、初八日谕。
2 《上谕内阁》,五年十月十五日谕。
3 《朱批谕旨·莽鹄立奏折》。
4 《雍正朝起居注册》,四年十二月初七日、初八日谕。
5 《啸亭杂录》卷9《谢济世》,中华书局1980年,第300页。
6 《清世宗实录》卷83,七年七月戊申条。
7 谢济世《陈检讨学海墓志铭》,钱仪吉《碑传集》卷55《科道下之上》,中华书局1993年,第1587—1588页。

七、书院不闻读书声

雍正通过科道合一，惩治所谓科甲朋党，在国家决策制度上通过设立军机处，又通过密奏制度，达到了专制统治的巅峰。所有能够使用的手段、政策、法律，他都无所不用其极。但他还有忧虑，就是借助书院大兴的私人讲学之风还没有整治。接下来，他把整顿书院排上了日程表。

本来，书院的发展与私学的兴起，以及学术的兴盛联系在一起，构成了中国古代文化景观的独特园地。

中国儒家文化的起源可上溯至先秦，而中国的私人讲学之风也发轫于这一时期。尤其是自孔子开拓了私人讲学之风，创立了儒家学派，明确提出"有教无类"，把私学推向了一个新的高度后，中国的传统教育便有了国学、乡学与私学两条时而并行不悖、时而对立抗争的发展线索。私学的发展使得没有固定人身依附关系，社会之中有流动自由，有选择职业的自由，有独立思想自由的士人在整个社会发展过程中的作用越来越大，成为文化和思想传承、创新的主要力量。

自春秋战国时期打破"学在官府"后，私学既是教育活动的重要形式，也是一种松散或明确的学术政治团体、独立的政治力量。孔子号称弟子三千，身通六艺者七十二人，孔子殁后，"大者为师傅卿相，小者友教士大夫，或隐而不见"，又各立门户，自成体系。

汉代私学日盛，名儒大师私人讲学盛况空前，今古文之争甚烈，号称"精舍"或"精庐"的讲学场所随之出现，它便是后世书院的前身。唐至五代，士子隐居读书，授徒讲业，精舍发展成书院。至宋代，集研讨学术与修书刻书为一体的书院制度日臻完善，其中，自由讲学是书院的精髓。

明代承继两宋书院发展之余绪，嘉隆万时期，书院大为发展。一时间，"流风所被，倾动朝野，于是缙绅之士，遗佚之志，联讲会，立书院，相望于远近"[1]。《万历野获编》中《书院》条载："当正德间，书院遍宇内。"至万历三十二年（1604年）顾宪成修复东林书院，"远近名贤，同声相应，天下学者，咸以东林为归"[2]。东林书院不仅讲学，更讽议朝政，他们发出了"天下之是非，自当听之天下"的呼声。讲学之余，抨击时政。"当时士大夫抱道忤时者，率退处林野，闻风附和，学舍至不能容。"一部分在职官吏如赵南星、邹元标、冯从吾、李三才等，也与之遥相呼应。

东林书院独树一帜，将学术和政治的精神统一起来，发前人所未发。顾宪成为东林书院题联："风声雨声读书声，声声入耳；家事国事天下事，事事关心。"高攀龙认为："若是个腐儒，不通事务，不谙世事，在一身而害一身，在一家而害一家，在一国而害一国,当天下之任而害天下。"[3]这种讲求实际、崇尚有用之学的宗旨感染了当时的许多社会精英,甚至连率先提倡并研究西洋实用科学的李之藻、徐光启等人,也常光顾这里讲学。东林书院的学风确实养育了一代忠烈之士。晚明与阉党进行斗争,不惜肝脑涂地的也大多是东林志士。明亡后出现的许多忠节之士,如范景文、李邦华、倪元璐、刘宗周、黄道周、吴麟征、马世奇等,均出自东林书院。黄宗羲说,东林书院"一堂师友,吟风热血,洗涤乾坤"[4]充分概括了东林人士的高风亮节。

明代后期书院林立,讲学之风颇盛,既是两宋时期书院制度的一个发展,同时又有其鲜明的时代特点。它是商品经济发展、市民阶层崛起、士大夫自主意识加强、政治分野逐渐明晰化等诸多条件的反映。明代后期四次禁毁书院,而原因不外乎它与官方倡导的程朱理学相背离,书院讲的大多是所谓的"邪学""伪学",与正统不相容。同时,私人讲学对政府的所有作为形成巨大的牵制。张居正改革期间,于万历七年(1579年)下令禁毁私人所建的书院,有的改为公所。天启五年再次禁毁书院,理由是"群聚徒党","空谈废业"[5],认为只有禁毁,才能"以绝党根"[6],"使天下胶口而不敢议,束手而不敢动"[7],其打击在野的异己势力,压制思想舆论的目的不言自明。自由讲学与君主专制倡导的思想一致的冲突在明代达到了前所未有的高潮。统治者力图控制书院,使之成为政治的帮凶或帮闲,而书院倡导的自由讲学,尤其是抨议朝政、聚众游说,无疑是一种离心的政治力量。所以王夫之一针见血地说:"率以此附致儒者于罪罟之中,毁其聚讲之所,陷其受学之人,钳网修士,如防盗贼。"[8]

清朝统治者入主中原后，对书院讲学之风严行禁止。顺治九年（1652年）清政府命令"各提学官督率教官、生儒，务将平日所习经书义理，着实讲求，躬行实践。不许别创书院，群聚徒党，及号召他方游食无行之徒，空谈废业"[9]。在严禁聚众讲学，兴办书院的同时，清朝统治者加强思想钳制，清初几十年间都在致力于重振程朱理学的统治地位。康熙年间，国内日趋统一，政局也稍见稳定，玄烨组织理学名臣，编纂《朱子大全》，并亲为之作序，再创朱学独尊的局面。

雍正初年，清朝的统治已经稳固，但鉴于书院自由讲学的精神，雍正帝对此仍然忧心如焚。雍正四年，江西巡抚裴幰度请求清廷为白鹿洞书院选任掌教，经部议不准。雍正在上谕中详细阐明限制书院的缘由：

> 设立书院，择一人为师，如肄业者少，则教泽所及不广；如肄业者多，其中贤否混淆，智愚杂处，而流弊将至于藏垢纳污，如释道之聚处寺庙矣。若以一人教授，即能化导多人俱为端人正士，则此一人，岂可易得？当时孔子至圣，门弟子三千余人，而史称身通六艺者仅七十有二，其余不必皆贤，况后世之以章句教人者乎？是以朕深嘉部议，不肯草率从裴幰度之请也。[10]

雍正帝的理由当然很堂皇。但其中不难看出，统治者之所以反对发展书院，还是害怕书院讲学"贤否混淆，智愚杂处"，说穿了，就是怕"群聚徒党"，构成对其专制统治的威胁。

到了雍正末期，朱学独尊的局面凭借文化专制政策得以稳固。谢济世注解《大学》，从《礼记》本，而未从朱熹的《四书章句集注》，被雍正帝批为"借以抒发其怨望诽谤之私"，定罪斩首。陆生楠作《通鉴论》，雍正帝也逐条批驳，终以"罪大恶极"于"军前正法"。此外，雍正三年（1725年）的汪景祺之狱、雍正四年的查嗣庭之狱、雍正六年的吕留良之狱，等等，都充分展示了专制的残酷与恐怖，造成了天下言论一律的效果。为进一步发挥"文治"的作用，加强思想钳制，将已经少得可怜的书院的自由讲学空气纳入封建教化、科举的轨道，雍正改变书院政策，变消极抑制为积极兴办。雍正十一年（1733年），世宗特颁上谕：

> 近见各省大吏渐知崇尚实政，不事沽名邀誉之为，而读书应举者，亦颇能屏去浮嚣奔竞之习。**则建立书院，择一省文行兼优之士，读书其中，使之朝夕讲诵，整躬励行，有所成就，俾远近士子，观感奋发，亦兴贤育才之一道也。**督抚驻扎之所，为省会之地，着该督抚商酌奉行，各赐帑金一千两，将来士子群聚读书，须为筹划，资其膏火，以垂永久。其不足者，在于存公银内支用。封疆大臣等并有化导士子之职，各宜殚心奉行，黜浮崇实，以广国家菁莪棫朴之化，则书院之设，于士习之风，有裨益而无流弊，乃朕之所厚望也。[11]

雍正的这个上谕，和雍正四年的上谕基调大变，其用意无非是将书院纳入为统治者服务的轨道中。世宗及乾隆帝在以下五个方面着手控制书院。

一是重点扶植省会所在地的书院。以往书院多建于僻寂幽静的名胜之地，故有"精舍""精庐"之称。这些依山傍水之地，正是士子凭借山水之灵秀，阐发胸中块垒之所。所谓"士子足不出庭户，而山高水清，举与目会，含纳万象，游心于彻，灵淑之气，必有所钟"[12]，讲的就是这番道理。同时，理学强调"主静""居敬"等道德修养功夫，因此远离尘嚣之区为书院首选之地。统治者对此常有鞭长莫及之感。雍正决定于各省省会创办书院，便于地方大吏直接控制，这是以往各朝所没有的。

二是书院经费由政府拨给。尤其是省会书院，清政府在经费上予以充分保障。据《清会典》记载："各省书院公费，各有恩赏银，委员经理。或置产收租，或筹备赏借，以充膏火。不敷，在存公项下拨补，每年造册报销。"这就在经济上加强了对书院的控制。至于各府州县书院，也不能放任自流。清政府规定："其余各府州县书院，或绅士捐资倡立，或地方官拨公款经理，俱申报该管官查核。"[13]这就是说，地方书院的经费，不论是民间捐献，还是地方官拨公款，都由地方官府加强管理，以免因经济失控而导致书院受制于人。清代以前，书院经费主要是自筹，在经济上是独立的，因此讲学宗旨、办学的一些具体规程都有自主权，体现了书院自由的精髓。但自雍正实行官拨费用后，书院成为政府通过经济手段牢固控制的对象，其自由度已大为降低。

三是书院师长由政府聘请。书院的精髓在于自由讲学，它打破门户之见，各派互相切磋，促进了学术发展。书院的师长也由名师大儒、德高望重者担任。到了清代,各省督抚直接管理书院,书院主持人和讲学者也受命于地方官吏。乾隆元年(1736年)再次强调了雍正十一年确定的对书院师长的选聘原则。乾隆说:"书院之制,所以导进人才,广学校所不及。我世宗宪皇帝,命设之省会,发帑金以资膏火,恩意至渥也。古者乡学之秀,始升于国,然其时诸侯之国皆有学。今府州县学并建,而无递升之法。国子监虽设于京师,而道里辽远,四方之士不能胥会,则书院即古侯之学也。居讲习者,固宜老成宿望,而从游之士,亦必立品勤学,争自濯磨,俾相观而善,庶人才成就,足备朝廷任使,不负教育之意。……该部即行文各省督抚学政,凡书院之长,必选经明行修足为多士模范者,以礼聘请。"并规定:学臣三年任满,咨访考核,如果教术可观,人才兴起,务加奖励。六年以后,卓有成效,奏请酌量议叙。对于书院的讲师也由督抚学臣聘请:"嗣后书院讲席,令督抚学臣悉心采访,不拘本省邻省,亦不论已仕未仕,但择品行方正,学问博通,素为士林所推重者,以礼相延,厚给廪饩,俾得安心训导。仍令于生徒学业,时加考核。并宽其程期,以俟优游之化。"[14]这样,书院的主持与讲师皆由政府选聘,而且考核、奖励、提升制度一同于官学教官。这也是以往各朝所不及的。

四是书院的学生也由官方选择录取和考核。这是清政府防止书院"群聚徒党"的一条重要措施。乾隆元年的上谕规定:"负笈生徒,必择乡里秀异,沉潜学问者,肄业其中。其恃才放诞、佻达不羁之士,不得滥入。书院中酌仿朱子白鹿洞规条,立之仪节,以检束其身心;仿分年读书之法,予之程课,使贯通乎经史。有不率教者，则摈斥勿留。"并规定："诸生中材器尤异者，准令荐举一二，以示鼓舞。"以后，清政府又多次强调督抚学政要严把书院学生的录取关，并制定相应奖惩办法。这种做法与官学在原则上已无区别，与书院"自由择师"的历史传统大相径庭。

五是将书院教育纳入科举考试的框架中。乾隆九年（1744年）明确规定："每月课试，仍以八股为主，或论或策，或表或判，听酌量兼试，能兼长者酌赏，以示鼓励。"各地书院讲课的内容无非是康熙钦定的《易》《书》《诗》《春秋传说汇纂》，以及《伦理经义》《通鉴纲目》《御纂三礼》等书，各书院院长只能对这些"法定书目""自可恭请讲解"[15]。这样，书院所倡行的自由讲学和探讨学术之路被完全堵死，书院教学目标已被完全纳入官学轨道，成为科举的预备场所。

本来，书院的兴起与发展是与官学所施行的教育相违背的，它是儒生士大夫关注道德人格建构、主体意识觉醒的产物。诚如黄宗羲在《明夷待访录》中追溯书院兴盛原因时所指出："其所谓学校者，科举嚣争，富贵熏心，亦遂以朝廷之势利，一变其本领；而士之有才能学术者，且往往自拔于草野之间，于学校初无与也，究竟养士一事亦失之矣。于是学校而变为书院。"历代书院大师虽不都反对科举，但也不倡导科举。他们大力发展书院，正是宣传、推行其道德理想，批判官学"但为声利之场"。朱熹在《白鹿洞书院揭示》中讲得最明白："熹窃观古昔圣贤所以教人为学之意，莫非使之讲明义理，以修其身，然后推以及人，非徒欲其务记览，为辞章，以钓声名，取利禄而已也。今人之为学者，则既反是矣。然圣贤所以教人之法，具存于经，有志之士，固当熟读深思而问辨之。"陆九渊在白鹿洞讲学时也说:"学者之志,不可不辨也。科举取士久矣。名儒巨公,皆由此出。今为士者,固不能免此,然场屋之得失,顾其技与有司好恶如何耳,非所以为君子小人之辨也。而今世以此相尚,使汩没于此而不能自拔,则终日从事者,虽曰圣贤之书,而要其志之所向,则有与圣贤背道而驰者矣。推而上之,则又唯官资崇卑、禄廪厚薄是计,岂能悉心力于国事民隐,以无负于任使之者哉?"朱熹同陆九渊虽分属不同学派,但他对陆九渊所言赞赏不已,将之刻于石碑,并作跋语。可见,书院是"德行道艺之实"的场所,是渗透儒家传统的济世救民理想的地方。马端临称书院为"乡党之学",认为"乡党之学,贤士大夫留意斯文者所建也"[16],十分精当地指出了士大夫意趣之所在。正因为书院推动了学术的发展,故日本著名中国文化史家稻叶君山认为,自书院兴起后,"真正的学问研究之所不在学校而在书院"[17]。

书院还寄托了士大夫追求道德及知识独立的理想与情趣,是士大夫阶层着意创造的声气相求的社会团体。朱熹在一首诗中吟道:

青云白石聊同趣,霁月光风更别传。
珍重个中无限乐,诸郎莫苦羡腾骞。[18]

清代雍正年间对书院的强力控制,使书院背离了原来的宗旨,变自由讲学为埋头制艺,变研讨学术为宣讲钦定的"教科书",士大夫尤其是隐士、遗民所能享受到的这些少得可怜的自由也被剥夺了。

在书院官方化、举业化的异变过程中,大批不学无术者充斥书院。清人王昶撰写的《天下书院总志序》中说:书院"为郡县者攘为己有,且各请院长以主之。而所谓院长,或为中朝所荐,或为上司属意,不问其人学行,贸贸然奉以为师,多有庸恶陋劣,素无学问,窜处其中。往往家居而遥领之,利其廪给,以供糊口,甚至诸生有经年而不得见,见而未尝奉教一言,经史子集诗赋古文之旨,茫无所解"。戴均衡在《桐乡书院四议》中也指出:"省会书院,大府主之;散府书院,太守主之。以科第相高,以声气相结。其所聘为山长者,不必尽贤有德之士,类与主之者为通家故旧,或转因通家故旧之请托。降而州县书院,则牧令不能自主,其山长悉由大吏推荐。往往终岁弗得见,以束脩奉之上官而已。夫为子弟延师,必将使朝夕与居,亲承讲画,瞻仰其容止起居,以资效法。而顾令远隔数百里,不相闻问。"这样的山长,又岂能指望其振兴学术?鄂尔泰在《征滇士入书院教》中说:"书院为纳交声气之地,觞酒酬酢,庆贺往还,游荡门外,招摇市中。"书院至此,已是"大雅扫地",哪有一点传统书院的遗风?

据统计,清代设立的书院有780多所,连同复兴、改造的书院,计1900多所,遍及19个省区,甚至边远省区也设立书院。然而这些书院中,私人所办的仅有182所,所占比例不足十分之一,其余都是地方大吏所办。[19]

当我们对清代文化专制政策造成的"万马齐喑"后果进行反省时,往往忽略了充满知识分子自由精神的书院在清代已发生本

第三章 走向极致的秘密政治 193

质变化这一点。以往的"养士"之风在清代连痕迹都不复存在。知识分子已没有任何可以逃避的精神避难所了。他们只能承受无所底止的专制政策的煎熬。柴萼说得好："宋时之白鹿、石鼓、应天、岳麓四大书院,明末之东林,其间士子,专以气节经济为重,文章只其一端,故所成就,灏乎可观。自书院专究制艺,不务实学,乃一无足称矣。"[20]传统的学术殿堂坍塌了,书院已不再闻书声。

尾注

1 《明史·东林诸儒传》。
2 嘉庆《无锡金匮县志》,凤凰出版社2011年,无锡文库第1辑。
3 《东林书院志》卷5《东林议学语》五,中华书局2004年。
4 《明儒学案·东林学案》。
5 《张文忠公全集》奏疏卷4。
6 《明史·魏忠贤传》。
7 赵南星《赵忠毅公文集》卷6。
8 《船山遗书·书院》。
9 《大清会典·儒学·学规》。
10 《皇朝政典类纂》卷226。
11 《清朝续文献通考》卷70《学校考》。
12 《巴陵金鹗书院记》。
13 《清会典》卷33。
14 《大清会典事例》卷395。
15 《大清会典事例》卷395。
16 《文献通考》卷46《学校》。
17 引自陶愚川《中国教育史比较研究》,山东教育出版社1985年。
18 《朱文公文集》卷7。
19 陈学恂主编《中国教育史研究》明清分卷,华东师范大学出版社1995年,第80页。
20 《梵天庐丛录》卷17《龙门书院》。

八、一种发明："选优"的皇位继承法

就个人的作为、器识而言，明、清两代皇帝无疑形成了鲜明对照。明代自开国皇帝朱元璋、永乐帝朱棣后，缺乏有为之君。武宗的行为颇似隋炀帝，荒诞、宣淫。嘉靖帝中年以后日事斋醮，秘炼阴阳。万历帝几十年不见朝臣，集酒、色、财、气于一身，是个"四毒"俱全的君主。明中叶的一百余年恰是在这几个君主的执掌下度过的。

清代则不然。康、雍、乾三帝统治近一个半世纪，人口数量达到三亿、经济发展由腹里向外扩展、疆域辽阔，把中国封建社会的整体发展水平向前推进了一大步，创造了中国传统社会最后一个盛世——康乾盛世。近代以来，清代统治者面临几千年未有之变局，同治君臣仍欲"中兴"，光绪也意图变法自强。时代的变迁促使统治者改弦更张，他们不是严格意义上的大清江山的掘墓人。

清代皇帝的作为除民族因素外，与雍正创立的一种"选优"的皇位继承制或有较大关系。

至迟从汉代始，中国在理念上确立了嫡长子继承制。在传统社会，血缘宗法关系是稳定统治的最佳途径。按《说文》的解释，"宗"，尊，宗庙也；从宀，从示。"宀"是"屋宇"，"示"是神主，本义是"宗庙"。按照这样的理论，皇位是上天赋予一家一姓的特殊权力，它当然是世袭的，皇统是不能改变的。中国的皇帝多谥称为祖为宗，正是这种"家天下"的明显表现。按照宗法制度，宗族中分为大宗、小宗，从血统来说，皇帝的嫡长子是法定的大宗，其他诸子是小宗，诸弟对嫡长子在亲属关系上是兄弟，但在政治上则是不容僭越的君臣。嫡长子继承制是宗法制的核心，即皇位应由正后所生的长子继任，如长子早死，有子即立其子，无子再由嫡次子顺序继承，只有在正后无子的情况下，才考虑庶生的长子。皇帝无子，则依昭穆亲疏顺序选立继承人。这种制度表明：除嫡长子有资格继承皇位外，其他诸子不可僭越，否则即是乱臣贼子，天下共诛。这显然是无可奈何的办法，是为了保持最高统治层的相对稳定。

　　然而，理念是一回事，制度在执行上又是一回事。事实上，历史上的皇位真正由皇后嫡出的并不多见，如秦汉两朝28个皇帝中，以嫡子即位者仅西汉惠帝、元帝、成帝3人，东汉皇帝竟无一人嫡出；两宋18个皇帝中只3人嫡出；明代16个皇帝中仅5人嫡出。更多的是按"立子以长"的原则，在所有庶出皇子中依年龄次序选择长子。

　　由于皇帝是国家的最高主宰，皇权高于一切，因此，皇帝的贤能与愚昧、英明与昏庸，直接关系国家的治乱和苍生的福祉。而历史上的皇位继承制，"立嫡以长"也好，"立子以长"也

第三章　走向极致的秘密政治

好，都不能保证接班人的质量。这是一种没有任何选择的纯粹的先天论，这种非智能型的"秩序"继承法，是中国封建社会政治祸乱的原因之一。

因此，从皇位继承法一出现，就屡有打破这种先天的，依靠生物的血统论来继承皇位的另一种选择。汉文帝就是不想立自己儿子的一位君主，而想在诸父昆弟以至异姓贤圣当中选接班人。据《汉书》记载：有司请早立太子，文帝回答说："我已经不德，天下人民未有惬志，今纵不能博求天下贤圣有德之人而执掌天下，而请早立太子，是加重我的不德，对天下如何交代？暂且放下此事吧。"有司提出理由："早建太子，是重宗庙社稷，不忘天下也。"文帝提出他的多难选择："叔父楚王，年岁高，阅经天下义理，明于国家之体。兄吴王、弟淮南王，都是有德以奉朕者，难道他们不在选继之列吗？诸侯王宗室昆弟，有功多贤及有德义者，若举有德以陪朕之不能终，是天下社稷之福。今不在选举之列，而一定要选子，人会认为朕是忘贤有德的君主，而不以天下苍生为念。朕甚不取。"有司抬出高祖，又多次劝谏，文帝才许之。文帝以后是景帝，景帝时也发生过立嗣的争论。

宋太祖的例子也能说明问题。赵匡胤的母亲临死前，问儿子是怎样得到江山的，赵匡胤怎么答复都不对，皇太后才对太祖说，是周世宗把皇位传给了小孩子，他趁周主幼小才乘机夺得政权，因此建议赵匡胤死后将皇位传给其弟赵光义，光义死后再传位给儿子。这样，掌握政权的都是年长有经验的人。后来赵匡胤真的把皇位传给了赵光义，是为宋太宗。

相对而言，由少数民族建立的朝代在皇位继承上略显灵活。

辽太宗、世宗、穆宗、景宗都是由贵族大臣会议推举产生。金太宗、熙宗也是如此。元代的"诸王百官大会",即"库烈尔台"贵族会议,也在相当程度上对皇位继承起了作用。在一定范围内评定选定,哪怕范围很窄,但因为选择是从才能威信等方面考虑,因而比先天决定的没有选择余地的皇位继承制要灵活一些,对维护统治集团的利益,对长治久安还是要好得多。

满族建立政权后,汗本人的权力最初还是有限的。一度还采取过八旗共议国政体制。当时能够继承汗位人选的条件,首先是能统率八旗兵取得胜利。努尔哈赤于后金天命七年(1622年)曾对八旗旗主讲过一番话:

> 继我而为君者,毋令强势之人为之,此等人一为国君,恐倚强恃势,获罪于天也。且一人之识见能及众人之智虑耶?尔八人可为八固山之王,如是同心于国,可无失矣。八固山尔等中有才德能受谏者,可继我之位。**若不纳谏,不遵道,可更择有德者立之。**倘易位之时,如不心悦诚服而有难色者,似此不善之人,难任彼意也。[1]

努尔哈赤的这段话对继承人推选的范围、过程、条件及易位情况做了种种规定。皇八子皇太极、皇九子福临的继位都是由贵族大臣会议决定的,尽管中间充满矛盾、斗争。康熙帝是深受汉族文化影响的一代君主,但在立太子问题上却遭到惨败,乃至二立二废,已如前述。康熙帝也曾经探讨过推举方式,产生储君。皇八子胤禩就是被公推出来的人选,但康熙帝以他年轻不更事,加之母亲良妃出身贫贱为由，不予承认。其晚年也曾有过秘密立储的想法。

对皇位继承制有意识地做大幅度变革的，是雍正帝。这位经过异常酷烈的皇族内部斗争而登上大位的君主，对立太子制的积弊有深刻的体会。他认为，当时豫建太子的办法不但未起到稳定和加强统治的效果，相反成为祸乱的根源。他还认识到，嫡长子被立为太子，处"东宫储贰"的地位，受亲贵臣下的阿谀逢迎，很难成长为合乎要求的统治者，而且皇族内部的争斗也难遏止。尤其是满族以少数民族入主中原，在统治经验上明显不足，如果将皇位交付一个庸君，必将丧失对全国的统治权。作为满族贵族首领和大清国皇帝的雍正，对此极为重视和戒备，在许多言论中都谈到不能将皇位委托非人。满族的传统、自身的阅历等多种因素促使雍正对两千余年沿用不废的皇位继承制，做了重大变革。

经过较多考虑，雍正创立了秘立储君制。雍正元年八月十七日，他召见总理事务王大臣、满汉文武大臣、九卿于乾清宫西暖阁，宣布立储的原因和办法，他说：

> 今躬膺圣祖付托神器之重，安可怠忽，不为长久之虑乎？当日圣祖因二阿哥之事，身心忧悴，不可殚述。今朕诸子尚幼，建储一事必须详慎，此时安可举行？然圣祖既将大事付托于朕，朕身为宗社之主，不得不预为之计。今朕特将此事亲写密封，藏于匣内，置之乾清宫正中世祖章皇帝御书"正大光明"匾额之后，乃宫中最高之处，以备不虞。诸王大臣咸宜知之。或收藏数十

年，亦未可定。[2]

雍正创设的皇位继承法，储君是谁，储君本人不知，诸臣也不知，只有皇帝一人预定。他宣布后征询诸臣的意见，隆科多奏称皇上"圣虑周详，为国家大计发明旨，臣下但知天经地义者，岂有异议，惟当谨遵圣旨"。诸王大臣等免冠叩首而出，只有总理事务王大臣留下，将密封锦匣藏于"正大光明"匾后始出。[3]

秘建储君制度，早在唐朝时期，波斯人曾实行过。据载："其王初嗣位，便密选子才堪承统者，书其名字，封而藏之。王死后，大臣与王之群子共发封而视之，本所书名者为主焉。"[4]雍正建储是否受波斯人的启发，不得而知。

雍正为了保密，在对待诸子上没有区别。他密书的是皇四子弘历。他对待弘历、弘昼的待遇基本相同。

雍正将密诏藏于"正大光明"匾后，另书内容相同的传位诏置放在圆明园内。雍正八年九月，当其重病之时，将有此诏书的事，密告张廷玉。后来鄂尔泰内召，雍正又向鄂说明此事，并告诉二人，说"汝二人外，再无一人知之"[5]。圆明园是雍正旧邸，他即位后较多时间也居住在这里，他考虑问题周详，所以又写一份诏书，两书同样有效。

雍正死后，弘历唯事哀哭，以尽孝子之分。张廷玉、鄂尔泰向允禄、允礼等人说："如今正大统是急事，大行皇帝曾示我二人有密旨，此旨收藏宫中，应急请出。"诸人同意，因告总管太监。总管说："大行皇帝未曾谕及我辈，不知密旨之所在。"张廷玉说："大行皇帝当日密封之件，谅亦无多，外用黄纸固封，背

第三章 走向极致的秘密政治 201

后写一'封'字者，即是此旨。"稍后，总管从"正大光明"匾后捧出黄封一函，张廷玉等启示，则是大行皇帝生前用朱笔亲书传位弘历的密旨。王、大臣等一同捧至弘历前，张廷玉在灯下宣读，弘历伏地痛哭良久，众臣拜请再三，弘历始受命。随即，弘历令太监传谕说："遵皇考遗旨，令庄亲王、果亲王、大学士鄂尔泰、张廷玉辅政。"安排就绪，扶雍正样舆返回大内。《清高宗实录》也记载说，直到内侍从"正大光明"匾后取出元年所封诏书，候张廷玉等到齐启封，弘历才知自己继嗣事。[7]

雍正秘立太子创制，是对两千余年明立太子制的一个重大突破，其意义不但对遏止宫廷内部争斗有积极效果，更重要的是它使继承人有了选择的自由，而从统治集团的整体利益考虑，从维护统治的长治久安计，这是一种"选优"的办法，它打破了先天的自然嗣君体制，对最高统治者的素质提高有重要意义。当然，雍正亟亟乎于即位不足一年时，就向大臣公开他秘密立储君，也是政治斗争的需要，因为诸兄弟对他得皇位不正一直心存不满，甚至在行动上也试图逼他让位，还要谋害他。他以此正告允禩等兄弟，要他们死了心。这与康熙帝在三藩之乱初时立不满周岁的胤礽为太子，有同样的宣示意义，只是雍正不宣布储君人选而已。

高宗弘历是以秘立储君而嗣帝位的第一人，他的文治武功史家已有定评。值得注意的是，高宗对秘密立诸制有过反复思考。乾隆元年七月初二，他颁布一道有关立储的上谕：

  朕思宗社大计，莫如建储一事。……今朕当春秋方盛之时，皇子又尚冲幼，揆之事势，虽若可缓，而国本攸系，自以预立为宜。再四思维，惟有循用皇考成式，亲书密旨，照前收藏。**在我皇考神明化裁，创举于一时，而朕继志述事，踵行于今日，此乃酌权剂经之道，非谓后世子孙，皆当奉此以为法则也。**将来皇子年齿渐长，日就月将，识见扩充，志气坚定，万无骄贵引诱之习，朕仍应布告天下，明正储贰之位。若夫以建储为嫌忌而不肯举行者，此庸主卑陋之见，朕亦深鄙者也。[8]

弘历这道谕旨的内容和口气，都值得玩味。他循用皇考程式，秘立储君，但显然是勉强的，他认为这只是权宜之计，是没有办法的办法。他还指责这种做法，甚至带着鄙夷的口吻讲话，尽管这可能是指大臣而言，但也从侧面让乃父难堪。

弘历的考虑当然有他的道理。他是太平天子，没有经历乃父那样惊心动魄的政治生涯，又从小养育宫中，受到最好的教育，他当然转不过弯。然而在行动上他仍然遵照乃父的办法，于元年七月秘立嫡子永琏为储。不幸的是，这位储君于两年后因病去世。高宗为子大办丧事，丧仪依皇太子程式，并建太子园寝。永琏墓是有清一代唯一的皇太子陵。

但是，弘历对秘立太子逐渐表示了赞成。从永琏丧事到乾隆六十年（1795年）的半个多世纪中，他再没有过非议秘密立储制，也没有再发表过公开建储的言论。清仁宗颙琰是严格按照高宗辞位前的密建办法顺利继位的。[9]

仁宗是于乾隆二十五年（1760年）出生的，距永琏去世已经22年。这期间，储位不可能长期空悬，在密立颙琰前，高宗肯定

第三章　走向极致的秘密政治　203

曾册立过一位储君，此人不论是早殇或被废，高宗从未公开，这说明他仍执行了秘建储君制。[10]另外，仁宗的生母魏佳氏，生前仅为贵妃，仁宗非嫡出，是高宗第十五子，他嗣位时其兄仪亲王永璇、成亲王永瑆等都健在，说明高宗也未遵守嫡长子继承制，而遵从秘立储君制。

仁宗以后都相继用秘立办法立嗣。咸丰只有同治一子，故无须用秘立储君法，同治、光绪均无子，也无从采用此办法了。但从乾隆、嘉庆、道光、咸丰诸君的嗣承来看，秘密立储法实行了，而且是成功的。

尾注

1 《清太祖实录》卷4。
2 《上谕内阁》,雍正元年八月十七日谕。
3 《雍正朝起居注册》,雍正元年八月十七日。
4 《旧唐书》卷198《波斯传》。
5 《澄怀园主人自订年谱》卷3,载《张廷玉全集》下册,安徽大学出版社2015年,第416页。
6 《澄怀园主人自订年谱》卷3,载《张廷玉全集》下册,安徽大学出版社2015年,第417页。
7 《清高宗实录》卷1。
8 《清高宗实录》卷22。
9 《清史稿》卷16《仁宗本纪》。
10 参考韦庆远《明清史新析》,中国社会科学出版社1995年,第203页。

第四章
儒家传统政治的终结

把中国传统农业文明推向顶峰的乾隆帝无疑是中国最有作为的皇帝之一,他完成了国家的高度统一,并把传统的"君臣共治"体制彻底打破,重新界定为主奴关系,这是儒家传统政治的终结。

一、从曹一士的奏折说起

在家天下的背景下，普通民众乃至一般士大夫都把重大政策的改变寄望于改朝换代，出现所谓"真明太子"。[1]雍正去世后，大清国的所有臣民好像都长长地舒了一口气：一个以苛察为明的皇帝走了，让人倍感压力的时期结束了。而乾隆即位之初，确实给臣民以强烈的万象一新之感，正如浙东著名史学家全祖望所谓"中外䜣䜣，共望说论"。

其中，最振奋的莫过于御史曹一士了，而对雍正时期弊端梳理的最多且最要者，也莫过于这位曹一士了。他疏请恢复六科旧制，专司封驳（参见前章）；对雍正帝"轻视贤（吏）而重视能（吏）"，用武健之吏治理天下，结果"贪吏、酷吏者，无一不出于能吏之中"。他说：

> 臣恐所谓能者，非真能也。以趋走便利而谓之能，则老成者为迟钝矣；以应对捷给而谓之能，则木讷者为迂疏矣；以逞才喜事而谓之能，则镇静者为怠缓矣；以

> 武健严酷、不恤人言而谓之能，则劳于抚字、拙于锻炼者谓之沽名钓誉、才力不及，而摭拾细故以罢黜之矣。……臣以为今之督抚，明作有功之意多，而惇大成裕之道少；损下益上之事多，而损上益下之义少：此治体所关也。

这个上疏触动时忌，他虽然没有指名道姓，但几乎每个人都清楚他的所指。疏入，乾隆帝"播告直省"。这对于扭转用人风气极有裨益。

曹一士，松江府上海县人，康熙十七年（1678年）生，父亲是个举人，任福建莆田知县。曹一士于康熙三十二年补诸生，时年仅有15岁，但以后近四十年不顺，直到雍正四年（1726年），已年逾半百的他举顺天举人。第二年考进士未中，到江苏如皋做教谕。雍正八年中进士，改翰林院庶吉士，十一年散馆，授编修。十三年五月改山东道监察御史，十一月二十七日，连上四疏。

曹一士的上疏发交直省，这对他是莫大的鼓舞。随即，他又上了一份《请宽妖言禁诬告疏》，他先从历史寻找充足证据，说："古者太史采诗以观民风，藉以知列邦政治之得失、风俗之美恶，即《虞书》'在治忽，以出纳五言'之意，使下情之上达也。降及周季，子产犹不禁乡校之议。"随即，他详细论列"比年以来"以"语言文字罪人"的风气及其危害：

> 往往挟睚眦之怨，借影响之词，攻讦诗文，指摘字句。有司见事风生，多方穷鞫，或致波累师生，株连亲

故,破家亡命,甚可悯也。臣愚以为井田封建,不过迂儒之常谈,不可以为生今反古;述怀咏史,不过词人之习态,不可以为援古刺今。即有序跋偶遗纪年,亦或草茅一时失检,非必果怀悖逆,敢于明布篇章。**使以此类悉皆比附妖言,罪当不赦,将使天下告讦不休,士子以文为戒**,殊非国家义以正法、仁以包蒙之意。伏读皇上谕旨,凡奏疏中从前避忌,一概扫除。仰见圣明廓然大度,即古敷奏采风之盛。臣窃谓大廷之章奏尚捐忌讳,则在野之笔札焉用吹求?请敕下直省大吏,察从前有无此等狱案现在不准援赦者,条列上请,以俟明旨钦定。嗣后凡有举首文字者,苟无的确踪迹,以所告之罪依律反坐,以为挟仇诬告者戒。庶文字之累可蠲,告讦之风可息矣。[2]

曹一士的上奏,无疑是为查嗣庭等冤魂"翻案",直指先朝大搞文字狱是罪非所罚。在素以"猛严"著称的雍正帝尸骨未寒之时,曹一士敢上这样一份奏疏,委实是需要勇气和胆量的。就是这样一份触犯忌讳的上疏,乾隆帝竟然也下刑部议,且"应如所奏。至承审各官,有率行比附成狱者,以故入人罪律论"。乾隆帝"从之"。[3]这对于康熙晚年以来特别是雍正时期蔓延的文字狱,至少起到了遏制的作用,虽然时间可能是短暂的。

清朝的文字狱肇始于顺治,历康熙朝初年与末年,到雍正时期则愈演愈烈。立国之初,大清政权未稳,各地烽烟四起,统治者必须首先用武力统一全国,戎马倥偬之中,无暇顾及深层次的思想统治，因而顺治朝文字狱案只有几起。到了康熙即位之初，鳌拜等四大辅臣主政，他们制造了一起朝野震惊的庄廷鑨《明史》案，其镇压手段之残酷、株连人数之广在清代历史上都是罕见的。康熙亲政以后，为了笼络汉族文人、学士，开始宽文网之禁。尽管在他的晚年亦发生戴名世《南山集》等狱案，波及面甚广，但总的说来，康熙一朝宽容依然是主流。

如果说，曹一士的奏折正切中了时弊的话，那么挟私报复、任意株连的罪名首先就应该加在雍正头上。雍正帝初临天下，立足不稳，因而他采取了极端的手段来镇压那些威胁皇权的力量，首先是与他分庭抗礼的亲兄弟如允禩、允禟，紧接着是功勋卓著却飞扬跋扈的权臣如年羹尧、隆科多，史称"阿、塞、年、隆"之狱。他当然也没有放过这些盘根错节的党羽。他总能找出处置他们的冠冕堂皇的理由，而其中文字的不恭与不敬就是一个重要内容。大将军年羹尧的罪名之一，就是一次在奏折中错将"朝乾夕惕"写成了"夕惕朝乾"；而年的党徒汪景祺被处死则因他在《西征随笔》中有讥讽康熙皇帝的字句。此外几起文字狱案的主犯查嗣庭、钱名世、谢济世、陆生楠等人的被诛被贬，表面的罪责是与结党有关，实际都是雍正帝借机惩治对他的统治不满的人。

皇帝的妄加指斥，罗织成狱，自然给了臣民巨大的鼓励。从雍正朝中期，特别是吕留良案开始，一种从下到上的指诬纠举的风气开始蔓延，许多文字狱案都是这样被制造出来的。几乎每一起案件都是波及友朋、株连亲族、破家亡命。这当然在社会上造成了不小的恐慌，朝野上下已经弥漫着对雍正皇帝的不满情绪。

应该说，曹一士选择此时上这样一份奏折，是经过深思熟虑的。他既没有在雍正在世时就直言力谏，也没有在乾隆即位之始就大胆陈言。为官多年的经验使他深知仕途的凶险。广开言路，下诏求言，几乎是每一位新君的故套，但绝对不能以此断定新朝与旧朝有本质的差别。这就如同新官上任三把火一样，能否烧起来，能烧多久，都是难以料定的。

　　实际上，在曹一士上奏之前，新君乾隆在短短的三个月内，就已显现出与父亲迥然不同的为政风格。乾隆即位时已经25岁，他对前朝的弊端了然于心。父亲雍正的"猛严"治国、刻薄寡恩，固然克服了康熙朝后期的诸事废弛、法禁不严的弊端，却也难免陷于政令繁苛、君臣不和的境地。因而，乾隆帝上任伊始，便颇有见地地阐发了自己"宽严相济"的施政方针，所谓"治天下之道，贵得其中，故宽则纠之以猛，猛则济之以宽……凡以求协乎中，非可以矫枉过正也"[4]。并且很快将其付诸行动。

　　此时，乾隆帝已将叔父阿其那（允禩）、塞思黑（允禟）的子孙给予红带子（象征着恢复了宗族身份，满洲旧制，努尔哈赤的直系子孙配黄带子，其他旁系血亲配红带子），收入《玉牒》，并且解除了允䄉等人的监禁；命令将吕留良案的主犯曾静、张熙锁逮解京，处以极刑，停止各地宣讲《大义觉迷录》。这一切的行动都足以表明，新君乾隆正试图改变为政作风，并挽回父亲铁血手段的恶劣影响。而对于言官来说，这无疑就像久居牢笼的人呼吸到了新鲜空气，顿时神清气爽，干劲十足了。

　　曹一士并没有料错。他的奏折果然得到了新君的首肯。次年二月，经刑部议复，承审各官凡是有比附成狱的，以及诬告别人诗文等悖逆讥讽者，一律按故出入人罪律论处。[5]他还命人将悬挂在菜市口已经十几年的汪景祺等人的头颅取下掩埋,又赦免了被发配的汪景祺、查嗣庭的亲属。为了表明自己"不以语言文字罪人"的胸怀,乾隆帝还赦免了因私注经书而在前朝获罪的谢济世,恢复了他的御史之职。因而,在乾隆帝御宇的前十几年里,一改雍正朝后期文祸蔓延之风,文字狱近乎绝迹,这当然是后话了。

这几次进谏都被采纳,这给了曹一士以极大的鼓励。他自然一心尽忠报国,不辱言官的使命。但是,这并没有给他带来太多的好运。事隔不久,在乾隆元年二月,曹一士又上了一份弹劾原任河东总督王士俊的密折。此时,王士俊已由河东总督解任,回京署理兵部侍郎,乾隆帝阅后留中未发,并从未向任何人提起。但是几天之后,朝廷上下却已是人声鼎沸了。显然,这是曹一士自己传扬出去的。乾隆帝以为,人臣陈奏事件,理宜缜密,若有参劾,既非露章而用密折,尤不当漏泄于外,以自作威福。曹一士如此轻浮躁妄,乃自取过愆,深负其求言之意,命交吏部察议,以为密奏而漏言之戒。乾隆帝不想因此事破坏臣僚敢言的氛围,他特别谕示总理事务王大臣,这是教勉诸臣,而非以阻塞言路也。曹一士随即被降二级调用,恋恋不舍地离开了他认定的报效国家的最好职位——御史言官。

全祖望评价说:曹一士"当言官不过一期,而所建白皆有益于世道民生,朝野传诵,想望风采,以为行将大用"。曹一士忽然于七月中旬得了哽噎的病,从八月到十月时好时坏,十一月二十一日去世,享年59岁。[6]

曹一士去世若干年后,文字狱案再次兴起。处于权力最高峰的君主都企求万世皇权，在驾驶庞大国家机器的运行中，常常为了推行自己的政治主张，把煌煌谕旨置于脑后。一切的决策都源自现实世界的真正需求。

乾隆朝中后期的文字狱之烈是空前绝后的，在乾隆统治的六十年里，前后共发生了一百三十多起。这场以彻底消除汉族对满族的反抗意识为目的的文化大浩劫极为残酷，甚至达到了荒唐的程度。在这个问题上，乾隆就像一个患有恐惧症的精神病人，整日疑神疑鬼，近乎疯狂。大部分的文字狱案都是牵强附会，捕风捉影，有的根本就是疯人的胡言乱语，而"文字狱"这一具有高度概括性的精辟的词语，也是在这一朝被史学家赵翼创造出来的。

不过，以文字狱闻名于世的清朝，并非文字狱的鼻祖。史家早已考证，这种令人遗憾的事情在春秋战国时期就已发生过。秦始皇建立统一的国家后，竟然"偶语者弃市"，而北宋的大文豪苏轼就曾因为不赞成王安石变法，写了几首"歪诗"发泄怨恨之气，而被揪出来，发送到"乌台"（当时的监察机关御史台——作者注）就治，不但自己被发配黄州，还连累了三十多人，以至于苏家的女眷们将读书恨之入骨，抄家的衙役们一走，便把余下的书一股脑儿地烧掉，以解心头之恨。[7]

尽管乾隆朝以前的文字狱，因为肇祸的源端和朝代不同，而被冠以"字祸""诗案""书祸""史狱""表笺祸"（明代说法。因向皇上祝贺的表文不当而招来之祸。——作者注）等名目，但它们有着一个共通之处，那便是历朝历代的舆论对于此类事件的受害者，都报以极大的同情。这一点就是祸端的肇始者——皇帝，也是深知的。连乾隆皇帝也曾多次表白自己：本朝从不以语言文字罪人。

如果说中国专制的传统社会还有一丝民主的气息的话，那么文人士大夫们言论著述的自由便是其重要的内容。中国的文人士大夫是个特殊的群体，他们既依附于统治者，却又总是试图挣脱这种与执政者的紧密联系，将之视为一种束缚。因而，尽管他们的饮食起居得统治者之惠，但他们的思想却时而游离于正统思想，甚至一些人还具有反叛精神。对于统治者来说，这是一种可怕的倾向，必须将之控制在一定的范围之内、一定的程度之上。

给文人以相当大的言论与写作的自由，这是中国历来的传统。特有的社会形态造就了一大批只会读书、吟诗、作文的知识分子，他们需要写作来抒情、写意甚至泄愤。按照马克思主义的观点，这是统治阶级内部的民主，是调节阶级内部关系的工具。而正是这种民主，给统治者带来了一定程度的稳定。千百年来，这已经形成了一种惯例和默契。破坏它，是要遭到举国上下一致谴责的。

关于历代皇帝能够冒天下之大不韪的条件，敢于冒天下之大不韪的原因，史家也早有定论，一曰政治权力，一曰政治需要。而清代却恰好符合这两项要求：清代是中国专制王朝中皇权最为集中的一朝，而为了巩固统治，从关外而来的满族统治者必须磨蚀汉民族根深蒂固的民族精神和气节，并且要坚决杜绝类似故明"朋党误国"事件的发生。这便是清代文网甚密的最重要原因。当然，这里面也包含着皇帝示威的因素，这是历代君王惯用的手法，故意犯一些"指鹿为马"式的错误，以显示自己的权威，迫使臣民顺从。

　　清朝的统治者完全达到了目的。没有哪一个朝代的士气官风，像清朝那样拘谨、敏感，而又卑琐。"不以字迹与人交往，即偶有无用稿纸亦必焚毁"[8]的梁诗正是本朝中人，"无他，但多磕头少说话"[9]的为官秘诀也源自清朝。众多人的罹难，使得清朝的文人学士们有了太多的畏避，没有谁愿意用生命和家小去尝试屠刀的锋利。思想的窒息，文化的停滞，都是在所难免的，而这种恶劣的结果对于整个社会发展进程的负面作用，更是无法估量的。

　　而清代的言官在文网之中扮演着极为尴尬的角色。像曹一士那样敢于指斥皇帝"文网过密"的毕竟是少数。大多数的言官为了糊口、为了所谓的尽职、为了邀宠，为皇帝充当着文字侦探；而与此同时，他们又十分精心地规范自己的举止言谈，从不以文字示人。因为谁也无法料定，下一场文祸会降临在谁的头上。我们当然不能过分地指责他们。因为他们充其量不过是皇帝的驯服工具罢了。

尾注

1 王亚南《中国官僚政治研究》,中国社会科学出版社1981年,第45页。
2 《清经世文编》卷92,下册,中华书局1992年,第2266页;《清稗类钞》第4册,第1487页;钱仪吉纂《碑传集》卷56,中华书局1993年,第1603—1604页。
3 《清高宗实录》卷13,乾隆元年二月。
4 《清高宗实录》卷4,第29—31页。
5 郭成康等《乾隆皇帝全传》,学苑出版社1994年,第838页。
6 郭成康等《清朝文字狱》,群众出版社1990年,第57页。
7 《碑传集》卷56,中华书局1993年,第1605页。
8 清臣梁诗正语,转引自刘泽华、汪茂和、王兰仲《专制权力与中国社会》,吉林文史出版社1988年,第233页。
9 转引自李乔《清代官场百态》,中国人民大学出版社1990年,第42页。

二、王士俊密奏"翻案",差点丢掉性命

乾隆即位之初,确实给臣民以气象一新的感觉。这段时间,中外官员上疏之多、指陈先朝弊政之深且广,在清朝历史上空前绝后。到了乾隆元年(1736年)七月,乾隆帝收到来自署四川巡抚兵部侍郎王士俊的密折。乾隆帝御览这份密折,被气得手发抖。原来,王士俊竟然说,现在衡量好条陈的"标准",就是把雍正帝的案翻过来。如此一来,乾隆帝成为"改父之政"的不孝之子。乾隆帝当然无法承受。其结果稍后铺叙。

我们在档案中查阅到了王士俊的密折原文,其内容的本质是如何看待、认识雍正十三年(1735年)的政策与作为。王士俊为雍正帝进行辩护,把弊政归咎为大小臣僚奉行不善,而对于乾隆即位后,特别是王士俊在京城四个月的观察,他给予了非常严肃的批评。他说:

固宠希荣之辈,少年新进之流,辄敢指斥某事为雍正某年某月奉旨云云,甚有对众扬言"今日只须将世宗

时事翻案,即系好条陈"之语。传之天下,甚骇听闻。此臣所谓有伤我皇上纯孝之心者也。

尽管王士俊说的是"新进之流",但这未尝不是对乾隆帝的指责。乾隆帝真的聪明天纵,他在王士俊密折起始几句就发现这是旁敲侧击。在王士俊"虞书上有尧舜之君"旁批"朕不敢自居",在其"下有皋夔之臣"一句冷冷地旁批"汝亦非其人"。在御览王士俊密折全文后,乾隆帝有一段长批,现择其要者如此:

> 汝巧伪居心,私欲不能尽除,而为此藉直言之名,遂巳私之事。汝试思,朕岂不能察汝之主哉?不能察汝,则朕不用汝矣。汝四条所陈,谓今之条陈,率欲翻驳前案。群臣之翻驳前案,即朕之翻案也。朕翻案者何事?大学士之兼部,乃皇考之成宪,汝欲朕改之,非翻案乎!……汝藉直陈之名而行己私,天理何在?汝不畏哉。昨日傅鼐亦如此举动,大觉可笑,汝等姑静俟之。若谓朕为拒谏,汝再明白回奏来。[1]

由乾隆的朱批可以看出,包括雍正的宠臣,以及原来的雍邸旧人(傅鼐),他们表面上反对乾隆初政,实际是抱住雍正帝的亡灵作为招牌,以抵制对其犯有过错的查核,说到底,是想保护自己的荣华富贵。这就是乾隆帝朱批所说的"藉直言之名,遂己私之事"。就此而言,这是乾隆初年两种截然不同的执政理念在较量。乾隆帝当天就把他的严厉申饬的朱批,连同王士俊的原折发给总理事务王大臣。令乾隆帝万万没有料到的是，尽管当日在乾清门奏事的九卿等，与总理事务王大臣共同阅视，次日必有参劾王士俊者，但乾隆帝的推想落空了。

乾隆帝在焦急等待中没有完全失望。关键时刻，御史舒赫德站了出来，他上奏请颁发谕旨，明正王士俊之罪。舒赫德是一个监察御史，他是在南书房翰林阅看时，恰巧在侧，他没有看到全折，但听到折中有"当今臣工条奏诸事，专期变乱世宗宪皇帝成法"之语，他为此不胜惊骇，他指出"因革损益，乃为政之权宜也"。康熙晚年的宽政，雍正不得已严饬吏治，遗诏内也有"向后政务应从宽者悉从宽"之慈训。王士俊"敢以变乱成法为言，以自遮其恶，而扰乱国是，至于如此也"，且王士俊奸顽刻薄，中外共知，其河东总督任内，勒令州县捏报垦荒，苦累小民等劣迹，无不败露。近日巡抚富德又查察数案，中外闻者无不快心。请明正其罪。[2]

有了舒赫德的参奏，乾隆帝随即召见王大臣、九卿等人，详细解释"从来为政之道，损益随时，宽猛互济"的道理，而"王士俊訾为翻驳前案，是诚何言、是诚何心耶。夫朕躬有所阙失，朕惟恐诸臣不竭虑尽心，直言规切；至于事关皇考，而妄指前猷，有意更张，实朕所怵惕靡宁而不忍闻者也"。随经王大臣等会议，将王士俊拿解来京，经法司照大不敬律，拟斩立决。乾隆帝将其改为斩监候，秋后处决。次年，王士俊削职为民，回到黔南老家，十九年后去世，而舒赫德于乾隆四年（1739年）升任副都御史。

第四章　儒家传统政治的终结　221

尾注

1 朱批奏折，奏为冒罪密陈奉行国家成宪有伤皇上纯孝之心事，乾隆元年七月初四日。《清高宗实录》卷23。
2 录副奏折，舒赫德奏请明正王士俊之罪，乾隆元年七月二十九日。《清高宗实录》卷23。

三、本朝奏议第一：《三习一弊疏》

裁撤军机处、永停清丈田地、禁止虚报开垦、严禁地方官匿灾不报、禁止陈奏祥瑞、禁止各省进献特产，发动"治道因时更化、宽严得中"的讨论……乾隆帝在即位不足半年时间里，对乃父的严猛苛政进行了全面而系统的纠正。一时间，"如旭日初升，四海清明。每诏谕颁示中外，识者以比之典谟誓诰"。在举国皆醉、君臣欢颜的时刻，只有孙嘉淦不以为然。他向皇帝上了一道被称为"本朝奏议第一"的《三习一弊疏》！这份天下传扬的奏疏，专以匡正君德，忧盛危明，高宗六十年"盛德大业，始终不懈，未必非此疏裨助高深"。[1]

孙嘉淦是山西太原府兴县人，祖父在清初任崇仁知县，父亲是乡里的著名绅士。嘉淦少时，家境中衰，他过着亦耕亦读的生活。康熙五十二年，30岁的嘉淦考中进士，为仕宦生涯奠定了基础。曾师从著名理学家朱轼、张伯行研习程朱之学。两位老师的正直、清廉对他的影响尤为巨大。在只有臣节，没有气节的清代，他是极少几个多少保留一些气节的官僚之一。他历练中外，在近四十年的仕途之旅中做出了许多不仅为时人，更为后人所称道的事业。其中，在雍正、乾隆两位君主即位之初的上疏可以说是有清一代不多见的极谏之章。

雍正即位之初，对兄弟诸王或囚或杀，宗室荼毒，萧墙祸起。同时，不悉兵家方略的世宗在不适当的时候欲用兵西北，并大开捐纳之例，卖官鬻爵如火如荼。嘉淦上疏陈奏三事：亲骨肉，停捐纳，罢西兵。这三事任何一桩都犯皇家大忌，也足以置嘉淦于死地。据载，世宗拿着奏疏对诸大臣说："翰林院乃容此狂生耶？"气愤已极。也许是对自己弟子的关爱，更主要的是爱惜人才，一旁侍服的大学士朱轼，过了一会儿语气和缓地说道："嘉淦诚狂，然臣服其胆。"过了良久，世宗怒气已解，说："朕亦且服其胆。"雍正四年（1726年），孙嘉淦升任国子监祭酒，命在南书房行走。后晋工部、刑部侍郎，仍任国子监祭酒。雍正十年，国子监教习宋镐、方从仁等任期届满，孙嘉淦带领引见，并极言宋镐等人皆可外用，雍正是个挑剔的主子，对方从仁并不满意，为此诘责孙嘉淦，孙嘉淦仍极力坚持方从仁等可用。雍正大怒，说："你能保这几个人不以贪庸而落败吗？"孙嘉淦不假思索，就肯定地回答道："臣愿保。"雍正愈加发怒，把笔掷到地上，令孙嘉淦自写保状。孙嘉淦惶恐中把雍正掷在地上的朱笔拾起来，举双手安奉御榻上，免冠叩首说："皇上所用的笔，臣不敢捉。"雍正说："你原来还知道有君父！"以其欺罔，将他革职交刑部治罪，以大不敬律拟斩。[2]仅仅因此就处决朝廷大臣，雍正也觉得过分，随后对大臣说："孙嘉淦太戆，然不爱钱。"命免罪，在户部银库做杂役。嘉淦从刑部大牢出来后，直接前往银库。当时果亲王允礼掌户部事，认为孙嘉淦是部院的堂官大员，被罢官后肯定不屑做银库杂役之类琐事。又听流言说，孙嘉淦一向爱名，以怜惜下情著称，收银两都不足称。当他亲自到银库一看，大吃一惊，只见孙嘉淦正手持衡器，称量银两，与吏卒杂役坐在一起，劳苦甘之。问他所收银，另放置一处，允礼复核，无丝毫差错。于是将事上奏，世宗感其勤勉无劳怨，于雍正十二年（1734年）命署河东盐政。

高宗在藩邸时即闻孙嘉淦直名，即位伊始就召回京师任其为吏部侍郎，同年十一月升任都察院左都御史，仍兼吏部。左都御史为监察官的领袖，尽管由于体制的原因，以往任其职者多不能有所作为，但将儒家思想浸淫到心底的孙嘉淦仍想振作一番，作言官表率，于是上了传扬一时的名篇——《三习一弊疏》。他首先从阴阳转化出发，指出皇上即位以来，仁心仁政，剀切周详，凡是臣民心中想要而口不敢言的，都已经实行了，因而对于国家政务而言，已没有什么可以陈说的，臣想说的"皇上之心而已"。原来，孙嘉淦是提醒弘历"预防之"。如何预防？孙嘉淦从"治乱循环"的高度，给乾隆帝打"预防针"，他说："事当极盛之地，必有阴伏之机。其机藏于至微，人不能觉；及其既著，积重而不可返。"在这种转化中，有"三习一弊"：

主德清，则臣心服而颂，仁政多，则民身受而感，出一言而盈廷称圣，发一令而四海讴歌，在臣民原非献谀，然而人君之耳，则熟于此矣。耳与誉化，匪誉则逆，故始而匡拂者拒，继而木讷者厌，久而颂扬之不工

第四章　儒家传统政治的终结　225

者亦绌矣。**是谓耳习于所闻，则喜谀而恶直。**

上愈智则下愈愚，上愈能则下愈畏，趋跄谄胁，顾盼而皆然，免冠叩首，应声而即是。在臣工以为尽礼，然而人君之目，则熟于此矣。目与媚化，匪媚则触，故始而倨野者斥，继而严惮者疏，久而便辟之不巧者亦忤矣。**是谓目习于所见，则喜柔而恶刚。**

敬求天下之事，见之多而以为无奇也，则高己而卑人；慎办天下之务，阅之久而以为无难也，则雄才而易事；质之人而不闻其所短，返之己而不见其所过。于是乎意之所欲，信以为不逾，令之所发，概期于必行矣。**是谓心习于所是，则喜从而恶违。三习既成，乃生一弊。何谓一弊？喜小人而厌君子是也。**[3]

"耳习于所闻，则喜谀而恶直""目习于所见，则喜柔而恶刚""心习于所是，则喜从而恶违"，可以说是有关王朝治乱兴衰的大问题，是历代君主包括有名的君主都难以克服的痼疾。孙嘉淦有感于英姿奋发、欲大有作为的乾隆帝，提纲挈领，把封建统治者的通病指出来，告诫年轻的皇帝防微杜渐，克服历代积弊，可谓未雨绸缪。

25岁的弘历求治锐甚，对孙嘉淦的上疏欣然"嘉纳"，并宣示群臣。《三习一弊疏》也被称为"本朝奏议第一"，并成为清朝的精神遗产。据曾国藩《读书录》记载，嘉庆元年（1796年）、道光元年（1821年），臣僚都曾抄录孙嘉淦的《三习一弊疏》进呈。"至道光三十年文宗（咸丰帝）登极，寿阳相国祁寓藻亦抄此疏进呈。"曾国藩说他当时在京时,"闻诸士友多称此疏为本朝奏议第一"。最初曾国藩以为孙嘉淦的奏疏"文气不甚高古,稍忽易之"。等到他也登上位极人臣的位置后,"细加纳绎,其所云'三习一弊',凡中智以上,大抵皆蹈此弊而不自觉。而所云'自是之根不拔,黑白可以转色,东西可以易位',亦非绝大智慧猛加警惕者不能道"。[4]

乾隆初政,确有气象万千的感觉。当时在宫廷修纂《清高宗实录》第1卷的洪亮吉,目睹了这一境况,他说:

> 乾隆初年,纯皇帝宵旰不遑,勤求至治,其时如鄂文端(鄂尔泰)、朱文端(朱轼)、张文和(张廷玉)、孙文定(孙嘉淦)等,皆侃侃以老成师傅自居。亮吉恭修《实录》,见一日中朱笔细书,折成方寸,或询张、鄂,或询孙、朱,曰某人贤否,某事当否,日或十余次。**诸臣亦皆随时随事奏片,质语直陈,是以上下无隐情**。纯皇帝固圣不可及,而亦众正盈朝,前后左右皆严惮之人故也。[5]

特别难能可贵的是,弘历对逆耳忠言多能容忍。乾隆六年(1741年),他在训诫群臣时称自己朝乾夕惕、公正无私,并说:"试问政治之因革失宜者何事?官僚之举措失当者何人?"数日后,御史刘方蔼上疏进谏,认为"唐虞君臣,始终忧勤谦退,伏愿皇上鉴厥后自圣之箴,凛安不忘危之意"。乾隆表示赞成,承认"前日之旨,似过满假,是朕失于检点,刘方蔼即行陈奏,

第四章 儒家传统政治的终结

亦可嘉也,此奏知道了"。[6]

孙嘉淦后来历任吏部尚书、直隶总督、湖广总督等职。乾隆八年(1743年),时任湖广总督的孙嘉淦,因查办道员谢济世被湖南巡抚许容奏参案徇庇,被革职,责修顺义城工,这是他的第二次挫折。

孙嘉淦严于律己,所任之处,皆有政绩。他为自己定下居官"八约":"事君笃而不显,与人共而不骄,势避其所争,功藏于无名,事止于能去。言删其无用,以守独避人,以清费廉取。"是一个称职的官员。高宗说他"操守廉洁,向有端方之名"。[7]大学士鄂尔泰也评价说,孙嘉淦"性或偏执,若操守臣敢以百口保之"。[8]

孙嘉淦的正直敢谏,俨然是国家正义的化身。乾隆十四年,在家乡休致二年的孙嘉淦,被重新起用为左副都御史,他从家乡赴京师,所过之处,百姓聚集起来,都想一睹这位直谏大臣的风采,以至于倾屯堡以出,道路堵塞,百姓勒住孙嘉淦所乘车驾的马匹,不想让他前行。

孙嘉淦因为敢于讲真话,既为自己赢得了荣誉,同时也招来了许多麻烦。朝野有极端的批评意见,或别有用心者,往往假托孙嘉淦的大名,流布各种传言。乾隆四年,京城百姓传抄孙嘉淦"疏稿"论劾大学士张廷玉、鄂尔泰等,高宗令步军统领、巡城御史严禁。

乾隆十六年,伪孙嘉淦奏稿案再起,并引发一场历时两年有余,牵涉十余省的严重政治大案。该年七月,云贵总督硕色密奏安顺府提塘吴士周从旅客身上搜出一份传抄的《孙嘉淦奏疏》，上附伪造的"朱批"。疏稿的内容指责乾隆做事有"五不可解""十大过"，如枉杀原川陕总督张广泗及第一次南巡等。同时还指责大学士鄂尔泰、张廷玉和尚书讷亲等人。疏中语言充满诋毁字样，令乾隆帝大为气愤，他怀疑其他省份也可能有伪稿流传，命步军统领和直隶、河南、山东、山西、湖北、湖南等省督抚秘密缉访。果然，许多省都奏报当地查获伪疏稿，但不知从何而来、真正的作者是谁。伪稿在全国的流传无疑是对乾隆帝统治权威的挑战，对他圣君形象的极大污损，容易引起社会的不稳定。乾隆在愤怒之余，怀疑有更大的阴谋，于是开始命令密查，随后在全国公开追查，一些缉查不力的地方官被严厉处分。

次年（1752年），缉查活动达到高潮，全国18个省份都发现传抄者。到六月止，各省奏报的传抄案有84起，逮捕人犯超过千人，上至提督、道员，下至商贩、僧侣。可是，撰造伪稿的首犯仍未查获，人们纷纷猜测，湖南人怀疑是曾静余党所为；在湖北，怀疑是"逆匪"首领马朝柱所为；等等。一时间天下汹汹，人心惶惶。

对乾隆清查伪稿案，地方官员中有的并未认真执行，因此而受处分的不乏其人。有言事之责的御史们认为无辜者受害，真犯却很难查获，建议停止追查。该年十二月，御史书成上疏，请求宽释各省在押人员。弘历大怒，斥其"丧心病狂"，把他革职交武备院执伞苦差处服役。

在随后的清查中，所谓"主犯"被捕获。十八年（1753年）二月，江西抚州千总卢鲁生被凌迟处死，家属缘坐；另一"主犯"南昌守备刘时达判斩监候。因"主犯"在江西，当地官员也受到惩处。其实，真正的主犯并未被查获。[9]

孙嘉淦伪稿案说明人们对乾隆统治的不满，是当时各种矛盾的一个反映，它为"盛世"打了个大折扣。

当查办伪稿案最烈时，尽管乾隆帝也清楚这并非孙嘉淦所为，而孙嘉淦非常不安，对其子孙孝愉说："我虽然蒙皇上优容，灼知于老臣没有关系，但近来食不甘味、夜不成寐，之所以如此，是因为先帝及当今皇上曾戒我好名，如果不好名，这些人为何单独借我的名而造作谎言？我因此叹皇上知人之明，而老臣负罪已经很久了。"乾隆十八年（1753年）十一月，孙嘉淦后背遍发疽，乾隆帝派太医院随皇子前往诊治。是年底，协办大学士、吏部尚书孙嘉淦去世，享年71岁。乾隆帝对侍臣说："朝中少一正人矣！"叹息良久。谥文定。

孙嘉淦在以他的直名而诬造的伪稿案中抑郁而终，是乾隆中叶社会危机的一个预警信号。

尾注

1 《读书录》，载《曾国藩全集》第15册，岳麓书社1995年，第369页。
2 《碑传集》卷26，第3册，中华书局1993年，第874页。
3 《清史稿》卷303。本节未注明者均引自本卷。
4 《曾国藩全集》第15册，岳麓书社1989年，第369页。
5 《清史稿》卷356《洪亮吉传》。
6 《清高宗实录》卷147。
7 王先谦《东华续录》卷2。
8 《国朝先正事略》卷13。
9 参见郭成康编著《清史编年》第5卷（乾隆朝）上，中国人民大学出版社2000年，第404—453页。

四、从"君臣同体"到主奴界定

"君使臣以礼,臣事君以忠"是儒家所倡导的理想政治。君臣关系,说到底是如何协调二者的权力关系。对此,清朝以前的统治者,基本有两种做法:一种是秦、隋两代君主实行的"独制天下而无所制"的极端专制统治,结果都是二世而亡。这种做法实质上是最高统治者只看到君主对臣下的单方面制约,并把它夸大到绝对的程度,而丝毫不承认臣下对君主也存在一种制约。这必然会使君主的权力像脱缰的野马一样,任性狂奔,独往独来。唐太宗认为,"事皆自决,不任群臣","此所以二世而亡也"。[1]另一种做法是比较充分发挥臣下的"献纳"作用,倾听臣下的意见或建议,"择善而从"。唐代比较典型。这种做法的前提是,君主都承认自己是有缺陷的,"一人之虑"是十分有限的。因而,凡事与宰相筹划,与百司商量,"于事稳便",并且"鲜有败事"出现。[2]

武则天是中国历史上杰出的皇帝之一,尽管她为了巩固自己的统治,对臣下采取过非常措施,但她仍认识到臣下作用的充分发挥，是维护统治以至久远的不可或缺的前提条件，她在著名的《臣轨》著作中，详尽地阐述了"君臣同体"政治的意义。她说"君臣之道，上下相安，喻涉水之舟航，比翔空之羽翼"，二者缺一不可，"上下相须"，"乃成其体也，相得而后成用"。一个国家治理的好坏，关键在于能否理顺君臣之间的权力关系，尽管二者的排列顺序是不容更改的，但如果臣下的作用发挥不出来，君主的统治也不会安稳。因而武则天强调"为君不能独化，故为臣以佐之"，"臣之于主，同体合用"，"臣主同体，上下协作，是其道者"。"君臣同体"思想尽管充满了封建伦理化色彩，但它注意发挥统治阶级的群体智慧，集中其整体意志，这就在很大程度上限制了君主政治下随意性强的政治行为，使决策更能符合统治阶级的整体利益。

就整个中国封建社会而言，明代废除丞相制度，初步破坏了"君臣同体"关系，臣下对君主的制约已明显减弱。但是，明代给事中制度仍对君权构成制约。对此，顾炎武在《日知录》卷9中说："明代虽罢门下省长官，而独存六科给事中，以掌封驳之任，旨必下科，其有不便，给事中驳正到部，谓之科参。六部之官无敢抗科参而自行者。故给事中之品卑而权特重。万历之时，九重渊默，泰昌以后，国论纷纭，而维持禁止，往往赖抄参之力，今人所不知矣。"有明一代，反对君主搞极端专制的奏疏不绝于朝，他们强烈主张"政出公朝"，约束君主一人独断。他们提出，"所谓政在朝廷者，非必皆独运也，设公卿以代理之，台谏以纠察之"；"朝堂决政，众论称善，即与施行"，坚决反对君主"成令一下，百挽不回，所谓君出言自以为是，如不善而莫之违"的"自专"之道。³因此，可以说大臣谋划、君主决断的"君臣同体"共治政治虽因朱元璋废除丞相制而遭到破坏，但大体上这一体制还保存着。

清代则不然。随着科道合一体制的形成，以往相沿的六科"封驳"之权已不复存在。而且，从南书房到军机处，虽可勉强称之为中枢机关，但都"不能稍有赞画于其间"，它本质上只是皇帝私人的办事机构，与明代内阁相去甚远。

清代经康、雍两朝的奠基，至乾隆时期绝对专制的统治实属超过历朝历代。这里，我们已丝毫看不出"君臣同体"政治的存在。换言之，臣下已不再与君主同体共治，而被赶到了自己的对立面，剩下的只是君主一人在那里唯我独尊，自作聪明。

康熙以宽政著称，但对大小之权一人操之，不准臣下染指，他多次强调："今天下大小之事务皆朕一人亲理，无可旁贷。若将要务分任于人则断不可行，所以无论巨细，朕必躬自断制，早夜焦劳而心血因之日耗也。"⁴他虽作《君臣一体论》⁵，强调臣下的作用，但大多属慰问赐赏，开放宫苑园林等表面文章，对于权力，是不许臣下分担的。

雍正以严苛传于史册，他严厉打击异己分子，对所谓"功臣"不惜以刃相加。他常告诫臣僚保全功名之不易，曾说："凡人臣，图功易，成功难，成功易，守功难，守功易，终功难。为君者，施恩易，当恩难，当恩易，保恩难，保恩易，全恩难。若倚功造过，必致反恩为仇，此从来人情常存者。"⁶他为自己大开杀戒辩护，认为只有严刑峻法，才能让臣下知所敬畏。⁷他不但操纵政柄，还提出让大学士"安乐怡养"，由他代行职权的事。⁸雍正五年、六年间（1727—1728年），他以诸臣对所交事务可否施行不予复奏，表示将代为处理一些部院事务。[9]更为可笑的是，雍正三年，他提出代办大臣家事。他说自己"虽日理万机，而于大臣之家事尚能办理"。[10]这种言论在封建君王中也是很少见的。

乾隆即位之初，还多少重视君臣相体的积极意义，认为虽然君臣尊卑名分不可僭越，但强调："上下一心，君臣相得则治，反之则乱，合若符节，信如应响。……至于亡国之君，莫不由君尊而臣卑，志骄而意满，臣之忠言不达于朝廷，国之大宝弃之于草野，小人日侍左右而专事阿谀以取容，虽有上下之分，实无君臣之谊，岂得谓之交哉？"[11]鉴于当时朝廷噤若寒蝉，"皇上曰可，臣亦曰可，皇上曰否，臣亦曰否"[12]的"顺圣"之声极盛，大力倡导臣下进谏和言路大开，强调"为人君者，当纳谏求言，其言而逆于心者，必察其衷情，求诸正道而虚心以受之、锐志以从之"。[13]他几次下诏令文武群臣各抒己见，"广开言路，俾大小臣下皆得密封折奏"。[14]

在乾隆的倡导下，沉寂多时的言路于乾隆初年活跃起来。臣僚纷纷上疏，指陈前朝为政得失，其中比较集中的批评是雍正的严猛政治，臣下没能发挥作用。

早在雍正八年，就有给事中唐继祖的幕宾唐孙镐批评朝政的事，他指出当时是"上有忧勤之圣，而下无翼赞之贤"。他还言辞激烈地说："朝廷已无诤臣，草野复生孽畜。后之修史者将讥笑我朝无人物乎？虽然，莫谓无人矣，犹有不怕死之唐孙镐在。"[15]

谢济世在雍正朝几次险些丢掉性命。乾隆即位后，他的命运也出现转机，他被授为江南道御史。作为雍正严猛政治的受害

第四章 儒家传统政治的终结 235

者,他率先提出雍正是用霸道统治臣民,对密奏制提出批评,指出密奏制造成"上下相忌,君臣相疑"的恶果。[16]针对雍正不重视科道官,而搞密奏制这种"旁门左道",他极力批驳。雍正曾对科道官员说:"(朕)耳目甚广,虽不恃尔等,但尔等身居言路,自当各顾体面,尽其职守。"[17]谢济世还说:"言路不开,舍科道而问之督抚提镇及藩臬,犹御膳不调,舍尚食而问之尚衣、尚宝及百执事也。"他还提出广开言路的具体做法:严不言之罚,"将不言者放归田里或改授闲曹,则人知所惩矣";恕妄言之罚,对言官"言而当,褒美之,言而不当,亦优容之"。[18]谢济世的上疏主旨在要求放松对臣僚的控制,却遭到乾隆帝的申斥,说谢"语言诞妄支离,本应交部严加议处,以为妄行渎奏者戒"。

乾隆三年(1738年),陕西道监察御史李贤经上书言政,再次请求放权,提出:"嗣后在内部院,在外各直省所办一切琐屑细务,不必尽烦睿览,其无益于治道,或有饬于治体者,请内会九卿,外饬督抚,公同酌议,可裁减者裁减,宜禁革者禁革,如军事事关重大,方请断自上裁。"废除丞相制后,君主事无巨细,皆决于上,臣僚的职责早已被君主侵移,李贤经这位御史无非是希望君主躬亲大事,但遭到乾隆帝的断然拒绝。乾隆帝说,皇帝事必躬亲,因时制宜,亦有不可以概论者:

> 昔我皇考即位之初,庶务纷繁,有不得不兼综整理之势。是以雍正四五年以前,殚心竭虑,日昃不遑,其精勤劳瘁之心,实从古帝王所罕有。朕承百度惟贞之后,率由旧章,遵循惟谨,较之皇考之时,已觉前任其

劳，而今享其逸矣。然此亦当时会之适然耳。若使目前有应行办理整顿之事，如皇考当日之情形，则朕心亦必黾勉效法，竭蹶靡宁，讵敢图旦夕之暇豫乎。朕此时之宣猷布政，斟酌缓急，权衡轻重，固不敢废弛而丛脞，亦不致琐屑而纷更。此朕心可以自信者。若如李贤经所奏，将诸事委之臣僚，而朕高居九重之上，端拱无为，则废弛丛脞之弊，必不能免，不但心有未安，即揆之于理，亦断乎其不可也。况朕春秋方富，年力正强，乃励精图治之始，凡节劳省事之说，尤不当陈于今日也。[19]

乾隆帝为显示他的"民主"，将他的谕旨连同李贤经的奏疏，一并发给大学士们讨论定议。当然，大学士们也是按照乾隆的"乾纲独揽"指示，重新表态而已。[20]

君主政治的重要特点之一是国家的强盛与否和君主个人的作为有很大关系。乾隆在历数官风日坠、民风日下而仍能维持强盛局面的原因时，十分慨叹君主的个人作为。他说："朕澄心静观，今日之人心风俗，居官者以忠厚正直为心，而身家利禄之念胥泯，未能也；为士者，以道德文章为重，而侥幸冒进之志不萌，未能也；民皆家给人足，渐臻端良朴愿之风，未能也；兵皆有勇知方，足备干城腹心之选，未能也。由此以观，数十年来，惟恃皇祖皇考暨于朕躬以一人竭力主持，谨操威柄，是以大纲得以不隳耳。倘或遇庸常之主，精神力量不能体万事而周八荒，则国是必致凌替矣，此实朕之隐忧而未尝轻以语群工，亦终不能默而不以语群工也。"[21]显然，乾隆帝认为大清之所以有数十年兴盛，完

第四章　儒家传统政治的终结　237

全归功于乃祖康熙乃父雍正及他本人,而臣民是没有份的。

乾隆中叶,弘历更陶醉于"盛世"中不能自拔,而对"盛世"之由来,更强调他个人的作用,对臣下极力贬低。在严厉处罚尹嘉铨案中,他进一步引申,阐发了国无名臣是社稷之福的观点。

乾隆四十六年(1781年),原河南巡抚尹会一之子尹嘉铨,听到乾隆驻跸保定便前去为他的父亲尹会一请谥,触动乾隆圣怒,尹嘉铨被逮入京,并令英廉等查抄家产。在查抄过程中,发现尹嘉铨有"诸多狂悖不法字迹",大学士、九卿等拟请将尹嘉铨"凌迟处死,家属缘坐",乾隆帝格外"开恩","免其凌迟之罪,改为处绞立决,其家属一并加恩免其缘坐"。

尹嘉铨曾官布政使、大理寺卿等职,乾隆四十三年以原品休致。他究竟犯何种罪,要受"绞立决"之刑?通阅《清史列传》本传,其罪行主要有三。一是尹嘉铨著作中有"朋党之说起,而父师之教衰。君亦安能独尊于上哉"等语,乾隆帝认为这是公开与雍正皇帝御制《朋党论》唱反调,是"颠倒是非,显悖圣制"。二是尹所著书中有《名臣言行录》一编,仿照朱子《名臣言行录》,将清朝大臣如高士奇、高其位、蒋廷锡、鄂尔泰、张廷玉、史贻直等悉行胪列。乾隆帝认为:不但所列大臣居心行事,未能及古名臣,并且,"朱子所处,当宋朝南渡式微,今尹嘉铨乃欲于国家全盛之时,逞其私臆,妄生议论,变乱是非,实为莠言乱政"。三是所著各书,内称大学士、协办大学士为相国。乾隆帝认为这与本朝名实俱不相符,他在上谕中详尽阐发了清朝绝对专制的状态,说:"夫宰相之名,自明洪武时已废而不设，其后置大学士，我朝亦相沿不改。然其职仅票拟承旨，非如古所谓秉钧执政之宰相也。况我朝列圣相承，乾纲独揽，百数十年以来，大学士中岂无一二行私者？然总未至擅权舛法，能移主柄也。大学士之于宰相，虽殊其名，而其职自在。如明季严嵩岂非大学士，而其时朝政不纲，窃弄威福，至今称为奸相。可见政柄之属与不属，不系乎宰相、大学士之名，在为人君者之能理政与否耳。为人君者，果能太阿在握，威柄不移，则备位纶扉，不过委蛇奉职，领袖班联。"并言康雍乾三朝一百余年，"复于何事藉为大学士者之参赞乎？""即如傅恒任大学士最久，亦仅以尽忱勤职自效，今伊身后十余年，朕于庶务，岂致废而不理乎？"他还批驳"天下治乱系宰相"的观点，认为那样的话，实是天大的不幸。他说："昔程子云：'天下之治乱系宰相。'此只可就彼时朝政阘冗者而言。若以国家治乱，专倚宰相，则为人君者，不几如木偶疏缀乎？且用宰相者，非人君其谁为之？使为人君者深居高处，以天下之治乱付之宰相，大不可也；使为宰相者，居然以天下之治乱为己任，目无其君，此尤大不可也。……至名臣之称，必其勋业能安社稷，方为无愧。然社稷待名臣而安之，已非国家之福，况历观前代忠良，屈指可数，而奸佞则接踵不绝，可见名臣之不易得矣！朕以为本朝纪纲整肃，无名臣，亦无奸臣。何则？乾纲在上，不致朝廷有名臣、奸臣，亦社稷之福耳。"[22]

"圣君贤相"型政治，是"君臣同体"的理想形态。但是，乾隆一反过去，认为无名臣是国家之福，这从反面透视出绝对专制统治下，臣下不能正常发挥其才智识谋，也不允许他们建功立业，成为名臣。从康熙朝开始，出现了"功臣不可为"的思潮。汪景祺《西征随笔》一书中，有"功臣不可为论"一节，专论功臣的下场。这些都反映出"君臣同体"政治的终结。

事实上，乾隆帝刻意整治的恰恰是清朝有名的功臣。大学士张廷玉历康、雍、乾三朝，由于其办事"公正无私，慎重周详，事事妥协"，雍正帝遗诏"著张廷玉配享太庙"。乾隆三年（1738年），打破清朝文臣不封公侯伯的成例，特封张廷玉为三等伯。但很快，泰去否来：乾隆十三年正月，年近八旬的张廷玉疏请休致，不料几遭杀身之祸。乾隆帝认为，"在为臣者预存一奉身而退之念，则将匪国是恤，惟身是图"，对其严加议处。两年后，皇长子定亲王死，没过初祭，张廷玉奏请南归，这下又触怒圣听。乾隆说："张廷玉在皇考时，仅以缮写谕旨为职，此娴于笔墨者所优为。自朕御极十五年来，伊则不过旅进旅退，毫无建白，毫无赞襄。朕之姑容，不过因其历任有年，如鼎彝古器，陈设座右而已。"在乾隆授意下，五十年冰渊之凛有如一日的张廷玉家产被查抄，"所有历来承受恩赐御笔、书籍，及寻常赏赉物件，俱著追缴"，竟然落得一个"情罪实属重大"的下场。[23]乾隆帝授意查抄张廷玉，主要目的是想要查出有无窒碍之语言文字，当一无所获后，反过来责怪地方大吏错会了他的意旨。咸同年间的曾国藩，在阅读张廷玉文集时，感到这样一位参与机务近五十年的大臣，竟然丝毫看不到他参与朝政的记载，只是官样文章而已。这恰恰反映雍正、乾隆时期大臣谨小慎微的普遍心态。嘉道时宗室昭梿在《啸亭杂录》里对张廷玉颇有微词，说什么大臣渊默、谨小慎微的风格传染给了后代。实际上，这恰恰是雍正、乾隆皇帝的极端专制，操控臣僚所致。如果要归咎，非雍正、乾隆莫属。

鄂尔泰是雍正皇帝最信赖、最器重的大臣，也是当时的名督抚。他对经略西南边陲、开辟苗疆、"改土归流"等，劳绩卓著。乾隆初年，他几遭议处，于乾隆十年（1745年）卒。十年后，甘肃巡抚鄂昌与胡中藻诗词唱和，被查有悖逆之词，鄂昌被革职治罪。因胡是鄂尔泰门生，鄂昌又是鄂尔泰之侄，于是，乾隆帝雷霆大怒，说："鄂尔泰、张廷玉亦因遇皇考及朕之君，不能大有为耳。不然，何事不可为哉？使鄂尔泰尚在，必将重治其罪，为大臣植党者戒，著撤出贤良祠。"[24]

张廷玉、鄂尔泰是雍正年间最著名的大臣，其在乾隆初年的仕途遭际和人生坎坷，仅仅是乾隆绝对专制统治下的两个典型事例而已。

与以往历代相比，清代确实是缺少"名臣"的时代。在乾隆帝看来，这是国家的福运，按照他的理论，有名臣就会有奸臣，就会出现太阿倒持，"陪臣执国命"的局面，在绝对专制的君主看来，这当然是天大的不幸。如此看来，清代无名臣，并非当时的臣下、士大夫都昏庸不堪，而是这个时代不允许名臣出现。因为皇帝是绝顶聪明，毫无缺陷的，臣下在皇帝老子面前，永远是一仆从。

道光时梅曾亮曾说过这样一段话："窃念国家炽昌熙洽，无鸡鸣狗吠之警，一百七十余年于今。东西南北方制十余万里，手足动静，视中国之头目，大小督抚开府持节之吏，畏惧凛凛，殿陛若咫尺，其符檄下所属吏，递相役使。书吏一纸揉制若子孙，非

第四章　儒家传统政治的终结

从中复者，虽小吏毫发事，无所奉行。事权之一，纲纪之肃，推校往古无有伦比。"[25]他的话把绝对专制的统治与大臣无权的状况描绘得够生动了。乾隆帝多次说："我大清朝乾纲独揽，朕临御至今十有四年，事无大小，何一不出自朕衷独断？即月选一县令，未有不详加甄别者。"[26]

尾注

1 《贞观政要》卷1。
2 《资治通鉴》卷193。
3 《明世宗实录》卷30、卷29。
4 《清圣祖实录》卷284。
5 《康熙御制文集》1集卷17。
6 《雍正朝汉文朱批奏折汇编》第4册,第168页。
7 《雍正御制文集》卷9。
8 《上谕内阁》,壬午十一月初八日。
9 《雍正起居注》,五年六月。
10 《雍正起居注》,三年三月。
11 《乐善堂全集》卷1。
12 《雍正朝汉文朱批奏折汇编》第17册,第931页。
13 《乐善堂全集》卷2。
14 《乾隆起居注》,六年二月,胶片25。
15 《雍正朝汉文朱批奏折汇编》第17册,第931页。
16 《国朝名臣言行录》卷13。
17 《雍正起居注》,七年二月。
18 《国朝名臣言行录》卷13。
19 《清高宗实录》卷67,乾隆三年四月;录副奏折,奏为敬抒太平政要六项条陈事,乾隆三年四月二十日。
20 朱批奏折,遵议御史李贤经条陈六项事,乾隆三年六月初六日。
21 《清高宗实录》卷146。

22 《清史列传》卷18。
23 《清史列传》卷14。
24 《清史列传》卷25。
25 《梅伯言全集》卷3。
26 《清史列传》卷27。

五、为那拉皇后鸣不平

乾隆三十年（1765年）初，乾隆皇帝率领皇后、众多妃嫔、皇子及王公大臣等奉皇太后巡幸江南。这已是乾隆皇帝的第四次南巡。乾隆帝一生效法他的祖父康熙。康熙六下江南，乾隆也是六下江南，而乾隆晚年在回顾自己执掌大清国的六十多年时，提出主要做了两件事，其中之一就是六下江南，他不无反思地说，这是以无益害有益。足以说明乾隆下江南不可与他的祖父康熙比。

能再次领略江南胜景，听丝竹弹唱、吴侬软语，品山珍海味、佳肴美馔，乾隆皇帝自然好不惬意。不料，闰二月圣驾行至杭州，却传来了奉驾出巡的皇后乌拉那拉氏自剪万缕青丝的消息。

按照满洲习俗，妇女剪发只有在至亲大丧或是出家为尼之时，平素自行剪发乃是最被忌讳的乖张之举。那拉氏身为皇后，在伴驾途中有此疯狂行为，完全不顾礼仪、身份以及皇帝的心境，自然令乾隆皇帝龙颜大怒。

他旋即命令那拉氏先行回京，并将其打入冷宫。他收缴了那拉氏历次受封的册宝，其中包括皇后一份、皇贵妃一份、娴贵妃一份、娴妃一份，这意味着那拉氏不仅失去了皇后的位号，甚至不如一位普通的嫔妃。在她的病榻前，只有两名侍奉的宫女。当她奄奄一息时，乾隆帝毫无恻隐之心，依然奉皇太后去了热河避暑山庄。乾隆三十一年（1766年）七月，那拉氏含恨去世，乾隆帝仅下令按照皇贵妃的丧仪礼葬，并且在具体执行中大打折扣……这一切，都成为当时举国上下关注的焦点。

自从乾隆三十年帝后反目，一些科道言官与朝臣就在不停地上疏，为那拉皇后鸣不平。事实上，乾隆在遣返了那拉皇后不久，就有了废后之意。只是因为刑部侍郎觉罗阿永阿等人的极力谏阻，才没有立即实行。不过阿永阿却因此被乾隆革职，户部侍郎钱汝诚也因替阿永阿申辩而被迫告老还乡。[1]

乾隆三十一年，那拉皇后逝去，又有御史李玉鸣上折参劾内务府未能遵旨经理丧仪。本来，皇帝令内务府承办皇后的丧葬事宜，已是不合礼仪规制的，帝后之礼都应由礼部职司其事。但是内务府显然是秉承了皇帝的密旨，草率从事，连皇贵妃的规格都未能达到。言官李玉鸣援引《会典》，参劾内务府违旨，于情于理都无可指责，更是御史纠劾百司的职责所在，而乾隆帝却龙颜震怒，当即命令逮捕这个胆大包天的御史，并晓谕天下，指责李玉鸣丧心病狂，居心诈悖，明为弹劾内务府办理不周，实则替那拉氏争取皇后的待遇，宣称皇后能获得如此待遇，已属格外优恩。为了杀一儆百，李玉鸣又首当其冲成了牺牲品，被判发配新疆伊犁，并死在了边关。[2]

这一招果然奏效，科道言官中已无人再敢多言，任由内务府将那拉皇后的棺椁附葬于纯惠皇贵妃的园寝之中。

不过，有关帝后失和的传闻却并没有真正消失。显然，舆论是站在那拉皇后一边的。乾隆皇帝为此几次下诏辟谣，都无济于事。直至十几年后，仍然有人敢站出来替那拉皇后说话。乾隆四十三年（1778年），弘历第三次率众东巡盛京，路经锦县时，当地一名生员金从善拦驾上疏，请求皇帝为那拉皇后一事下罪己诏，被乾隆处以极刑。至此，朝野上下一致的不满情绪才从表面上被压制下去。

造成那拉皇后如此悲剧结局的原因应当从何说起呢？那拉氏是乾隆皇帝的第二任皇后。第一位皇后是富察氏。乾隆十三年，37岁的富察氏染疾而亡，那拉氏才有了入主中宫的机会。事情自然还得从富察氏说起。

乾隆皇帝与富察氏的感情的确非同寻常。富察氏为乾隆帝生的儿子永琏，这个名字是雍正给起的，乾隆帝即位后密立他为太子，但不幸的是，乾隆三年，永琏刚刚9岁就去世了，这对乾隆特别是富察氏打击很大。乾隆帝为这位皇子谥端慧皇太子。乾隆十一年（1746年），富察氏又为乾隆生下一子永琮，而且，这位皇子的出生日是四月初八，即佛诞日，因此备受乾隆帝与富察氏喜爱。同样不幸的是，这位皇子2岁时因出痘而去世。这对富察氏的身心打击是无法想象的，此后富察氏郁郁寡欢。因为永琮的去世，乾隆十三年，皇宫里过了一个最不正常的春节，而钦天监的奏本竟然是"客星见离宫，占属中宫有眚"，也即皇后有灾。由此乾隆帝东巡，一直犹豫是否孝贤皇后随行。孝贤皇后考虑到这次是奉皇太后出巡，加之自己身体已经大为好转，就执意要陪同。东巡祭孔、登泰山、游趵突泉，这些活动都已完成，三月初八日开始回銮，而富察氏却于十一日病逝于回京途次德州的船上，年仅37岁。

> 影与形兮离去一，居忽忽兮如有失。
> 对嫔嫱兮想芳型，顾和敬兮怜弱质。

失去孝贤皇后给乾隆皇帝带来的悲痛是巨大的。实际上，孝贤皇后去世五个月后，娴贵妃那拉氏就被皇太后指定为皇后的人选。因为乾隆皇帝与孝贤皇后感情甚深，"以二十余年伉俪之情，恩深谊挚，即行册立，于心实所不忍，即过二十七月，于心犹以为速"，先于乾隆十四年（1739年）四月晋封皇贵妃，摄六宫事。十五年八月，那拉氏被正式册立为后。[3] 显然，乾隆帝对那拉氏入主中宫并不情愿，他不愿看到有人占据已故孝贤皇后的位置。在遵照皇太后的懿旨册立那拉氏为皇贵妃时，他下令酌减仪节，不准公主、王妃等前往皇贵妃宫中行大庆贺礼。而后，又作诗表达无奈的心情："六宫从此添新庆，翻惹无端意惘然。"[4]

乾隆十三年，是乾隆朝重大政策由宽缓而进入严厉的转折点。因为孝贤皇后的丧仪而被惩罚的满洲官员非常之多。多少年后，乾隆皇帝还回忆说，他隐隐感到乾隆十三年会有大事发生。

在此后的时日里，每逢喜庆或是忌日，乾隆帝都会因怀念孝贤皇后而顿生悲愁。乾隆十六年三月十一日，是孝贤皇后去世三周年的忌日，皇帝又一往情深地赋诗一首：

独旦歌来三忌周，心惊岁月信如流。
断魂恰值清明节，饮恨难忘齐鲁游！
岂必新琴终不及，究输旧剑久相投。
圣湖桃柳方明媚，怪底今朝只益愁。[5]

显然，乾隆已经意识到自己对新皇后的淡漠了。正像诗中所说，并非"新琴"终不及"旧剑"，而是故人富察氏在他的内心世界，已经占据太久，二人情意更投。实际上，那拉皇后虽没有富察氏高贵的出身，但也是"持躬淑慎，赋性安和，早著令仪"[6]，深得皇太后的喜爱，而如今，孝贤皇后崩逝，那拉氏顺理成章登上皇后之位，却时刻生活在故人的阴影下，自然是愁肠百结，暗恨油然而生。

那拉皇后与乾隆帝承欢的日子前后不过五六年，在此期间，她先后生下了二子一女，即皇十二子永璂、皇十三子永璟、皇五女。大约从乾隆二十年起，皇帝便不大临幸坤宁宫（清朝正宫皇后居住的宫殿）了。皇帝每三年就要从宫外选一次秀女，那些年轻漂亮的女子总会不停地被送进宫来，被宠幸，被册封。乾隆显然已把兴趣转移到了她们身上。每当独处宫中的时候，那拉氏便会暗自垂泪，她心中的怨愤是可想而知的。乾隆三十年，她已是47岁的中年妇女，正处于生理和心理发生重大变化的更年期。终于，多年郁积的一腔怒火加上莫名其妙的烦躁一起爆发，酿成了悲剧。

跳出那拉氏个人的悲剧来看，乾隆帝与皇后那拉氏的决裂似乎也是一个必然的结局。清朝皇帝的婚姻大致可划分为两个阶段,一为包办婚姻,一为自主婚姻。皇帝的初婚大都是父母包办的,带有很强的政治色彩。清朝有早婚的习俗,十几岁的男孩虽已成婚,但在思想上算不得成熟。女孩则比男孩成熟得早。因而皇帝的初婚妻子常常是集皇帝的妻子、玩伴、长者等角色于一身,如果皇后知书达理、温柔贤良,则常常会造就出一段相当美满的婚姻,像康熙、乾隆那样。

随着年龄的增长,皇帝的性格逐步成熟,自我意识逐渐增强。他们追求自由、追求个性的强烈倾向自然也体现在对待自己婚姻的态度上。此时皇后大都已是青春逝去,更重要的是多年的夫妻生活已使得她们在丈夫面前毫无新鲜感可言,这当然难以赢得皇帝的全部激情。因而皇帝的移情别恋就成为势所必然。

皇帝将结发妻子完全搁置一旁,这对于皇后来说是相当残酷的。不管这位妻子有多么宽容大度,其内心的不平衡和失落感都难以消除。皇后位居中宫,有统辖后宫之权,匡正皇帝在个人生活中的失德之处自然也在其列。因而夫妻之间的冲突便难以避免。对此,顺治皇帝是以废后的形式解决的,而康熙、乾隆的结发妻子均早逝,未及冲突爆发就为前段婚姻画上了圆满的句号。而那拉皇后则成了地地道道的牺牲品。

在民间的传说中,乾隆皇帝一直是个好色之徒。他的几次南巡都被认为是猎奇乃至猎艳之行。甚至有人说,孝贤皇后就是因为劝阻皇帝不要贪恋酒色,在与皇帝的争执中落水而亡的。[7]还有的记载说,孝贤皇后是因为夫君热恋上他弟弟傅恒的妻子而使得夫妻反目的。

关于那拉皇后的剪发,清朝野史中也有类似的描述,说乾隆在杭州时常常深夜微服登岸而游，那拉氏出面谏止无效，一气之下才自剪头发的。[8]年代久远，这些传说早已无从查实。不过，虽说堂堂大清皇帝守着后宫无数佳丽不要，放下自尊，微服嫖妓不足为信，但乾隆对于江南女子的爱慕是千真万确的。已有学者考证，乾隆皇帝的后宫中就至少有两位地地道道的江南籍汉人妃子，一为扬州籍的明贵人陈氏，一为苏州籍的常在陆氏。私立汉女为妃显然是完全违背祖制的行为，那拉皇后的剪发似乎与此有关。能让高度自尊的乾隆皇帝不惜违背祖制，不惜与皇后反目，想必这两位女子必定是国色天香、倾国倾城了。

清代皇帝对江南女子的爱慕是一个普遍现象。顺治时期的季开生上疏，乃至民间传说的董小宛传奇都与江南女子有关。康熙皇帝在太皇太后孝庄去世后，宫里纳了多位汉女，康熙40岁以后所生的皇子，以汉女所生为最多，而对于苏州、扬州籍的歌女尤为喜爱。他的皇家戏班中就有不少苏、扬籍的少男少女。他特别爱江南女子王氏，这位密妃王氏后来给康熙帝连生了皇十五子、十六子、十八子，而十八子8岁去世，皇太子对此无动于衷，是康熙废太子的直接原因。乾隆皇帝就自不必提。这也难怪，诸位皇帝自关外迁来不久，周围都是些粗手大脚，过惯了游牧生活，整日里东征西迁，将皮肤在阳光与风沙中弄得粗糙、黝黑的满蒙女子，突然见到白皙细嫩、婀娜多姿的江南女子岂有不被迷醉之理？

然而南北之间的差异并不只体现在女人的不同上。从公元6世纪起，中国的南方就已形成了自己独特的文化。被迫南迁的汉人在这里营造出了一种与北方迥然不同的安逸、优雅、奢侈的生

第四章　儒家传统政治的终结　251

活氛围。适宜的气候、肥沃的土地、勤劳的人民，使这里很快成为鱼米之乡，盐业的发展、织造业的繁荣又使得这里的人们比较富足。"衣食足而知荣辱"，管仲的这句名言在这里也得到了验证。人们开始追求生活的质量，这里逐渐形成了良好的教育体系，形成了独特的饮食文化，形成了精致的园林艺术，形成了高雅的地方戏剧，形成了收藏书籍、收藏文物、狎妓冶游等一系列或雅或俗的有闲阶层的风尚。这里有富甲一方的商贾贵族，有倾国倾城的绝代佳人，有饱读诗书的文人墨客，有巧夺天工的亭台楼阁，更有浑然天成的自然风光，这些都足以让那些从东北一隅进入北京的满洲领袖心驰神往。

康熙、乾隆自然也是南方文化的仰慕者。他们屡下江南除了有巡视河工、维护江南稳定的目的之外，很重要的原因就是要亲身体味南方那特有的文化氛围，他们甚至还想把江南的一切搬到京城。京城的不少园林胜景都是仿照江南的样式建造的，"谁道江南风景佳，移天缩地入君怀"[9]。据传，乾隆帝在苏州见灵岩梅可以合抱，极为叹赏，当时内大臣博尔奔察在侧，拔出佩刀做砍树状，乾隆帝惊问，他回答说："怪其不生于圆明园，而使上有跋涉江湖之险也！"乾隆帝知道他是讽刺自己，为此不悦者久。[10]乾隆时期，京城的园林达到了前所未有的水平，把南方园林的隽秀与北方园林的雄浑熔于一炉，将自然美与人工美巧妙结合，成为中国古典园林建筑的经典之作。

整个18世纪，清朝的国都北京都沉浸在一种对南方文化的无限崇拜之中。这当然也是皇帝南巡的副产品。频繁的出游促进了南北文化的交流。从皇帝到侍卫，每一个人在饱览了江南胜景之后，便再也无法遏制自己对那种优雅、奢侈的生活方式的喜爱之情。江南,实在有种挡不住的诱惑。这一时期,江南习尚风靡京师:人们饮爱南酒、食重南味,曲尚南曲,糖称南糖,衣着讲南式,园林效苏杭,一说南方人便受人另眼看待,能听懂南方话也觉十分得意。[11]

对于京城的普通百姓而言,喜爱南方文化不过意味着一有富余的钱便悉数买了南酒、南糖;抑或花钱上戏园子,美美地听上一场昆曲,待曲终人散之时学几句姑苏话,唱一首姑苏曲,而对于帝王来讲,他的任何一种爱好,都意味着奢侈和靡费。

乾隆皇帝似乎完全摈弃了他的父祖们的尚俭作风。他耗费巨资六次南巡,并在京城中大兴土木。整个乾隆一朝,南方奢侈、浮华的风气已经弥漫京师,甚至达到了淫逸的程度。此时的乾隆已听不进谏言,连皇后那拉氏都难以容忍。自古以来京师的风尚总是在不同程度地昭示着国家的命运。当秦始皇穷奢极侈地修造他的阿房宫时,等待他的已是楚霸王项羽的熊熊烈火了。乾隆朝如此的京师风尚已经表明,大清王朝,康乾盛世,开始走下坡路了,帝王将相已踏上了落花流水的穷途末路。

尾注

1 《啸亭杂录》。
2 郭成康等著《乾隆皇帝全传》,学苑出版社1994年,第668页。
3 张尔田《清列朝后妃传稿》,《近代中国史料丛刊》第75辑,文海出版社1972年,第278页。
4 郭成康等《乾隆皇帝全传》,学苑出版社1994年,第664页。
5 郭成康等《乾隆皇帝全传》,学苑出版社1994年,第665页。
6 《清高宗实录》卷58。
7 万依、王树卿、刘潞《清代宫廷史》,辽宁人民出版社1990年,第333页。
8 万依、王树卿、刘潞《清代宫廷史》,辽宁人民出版社1990年,第335页。
9 郭成康等《乾隆皇帝全传》,学苑出版社1994年,第765页。
10 金性尧《土中录》,上海辞书出版社1999年,第92页。
11 邓云乡《红楼风俗谭》,转引自郭成康等著《乾隆皇帝全传》,学苑出版社1994年,第711页。

六、曹锡宝参奏和珅家人

一个王朝的兴衰绝不能归结为某一个人的作用，在君强臣弱的乾隆时期，更不能把所有弊政归于臣下，而在通常的历史叙述中，多把乾隆后期的问题归因于和珅。《清史稿·和珅传》称：

和珅柄政久，善伺高宗意，因以弄窃作威福，不附己者，伺隙激上怒陷之；纳贿者则为周旋，或故缓其事，以俟上怒之霁。大僚恃为奥援，剥削其下以供所欲。盐政、河工素利薮，以征求无厌日益敝。

和珅是满洲正红旗人，史籍称他少贫无籍，为文生员。他从侍卫起家，乾隆四十一年（1776年）任户部侍郎，命为军机大臣，兼内务府大臣，开始受到乾隆帝的重视，而真正显示其才能的是乾隆四十五年，他前往云南调查总督李侍尧贪私事。李侍尧号才臣，乾隆帝非常倚任。和珅将李侍尧的仆人抓起拷问，最终使李侍尧婪索大案得以突破，李被论重辟，和珅又上奏云南吏治废弛,府州县多亏帑,亟宜清厘。乾隆帝最初想用和珅为总督,但考虑到李侍尧贪婪之事出于和珅按劾,乃以福康安代之。和珅回京途中,升任户部尚书、议政大臣。乾隆帝看重和珅的才能,赐婚其子丰绅殷德为和孝公主额驸,待年长行婚礼。又授领侍卫内大臣,充四库全书馆正总裁,兼理藩院尚书事,后又管理户部三库,宠任冠朝列,一时无两。

乾隆中叶,伴随盛世夸赞,臣僚阿谀颂圣,成为风气。乾隆三十九年(1774年)四月,尚书公福隆安家奴兰大公开在内城率众打抢店铺,河南道监察御史李漱芳参劾福隆安身为步军统领,以本府家奴在外滋事,肆无忌惮,"则其平日约束不严,亦难辞咎"。为此,乾隆帝命将兰大交刑部治罪,命福隆安明白回奏。[1]但李漱芳随即被左迁。这仿佛是一个强烈的信号,言官不敢对权贵违法之事参劾。"台谏自李漱芳左迁后,无人敢言事。"

乾隆四十六年,甘肃冒赈案首犯王亶望等多人被处死,"诛窜几及百人",陕甘总督也被治罪,而独不及乾隆帝的宠臣陕西巡抚毕沅。当年冬,钱沣出任御史,他上疏提出,王亶望冒赈是其任布政使时,而当时毕沅两次署理陕甘总督,难道对此侵贪毫无闻见?如果早发其奸,国帑不会受到如此侵吞,官员被处死刑也不会这么多,由此该案毕沅不能脱干系,而毕沅明知其事却不肯揭报。乾隆帝为此将毕沅降三级。这是自乾隆三十九年以来少有的"壮举"。因久无言官言事,钱沣"甫入谏垣,辄弹大僚,一时有鸣凤朝阳之誉"。钱沣再接再厉,随即参劾和珅的党羽山东巡抚国泰骄纵无度,借纳贡为名而行贪婪之实,勒索属员,遇有升调,唯视行贿多寡,以致历城等州县亏空,或八九万或六七万之多，布政使于易简索贿甚多；又力谏乾隆帝嗣后不要接受地方大吏贡物，使得天下督抚无以借口。因国泰是和珅的党羽，于易简又是大学士于敏中之弟，而钱沣上奏语气謇直，乾隆帝命军机处传讯何人指使，一时人心惶惧，都担心钱沣御史的性命。钱沣也预感大祸临头，回到寓所后，命仆从整理行装，以备远谪之行。不久，乾隆帝特派尚书和珅、左都御史刘墉等前往查办，并带同御史钱沣前往。

由于刚刚处理完甘肃冒赈案，近百人受到严惩，和珅一上路，乾隆帝就给和珅发密谕，说此事业经举发，不得不办，而上年甘肃案刚刚严惩，山东又复如此，朕实不忍似甘肃那样再兴大狱，密令和珅到山东明白晓谕，凡国泰下属能够供出贿赂实情，可以减轻其罪行。有了乾隆的密谕，和珅于是先向国泰密报，山东将钱沣参奏的历城县亏空仓库进行了挪补，因此钱沣随钦差大臣一入山东境，和珅就以危言耸动，并说不要全部盘对，只要抽查数十封即可。钱沣说："山东即便能弥缝一处，不能弥缝处处。"因易马驰往，最终查出山东亏空实据。经大学士九卿会议，将国泰、于易简处斩监候。随经新任巡抚查出山东全省亏空，竟至两百万两之多，乾隆帝命国泰、于易简于狱中自尽。随即发谕旨各省督抚不得进贡，致使仓库钱粮亏空。钱沣的名声震动全国。乾隆帝召见钱沣，问道："尔何以知之深也？"钱沣回答说："御史风闻言事，臣闻言山东事者不可枚举，想来不尽子虚，且既有所闻，不敢隐。"乾隆慨叹良久。

封疆大吏争相贡献，不得不勒索属员，贿赂公行的同时，造成地方府县广泛亏空。乾隆四十八年（1783年）正月，御史秦清奏请严禁外省馈送、以清亏空一折,这本来是整治官员、清理亏空的很好建议,但乾隆帝讳疾忌医,不愿挑破这个脓疮。乾隆帝指责此折"撦拾浮词,无指实之事,外省属员逢迎馈送,例禁本当严,而犯者朕亦未尝姑息宽宥,近如陈辉祖贪纵营私,业已审明治罪,又何藉该御史之敷陈?该御史既为此奏,意中必有所闻,着将现在各省内馈送者何人、受馈者何人、亏空者又有何处,逐一据实指出,明白覆奏;若影射含糊,徒争口舌,此即明朝陋习,必当防其渐,而不可使启门户吓诈之端"。

乾隆帝哪有一点虚心纳谏的姿态。御史秦清只好承认"实因一己私见,以为亏空由馈送所致,是以冒昧入告,欲因已往而戒将来,意中原无其人,并无其处"。乾隆帝好像抓住了反面典型一样,发表长篇谕旨,斥责御史"所奏全属空言,毫无实际,此风断不可长",并说从前钱沣参奏国泰一案,也是自己早有风闻,原非仅因钱沣之奏也。至于王亶望、陈辉祖各案,自己待科道之参奏已久,而总未见其人。可见汉人科甲官官相护,牢不可破,设使国泰系科甲汉人,想钱沣亦未必即行参奏也。他又引申说:"明季科道陋习,始则撦拾浮词,互相攻击,继且各立门户,伐异党同,甚至置国是于不问,转以廷杖博谠直之名,此即所谓妖孽,非国家所宜有,不可不防其渐。""常观魏徵所上十渐等疏,亦只泛论事理。唐太宗以魏徵本非秦府旧僚,意存笼络,从而嘉赏,而魏徵亦藉此沽名邀宠,是君臣间相率为伪,而未能相与以诚。""总之,言官入告,必实有关于吏治民生,整饬纪纲者,方不愧台谏之司。若徒以空言邀献纳之名,而全无指实,设此科道何用耶?将此通谕中外知之。"[2]

在乾隆的眼里,明朝那些正直敢言之臣,都是妖孽,而唐太宗从善如流,纳魏徵之谏反而成为君臣"相率为伪",这种全然不顾历史的做法,简直到了昏聩的程度。

钱沣是云南昆明人,父亲是个老银匠。钱沣参劾国泰落败,"当是时,凡大臣簠簋不饬者,莫不惴栗,而竟有谓'银工子得志敢狂肆乃尔!'更阴伺其家事,思所以中之"。钱沣参劾"取胜",但得罪了权贵,加之丁忧在籍,十年也没有升官,其间还因居丧未能举报水灾而被革职。乾隆五十八年(1793年),钱沣又回到御史任上,他又指军机大臣不在军机处办公,暗指和珅。"和珅阴忌之,且直诘之,咄咄逼人,欲穷以难处之事。"[3]乾隆六十年八月,钱沣随乾隆帝从热河返京,九月十八日病逝于官。据传,他的儿子钱嘉枣在整理其父诗稿时,在他的枕下发现有一份数千言的弹劾和珅奏疏草稿,列举罪证二十余条,因此也有人说钱沣是被和珅用毒酒害死的。

和珅在乾隆朝后二十年,长期担任军机大臣、大学士、户部尚书、吏部尚书等各项要职。时乾隆帝年迈"倦勤",和珅权力高度集中,堪称权臣,而其诸多不法之事也积之有渐。乾隆五十一年五月底,乾隆帝带着宫廷眷属,前往避暑山庄,在随扈的大臣中,自然少不了和珅。六月十五日,早已搜集到罪证的御史曹锡宝,参劾和珅家奴刘秃子(全)本是一个车夫,因为管理和府家务,服用奢侈,器具完美,如果不是侵冒主子的资财,克扣欺隐;或者借主人名目招摇撞骗,焉能如此?曹锡宝选择在这个时候参劾和珅的家奴刘全,肯定是经过一番周密考虑的。他以为和珅陪侍乾隆帝在热河,没有时间为家奴通风报信,一旦把刘

第四章 儒家传统政治的终结 259

全的罪证坐实，就会敲山震虎，让乾隆帝对和珅警觉。乾隆帝也清楚，这参劾本是冲着和珅的，但不敢明言，故以家人为由。乾隆接到参劾折后，没有交给相关衙署处理，而是当面质询和珅，和珅回奏说：刘秃子名全儿，并无秃子之名，本系世仆，有旗档可查，因家人众多，宅内不敷栖止，是以令其在宅西附近兴化寺街居住，一向派在崇文门税务上照管一切，素昔尚为安分朴实，平时管束家人甚严，向来未闻其敢在外间招摇滋事；或因扈从出外日多，无人管教，渐有生事之处，亦未可定，请皇上降旨严查重处。

和珅的回奏很巧妙，更为巧妙的是，和珅回奏说，他的家人刘全因有家务，已于十三日起身前来热河，现在未到。这就是说，刘全前来热河在曹锡宝参劾事前，他不知道被参劾的事，更没有时间为自己销毁罪证。如此一来，乾隆帝仿佛心中有数，他对随扈的军机大臣说，和珅家人全儿，久在崇文门代伊主办理税务有年，其例有应得之项，稍有积蓄，亦属事理之常；若伊倚借主势，实有招摇撞骗，或于额税之外，擅自加增，以肥私橐，亦未可知。命留京办事王大臣，会同绵恩、都察院堂官，即传曹锡宝，令其逐条指实，若曹锡宝竟无指实，遽入人罪，况曹锡宝与和珅家人，何能熟识？伊于何处得知详细？必须详问。刘全既不在京中，若有情弊，更可不致闻风掩饰，尤易查办。

数日后刘全到了热河，和珅面加诘问，刘全供说他从不敢招摇滋事，交接官员，即所谓房屋宽敞，器具完美，容或有之，亦非可挟以出外之物，他于曹御史名姓，素未闻知，彼又何从进宅目睹等语。按照规制，御史不能与大臣交结，更不能与大臣家奴结识，所谓房屋内的东西，岂非目睹？至此，曹锡宝已完全沦为"被告"。乾隆说，他并非有意吹求，使原告转成被告之意，曹锡宝身为言官，必不至下交奴仆，其车马衣服尚可云遇诸途路，至房屋宽敞，器具完美，非身临其地，何能知悉乎？至刘全代伊主办理崇文门税务有年，稍有积蓄，盖造房屋数十间居住，亦属事理之常，从前及现在内外大臣家人中，似此者恐亦不少，概以车服房舍之故查拿治罪，则在京大臣之奴仆，安得人人而禁之，且必人人侧足而立，亦断无此政体。

留京办事王大臣，按照乾隆帝的旨意，传询御史曹锡宝。曹锡宝称：我与和珅家人全儿，向来从不认识，即伊在崇文门管理税务，我亦并不知道，伊于额税之外有无擅自加增及别项情弊，亦未有人说过。我因闻全儿住屋服用，甚是完美，于路过兴化寺街，留心察看，见其房屋甚是高大。我想，伊系家奴，焉有多资造此华屋，恐有借主人名目，招摇撞骗之事，是以具奏。乾隆帝仍是一如既往的操作，命都察院堂官、步军统领司官带同曹锡宝，先至刘全家看视住屋，再至阿桂等管家及用事家人住处，周历查看。乾隆还特别说住房奢华，并无治罪明文，如扬州盐商，居室园囿，无不华丽崇焕，即安澜园、寄畅园等处，虽云为朕巡幸而设，岂非伊等之产而何；又山西富户，百十万家资者不一而足，亦岂得概以华侈富厚而罪之乎？

乾隆帝处处为自己的奴才回护，而曹锡宝也不能指实。况且，自参奏到指看刘全宅第，时间已经过了一个月，而乾隆帝谕言宅子无论多么崇丽，不能作为治罪根由，而豪宅内的奢侈之物，早已无影无踪。到了七月十八日，吏部议处御史曹锡宝参奏

第四章　儒家传统政治的终结　261

一事，应照参奏不实降二级调用。乾隆帝命将曹锡宝召到热河，曹锡宝只能以"防微杜渐"作为参奏初衷。乾隆帝不以为然，又拿朋党门户作词，说：扰乱国政，前明之所以亡也。据一时无根之谈，而遽入人以罪，使天下重足而立，侧目而视，断无此政体。且我朝纲纪肃清，大臣中亦无揽权借势、窃弄威福之人。曹锡宝着加恩改为革职留任。[4]乾隆五十七年（1792年），曹锡宝去世。

那么，和珅是如何得知被参的？据曾与曹锡宝在山西共事、嘉庆时出任大学士的朱珪在曹锡宝墓志铭中说：

> 先有窃知其事者，漏言于和（珅），乃星夜毁其迹；于是奉旨留京王大臣勘查，僭妄踪迹竟不可得。而公危甚，驰赴热河待询。当是时，和珅当路已十余年，中外无一人敢投鼠者，闻公此举，皆咋舌噤不能吐气，一二有心人仰屋窃叹而已，亦未敢颂言公贤，皆曰："曹公祸且不测。"[5]

朱珪这里没有明确说出向和珅报信人的名字，但由此可见，言官不但不敢讲真话，而且正义缺失，即没有人敢于为曹锡宝说一句公道话。这并不是王公大臣和中外官员都畏惧和珅，而是乾隆帝的态度使得所有人哪怕都知道真相，也噤若寒蝉，不敢出一语。

曹锡宝是江苏上海人。向和珅透露消息的恰是曹的老乡吴省钦。吴是江苏南汇人，与他的弟弟吴省兰都在咸安宫做教习，是和珅的老师。和珅精通满、汉、蒙古、西藏等多种语言，更通读儒家经典，深得吴省钦兄弟喜爱。曹锡宝参奏和珅家人时，吴省钦时任侍郎，以老乡身份得知后，立即飞报前往热河的和珅，和珅得报后通知刘全毁屋更造，故察勘不得直，锡宝因获谴。逾月，授和珅文华殿大学士。乾隆帝八旬万寿，庆典结束后，内阁学士尹壮图疏论各省库藏空虚，和珅故伎重演，请即命壮图往勘各省库，壮图以妄言坐黜。吴省钦长期任顺天府，嘉庆三年（1798年）二月，出任最高监察长官——左都御史。太上皇帝乾隆去世后，嘉庆帝亲政，诛和珅，并籍没刘全家，查抄资产甚多，为此谕曰："故御史曹锡宝，尝劾和珅奴刘全倚势营私，家资丰厚。彼时和珅声势熏灼，举朝无一人敢于纠劾，而锡宝独能抗辞执奏，不愧诤臣。今和珅治罪后，并籍（刘）全家，资产至二十余万。是锡宝所劾不虚，宜加优奖，以旌直言。锡宝赠副都御史，其子（曹）江视赠官予荫。"而左都御史吴省钦以甘为和珅私人，被革职回籍。

洒落襟怀坏壎身，闲情偶付梦游春。

这是纪昀为曹锡宝画作题诗中的一句。是的，嘉庆帝的追赠不是太晚了吗？为什么为一个御史正名，必须等他死去多年后帝位更迭才能实行呢！

尾注

1 录副奏折,御史李漱芳奏,乾隆三十九年四月十六日。
2 《清高宗实录》卷1173。
3 《碑传集》卷56《侍御钱先生沣别传》,中华书局1993年,第1622—1625页。
4 《清高宗实录》卷1267—1269。
5 《碑传集》卷56,中华书局1993年,第1621页。

七、修书、禁书与焚书

倘若中国的王朝史上没有康乾盛世，没有尚文儒雅、好大喜功的乾隆皇帝，那么中国古代图书中的鸿篇巨制——《四库全书》便难以编纂完成。此书卷帙浩繁，共收书3503种，79 337卷，36 304册。其卷数是过去最大的一部类书《永乐大典》的三倍多。《永乐大典》初名《文献大成》，明永乐皇帝历时六年完成，参与修纂、誊写的学者多达两千多人，全书22877卷，目录60卷，装成11 095册。《四库全书》从更为浩瀚的历代文化典籍中甄别遴选，校勘增补，按照经、史、子、集四部分门别类，并且历时二十年，全部用人工抄写七部《四库全书》，没有雄厚的国力是难以支撑维系的。

自汉代以来，中国的历代王朝都有着征书、修书的传统。"以武开基，右文致治"被每个帝王深信不疑，奉为真理。开国之初，皇帝无不重视文治教化、编纂典籍。在他们看来，这不单单是立国兴邦的良策，更是国运昌盛的标志。

正像托克维尔所说的那样：在被征服者是先进民族，而征服者却处于半开化状态的情形下，就像北方民族侵入罗马帝国，或蒙古族入主中原时那样，蛮族通过军事征服所赢得的权力，能使之与被征服的文明民族达到同等水平，并共同向前发展。[1]满人以少数民族入主中原，面对强大的汉民族的文化，在不知不觉中已融入同化。他们不但选择了汉族传统的儒学来统治人们的思想，更接受了汉族文治兴邦的观念。从顺治时期始，满族统治者便开始重视图书的编纂和访求了。还在戎马倥偬之时，清廷便着手纂修《明史》。康雍两朝官修图书有数十种，其中最为著名的有《全唐诗》900卷和《古今图书集成》10 000卷。后一种书历康熙、雍正两朝完成，分6编32典，收书6119部。到了乾隆时期，开始编纂《四库全书》，四库全书馆"贤俊蔚兴，人文郁茂，鸿才硕学，肩比踵接"，其博大恢宏的文治气象更是前代无法比拟。

乾隆皇帝决定编纂这部集古今典籍之大成的《四库全书》实属偶然。起初，他下令各省督抚学政搜集古今群书，不过是为博稽古文之名，并充实皇家藏书。但是，这种历来有之的征书谕旨，因为没有硬性的任务，往往得不到地方官员的足够重视。在上者无法督察追究，在下者也便虚应故事，敷衍了之。乾隆帝连下了三次征书令，皆如泥牛入海，所获寥寥。

不过，天底下总是有若干做事认真的人。乾隆三十八年（1773年），安徽学政朱筠上疏提出了一整套的意见，其中包括抄写数量稀少的汉唐、宋辽金元时期的典籍，搜集图谱金石碑刻，整理《永乐大典》、编立书目、撰写提要等等。这给了乾隆帝相当大的启发。

在乾隆以前，历代朝廷都有动用中央政府的力量编纂书籍的历史。其中最著名的有宋代的《太平御览》《册府元龟》《文苑英华》各1000卷，《太平广记》500卷；明代的《永乐大典》22 937卷（含目录60卷）；等等。但是这些典籍都有着各自的弱点，例如《永乐大典》，虽然卷帙浩繁，收录了许多颇有价值的书籍，却是按类分目，割裂群书，查阅极不方便，因此许多读书人包括乾隆帝自己都深有感触。于是，乾隆接受朱筠的建议，决定按照已被公众认同的经、史、子、集四部分类方法整理《永乐大典》。而后，整理的范围逐步扩大，令素有吞吐天下之气魄的乾隆皇帝萌发了编纂包括古今所有书籍的特大型丛书——《四库全书》——的决心。

目标既定，那么如何在民间采访征集前代遗书，以保障《四库全书》的权威性，就成了一个重要的问题。以往征书效果不佳，除了地方官不够重视之外，还有着相当多的主客观原因。自康、雍以来，文字狱大兴，查出有碍书籍不但会罪及藏书人，也常常会牵连地方官员，因而地方督抚均恐受其累，不肯多事。再则，藏书人多是惜书如命，担心朝廷征书会有借无还，也常常将有价值的古籍秘而不宣。针对这些情况，乾隆帝特意颁旨申明：第一，绝不会因采访书籍而惩处藏书人及地方官员，相反如果藏而不缴，一经查处，将从重治罪；第二，所征之书皆为官府借抄，用后定将完璧归赵；第三，各省督抚必须在来年内迅速妥办，若仍因循搪塞，唯该督抚是问。[2]

此谕一颁，大规模的征书活动便很快在全国各地开展起来。各省督抚在圣谕的督责和鼓励之下，想尽一切办法搜集书籍。各地藏书家也纷纷献书。一时间，各种珍贵书籍被源源不断地呈送至京城。仅浙江藏书家所献书籍就达2600多种，占全省征书数量的一半以上。[3]江苏仅扬州商人马裕一家，就呈献了776种，是其全部藏书1383种书籍的一半以上，而在京官员所献达900多种。至乾隆三十九年（1774年）八月，各省搜访及藏书家进献，解送到《四库全书》馆的书籍多达1万种，江苏仅苏州、江宁书局、两淮盐政进献的书籍就多达4808部。最后征集总数13 501种（内272种重本）[4]，难怪四库馆内珍籍荟萃了。

然而，《四库全书》的得以成书也并非偶然。18世纪的清代，正是汉学迅速发展，并逐步取代宋明理学的时代。与注重"理""气""性""天"等抽象议论的理学不同，汉学注重实证，强调读书，主张探本溯源，寻求古代经籍的本来面目。在汉学家们看来，汉代去古未远，遗说尚存，是求得真知的宝藏，因而他们这一学派被称为汉学。当时这种朴实的学术思想和作风已在思想界和学术界占据了上风。在这种学风的影响下，民间藏书、读书、校书、辑佚书甚为流行。特别是在江南文化发达地区，藏书之风甚盛，涌现的藏书家更是不可胜数。有一位名叫周永年的学者，就曾著《儒藏说》一书，大声疾呼将天下儒家经典征集到一起，藏入各地学宫、书院以及名山古刹，以便保存流传和供士人观览。因而，从这一方面讲，《四库全书》正是应时之作。

伴随着文化典籍的征缴，大批"违碍悖逆"的书籍被发掘了出来。这是乾隆帝意料之中的事。早在乾隆二十二年，河南彭家屏私藏明末野史案，就让乾隆帝警觉了起来。这次借修纂《四库全书》访书之际，寓禁于编，是他早有的预谋。他无法听任大量的、具有强烈的民族思想和反清意识的著述流传下去,那将是对大清国千秋伟业的最大威胁。为此,乾隆三十九年八月,当全国范围内的征书尚未结束之时,乾隆帝便正式发布了禁书谕令。[5]

然而,官员们的反应却相当冷淡。各地督抚的奏折几乎千篇一律,都声称没有见到荒诞不经、语涉诋忤、应行销毁的书籍。只有两广总督李侍尧上奏说查到了早在雍正年间就被禁毁的屈大均的遗稿。这令乾隆帝极为恼火,于是他借屈大均一案指责各省督抚,尤其是江浙一带督抚办事不力。因为在那个时代,江浙一带文化发达的程度远比两广要高得多,两广一带查到禁书,而江浙一带却久查无果,是有悖常理的。乾隆还警告说,若藏书家隐匿不缴,治以有心藏匿之罪,并唯该督抚是问。[6]

此谕取得了预期的效果。各省督抚殚精竭虑,唯恐查办不力。这一时期是乾隆年间文字狱的另一个高潮。从乾隆四十二年至四十八年(1777—1783年),短短七年间,有案可查的文字狱就达五十几起。大部分的狱案都与查办禁书有关,因而这一时期的文字狱案被称为"书祸"。其中,王锡侯的《字贯》案和徐述夔的《一柱楼诗》案是最为严重的两起。

实际上,乾隆帝对这两起案件大加渲染,有着督导各地查办禁书活动的私心。《一柱楼诗》中确有"明朝期振翮,一举去清都""重明敢谓天无意"之类"悖逆"字句,而《字贯》不过是一部字典,只因在凡例中直书了清朝诸位皇帝的名字,便惨遭横祸。乾隆对这两起案子的处理相当残忍,不但株连九族,而且将失职的有关官员治以重罪,江西巡抚海成就因对《字贯》一案督察不力被判斩刑。

第四章 儒家传统政治的终结 269

于是成百上千部违禁书籍被源源不断地运至京城。在军机大臣和四库全书馆员严格甄别审核后，这些书籍被分为全毁和抽毁两类，经乾隆皇帝过目之后，或全部被投入武英殿的字纸炉内焚毁，或被抽出违碍篇页销毁。在极端恐怖的气氛下，各地告讦之风应运而生，怨家片纸一投，被控告之人身家即破，拖累无辜。为消灾免祸，许多人家不问禁与不禁，将家中藏书一律烧毁，大量的天文、地理、兵法、术数之书也因之遭到了厄运。在长达十九年的禁书活动中，究竟毁掉了多少书籍？据学者研究，全部禁毁书籍3100多种，15万部以上。[7]乾隆皇帝的再举秦火，给中国古代文化典籍造成的损失是难以估量的。

以发扬文化之美举，构成摧残文化的焚书与文字狱，是乾隆皇帝的一大恶政。尽管中国的历朝历代对于非正统文化的钳制与摧残从来没有间断过，但像乾隆帝这样大规模地焚毁、删改民间藏书，确属罕见。

由此，我们不难联想到秦始皇的焚书坑儒。这位始皇帝统一霸业既成，便于公元前213年迫不及待地下令焚书，规定除医卜、种植之书外，凡秦纪以外之列国史记，私藏之诗书、百家语皆毁；敢偶语诗书者弃市；以古非今、妖言诽谤者族诛；吏见知不举者同罪；令下三十日，不焚者，黥为城旦；凡欲学法者以吏为师。次年，他还下令将非议朝政的四百六十多名方士和儒生残忍地活埋。

这是个相当有趣的现象。中国历史上最著名的两起焚书事件，发生在专制王朝的前后两端。这是否意味着中国传统社会的模式必须以意识形态的高度一体化来维系呢？答案应该是肯定的。

王朝的初建与末世往往是人们思想最为混乱，难以对官方意识形态产生认同的时期。秦统一以前正值中国古代思想文化迅速生长的春秋战国时代。此时人们对于社会的认识逐步加深，思想异常活跃，形成了诸子百家争鸣的局面。长期动荡不安的生活，极易使人们形成一种自由独立的个性，这当然是专制王朝绝对不能容许的。在这种情况下，要想将人们的思想完全统一起来，符合专制统治的需要，即使是表面上的统一，也不是一件轻松的事情。因而始皇帝采取了一种极端残酷的手段，以强行遏制这种思想界中无政府主义的滋生繁衍。

　　而乾隆皇帝所面临的，则是另外一种局面。经过上千年的发展，中国的专制制度早已成熟。经过宋代朱熹等儒生的阐发，儒家思想已系统化，完全成为统治者控制人们思想的强大武器，并早已深入百姓之心。那些各个时期、各种形式的"异端邪说"，不是被儒家思想排斥得无影无踪，便是被融合得走样走形。譬如先秦时期曾与儒家齐名的墨家，在秦汉时期便已失去了朴素的科学精神与民主思想的光芒，变成了手持三尺铁的游侠的形象；而纯粹的舶来品——佛教，则与道教形成了中国特有的禅宗，并最终被儒家吸收了一些元素，促进了理学的形成。

　　单就学术派别的数量而言，乾隆朝根本难以望先秦时期之项背。自秦始皇焚书坑儒开始，传统社会中国思想文化领域内百家争鸣的局面便没有再出现过。儒教的强大力量，加上多年来清朝统治者钳制文化，制造文字狱，已使得清朝的知识分子不敢也无法跳出儒家学说的窠臼。人们所表现出的反叛精神，最多是对清朝统治者异族统治的难以认同，而并非触动作为专制王朝统治根基的意识形态。

然而，这并不能说明乾隆帝大兴文字狱并非现实的需要，而纯属他个人的主观行为。千百年来，中国传统专制政权对于意识形态所采取的强控制，必然导致思想文化领域的僵化与单一，也必然导致君主对于非官方思想的容忍能力的不断降低，于是，我们可以发现这样一种现象，中国传统的专制社会，包括每一个朝代的前后两端，都是文字狱极易发生的时期，因为这些时期往往最迫切地需要意识形态的重新整合，而从大的趋势来看，文网的愈加缜密已成定势。

当然，正像前文述及的，文字狱以及大规模地摧残文化典籍的行为的发生，除了政治需要以外，还有着相当多的先决条件，譬如，皇帝的性格以及皇权的力量等。在这些方面，秦始皇与乾隆帝则有着相当多的相似之处。他们都自信傲物，好大喜功，嬴政自称始皇帝，希望后世称二世、三世，以至万世；而乾隆则立志"为子孙立业，为万世开太平"。并且相对来说，他们所拥有的权力都是空前强大的，一个结束了诸侯的混战局面，完成了统一霸业，位于万乘之尊；而另一个则居于专制皇权的峰巅。这些都是罪恶的"秦火"熊熊燃烧的必不可少的条件。

乾隆帝再举"秦火"的疯狂行为，给中国文化典籍造成的损失是难以估量的。这也许正预示着中国传统社会结构即将崩塌。物极必反，当大清朝社会的文化思想陷于极端的贫乏与僵化之中，完全丧失了生机和活力时，它已完成了自己的使命，势必将被取代。这是无法抗拒的历史规律。

尾注

1 [法]托克维尔《论美国的民主》,商务印书馆1988年,第330页。
2 《清高宗实录》卷929,第19页。
3 黄爱平《四库全书纂修研究》,中国人民大学出版社1989年,第30页。
4 黄爱平《四库全书纂修研究》,中国人民大学出版社1989年,第34—35页。
5 《清高宗实录》卷964,第10—11页。
6 《清高宗实录》卷970,第18页。
7 黄爱平《四库全书纂修研究》,中国人民大学出版社1989年,第76页。

八、盛世夸赞与天子的陶醉

乾隆二十四年（1759年）十月二十三日，是清代史上值得大书一笔的日子。这一天，远征新疆的副将军富德红旗奏捷：多年以来令西北不宁的回部叛乱首领霍集占尸体被查获，大和卓波罗尼都已被阵杀。"首逆"被歼，标志着历时数十载，前后花去清政府几亿银两，倾康、雍、乾三代君臣之力的西北叛乱最后平定。捷报传来，朝野上下，一片欢腾。一位官员赋诗一首：

> 太和景运日方中，海宇升平际郅隆。
> 至今衣冠重泽奉，帝庭仪舞百蛮通。
> 如天目普无私覆，惟圣能成百战功。[1]

面对国家一统，大功告成，年届知天命之年的弘历百感交集，他为自己取得这样的成就而自豪。拜谒景陵时，他赋诗道：

> 西域已班师，东陵展祀宜。

> 辟疆二万里，奏绩五年期。
> 默默深叨佑，凄凄更益悲。
> 敢云成祖志，祖志注今斯。[2]

一个多月后，小和卓木霍集占的首级函送到京，乾隆御午门楼，举行盛大的献俘礼。霍集占的首级随着礼仪的结束被悬于通衢。

新疆的最后平定，标志着清朝进入"全盛"时期。在此以前，乾隆帝偶尔也谈及"全盛"这一概念，但二十五年前后谈论最多，而且把统一新疆作为"全盛"的重要标志。弘历说："比年以来，西域大奏肤功，国家势当全盛。"[3] 欧洲人也把这一年视为"辉煌巨大"的年份，并认为乾隆统一新疆是"光荣年"[4]。

这一时期，中国的版图广大，清朝气派恢宏，乾隆说："以亘古不通中国之地，悉为我大清臣仆，稽之经牒，实为未有之盛事。"[5] 志得意满之情，溢于言表。大学士于敏中说，弘历帝"觐光扬烈，继祖宗未竟之宏观，轹古凌今，觐史册罕逢之盛世"[6]，话虽有恭维之嫌，但也道出了弘历自信自得的心理。一时间"社灯连袂踏春田，歌鼓声声应节圆，舞遍两行红结队，儿童齐唱太平年"[7]，好一派歌舞升平、普天同庆的景象。

这一时期，经济发展较快，清政府财力大增，人口和耕地面积都超过了历史最高水平。乾隆朝以前，历朝历代人口的最高数目约7000万，如果考虑统计方法的不完善，也不会相去较远。明后期可能达到1亿左右。但毋庸置疑的事实是：乾隆六年全国人口已有1.4亿，超过历史上的最高峰值，至乾隆六十年达到2.97亿，半个世纪翻了一番还多。

乾隆以前，中国社会出现多次周期性危机，这些社会危机的根源似乎可以说是经济危机：人口的增加，社会财富的有限，尤其是社会难以接纳大量人口的繁衍。王朝末年灾荒频仍，饥馑成群，固然是社会阶级矛盾尤其是土地兼并严重造成的，但值得思考的是，能引发全国性的社会危机就不单纯是土地兼并问题。当我们对清代的文化政策尤其是思想钳制予以评判时，仍然承认它取得的重大成就：清代直到18世纪末以前的一百余年间，几乎没有出现大的农民反抗运动。与此相比较，几乎历朝历代，无不在其创建的几十年后，即出现大规模的农民起义，这是值得思考、耐人寻味的事。清代的这方面成就，其中原因可能很多，但至少说明社会生产力的发展，尤其是农业生产足能养活3亿人，这在农业社会，生产水平靠手工人力劳动的时代，不能不说是一个奇迹。尤其是清朝的蠲免钱粮政策，几乎是一项国策，并且大规模地轮蠲，起到了缓和社会矛盾的效果，尤其是起到了"东方不亮西方亮"的作用，使全国不会同时处于一条贫困线上，民生也大有希望。"罢开垦，停捐纳，重农桑，汰僧尼之诏累下，万民欢悦，颂声如雷"[8]，我们透过这些歌颂丰收的文字，仍会感到那个时代扑面而来的蓬勃之气。乾隆说："方今帑藏充盈，户部核计已至七千三百余万。每念天地生财只有此数，自当宏敷渥泽，俾之流通，而国用原有常经，无庸更言撙节。"[9]撙节爱用是历代统治者倡导的基本国策，康熙、雍正也是这样做的。当康熙帝为他的宫中用度比明朝少得多而自得时，作为农业国国君的乃孙乾隆，却"甘冒天下之大不韪"，提出"无庸更言撙节"，这确实反映了国力大增的盛世景象。

在国力鼎盛、天下太平的时候，50岁的乾隆帝仍在思考如何推进或保持这样千载难逢的大好局面。统一新疆的次年底，钦天监奏明年元旦日月合璧，五星连珠，弘历特颁上谕一道说："迩日西陲大功底定，版图式廓远逾二万余里，海宇宴安，年谷顺成，内外诸臣，大法小廉，人民乐业，其为祥瑞，孰有大于此者乎？"表示自己"惟当益加兢业，保泰持盈，用以上承灵休，以与我天下臣民共享太平之福"[10]。

然而，伴随"全盛"之局的是，乾隆再找不到新的开拓领域；伴随皇帝一天天在衰迈，乾隆为取得的成就而陶醉。他对成就的回忆构成晚年政治生活的重要部分。

对于一个杰出的政治家而言，对手众多，勇于迎接挑战是件快事；若没有对手，在政治旅途中一帆风顺，权力就会失去许多诱人的刺激。步入晚年的乾隆，实际上处于无对手、无挑战甚至是没有失败的特殊时期。他驾驭政治的能力使他丝毫不担心有篡权之事发生，这与乃祖乃父不可同日而语。"两朝志竟，亿载基成"[11]，"准回平而北无汉世匈奴之患，金川定而西无唐代吐蕃之扰，鉴储贰之失，定主贤之策，善继述，于斯为盛"[12]。乃祖亲临大漠而不得成，乃父两平回疆而以议和遭诟，再往前，明代杰出的永乐帝血洒荒原……这一切的一切都是未竟的事业，是数不清的连接符和省略号。到了乾隆这里，历史却给他画了可赞可称的叹号和完美无瑕的句号！他在御制《十全记》中说过："守中国者，不可徒言偃武修文以自示弱也。彼偃武修文之不已，必致弃其故有而不能守，是亦不可不知。"[13]巨大的成功给他带来了自信，一个政治家的博大胸襟和高瞻远瞩于斯可见。所有有成就的帝王取得的丰功伟业他都有。他的欣慰、他的自豪、他的自我陶醉是因为他的功绩、他的成就、他无与比拟的千秋事业。他已不再担心千百年后的历史会对他评价不公。

在比较和陶醉中，乾隆走向了庸俗。乾隆四十五年，弘历七十寿辰时，他亲制《古稀说》，历数秦汉以下历代帝王"寿登古稀者才得六人"，其中汉武帝、梁武帝、唐明皇、宋高宗等四君皆不值一提，下余两个创业之君元世祖和明太祖，虽然武功鼎盛，但"礼乐政刑，有未遑焉"，而他本人在位期间，"前代所以亡国者，曰强藩、曰外患、曰权臣、曰外戚、曰女谒、曰宦寺、曰奸臣、曰佞幸，今皆无一仿佛者"[14]。他用杜甫"人生七十古来稀"之意，刻了一方"古稀天子之宝"。

四年后，即乾隆四十九年（1784年）闰三月的一天，快马飞报皇玄孙出生的消息，正在南巡的乾隆帝喜不自禁，为五世同堂赋七律一首：

> 飞章报喜达行轩，欢动中朝与外藩。
> 曾以古稀数六帝，何期今复抱元孙。
> 百男周室非五代，三祝尧封是一言。
> 耄耋人多兹鲜遇，获兹惟益凛天恩。

乾隆为玄孙取名载锡，并规定其下代推衍用"奉"字（道光帝改为"溥"字）。

随后，他又命儒臣查阅《四库全书》中"自古以耆寿得见玄孙者凡几人"。查阅结果："三代以上不可考，秦汉以后、隋以前未有其人。"自唐迄明，只有徽明等六人，"帝王中臻斯盛者，尤未之前闻"。

乾隆五十年（1785年），弘历迎来了他即位五十年大庆。他不会放弃这一"比较机会"。当年元旦，他挥毫作诗："七旬登寿凡六帝，五十纪年惟一人。汉武却非所景仰，宋家高孝更非伦。"乾隆五十五年和乾隆六十年，他八十寿辰和在位周甲，更是年龄、儿孙和在位年代无所不比。这些都显示出他的"伟大"，在比较中，他获得了极大的心理满足。

为了满足已飘飘然的陶醉心理，弘历的臣僚为乾隆大办寿典，其场面之大，气派之宏，确是历代帝王所不能比的。

八月十三是弘历的诞辰，又值满族传统的秋狝大典的季节。按惯例，这时乾隆在避暑山庄。因此，乾隆四十五年以前，每逢皇帝诞辰，避暑山庄都张灯结彩，热闹异常。北京至承德二百多公里，道边树木也披红挂绿，装饰一新。

乾隆四十五年，是弘历的七十寿典。前期一年，准备工作已开始。皇六子永瑢、军机大臣和珅等为首的寿典筹备领导机构也组建起来。臣子们绞尽脑汁，在贡物上大做文章，凡是贡品，皆"取九九之义"。截至四十四年四月，仅无量寿佛，已收到17 963尊。至四十五年七月，进献贡品进入高潮，前往北京的贡车多达30 000辆，此外，人担、驼负、轿驾者更是多不胜数。为及早将自己的贡品送到京师，各省车辆争相抢道，"篝火相望，铃铎动地，鞭声震野"。与此同时，西藏班禅、蒙古哲布尊丹巴呼图克图等主要宗教领袖和各族王公贵族分别前来觐见；朝鲜、琉球、

第四章 儒家传统政治的终结

安南等藩邦属国也都遣使入贡。乾隆帝面对"万国来朝",大为开怀。在一片颂扬声中,他度过了难以忘怀的七十大寿。

岁月如梭。乾隆五十二年(1787年)八月,刚过77岁寿辰的乾隆帝自觉身体康健,于是正式颁发谕旨,命令臣下照历次皇太后万寿庆典之例筹办他的八十寿典。次年三月,由军机大臣阿桂、和珅等参加的庆典领导机构正式组建。为筹集资金,和珅等人向商众大肆勒索,并令全国大小官员各捐廉俸。

庆典的准备工作已提早进行。紫禁城、圆明园所有建筑和京城至西山一带全部道路重新进行了修葺。与此同时,北京至承德一线的装点工作也紧张而有序地进行着。各省督抚遣人入京,对分派地段进行精心布置。乾隆还下令开恩科乡、会试,并于五十五年(1790年)正月颁诏普免天下钱粮。当年七月,万寿庆典首先在热河避暑山庄拉开帷幕,各界宗教领袖及少数民族头人,以及外国使节齐声向乾隆帝叩祝万寿无疆。随后是大型的赐宴、观剧活动。

八月上旬,乾隆帝在大队人马的簇拥下进入他统治中国五十五年的心脏之区——京师,庆典随即进入高潮。八月十二日,乐队齐奏万寿衢歌乐,弘历在子孙曾玄和文武千官的叩随下自圆明园起驾进城。一路上,"夹道左右,彩棚绵亘,饰以金碧锦绣",较之历次皇太后万寿庆典的布置更为壮丽。乾隆帝兴奋之余,没有忘记向迎驾的民众人役大把地赏赐银两。当日,大宴金华宫。四代数百人彩衣作舞,为他们的尊长乾隆帝奉觞上寿。万寿节的当天,弘历御太和殿,接受宗室、满汉文武大臣、边远土司和外藩使臣的朝贺。而后,所有人众分作两处举行大宴。此后十数天，观剧、游园活动此伏彼起，盛大的庆典持续一个月才渐渐落下帷幕。

乾隆帝在举国颂圣声中，再次获得了极大的满足。于国，他的统治固若金汤；于家，曾玄绕膝，五世同堂，大清国后继有人。

尾注

1 《素余堂集》卷2。
2 《高宗诗文十全集》卷15。
3 王先谦《乾隆朝东华录》卷67。
4 ［英］斯当东著，叶笃义译《英使谒见乾隆纪实》，群言出版社2014年，第382页。
5 《乾隆起居注》乾隆二十四年十月，胶片56。
6 《素余堂集》卷24。
7 《素余堂集》卷10。
8 《啸亭杂录》卷1。
9 《乾隆御制诗三集》卷85。
10 《清高宗实录》卷627。
11 《乾隆御制文初集》卷19。
12 王先谦《虚受堂文集》卷2。
13 《乾隆御制文三集》卷8。
14 《乾隆御制文二集》卷6。

九、讲真话者可杀

正当乾隆帝陶醉于满朝称颂的"盛世"景象时，内阁学士尹壮图终于开口讲了真话，给歌舞升平者当头棒喝，让缄默不语的言官汗颜。

出生于云南昆明的尹壮图是乾隆三十一年（1766年）进士，曾任江南、京畿等道监察御史，后升内阁学士兼礼部侍郎。乾隆后期，朝政日非，大臣们称颂不已，他对此忧心如焚。乾隆五十五年十一月，他上书对乾隆帝处分官吏时往往以罚议罪银代替的做法提出批评，指出这对廉政大有害处。他说：

> 督抚自蹈愆尤，不即罢斥，罚银数万，以充公用，因有督抚等自请认罚若干万两者。在桀骜之督抚，借口以快饕餮之私，即清廉自矢者，不得不望属员伙助。日后遇有亏空营私，不容不曲为庇护。是罚项虽严，不惟无以动其愧惧之心，且潜生其玩易之念。请永停罚银之例。[1]

还沉浸在八十寿典喜乐中的乾隆,对这个不识时宜的批评自然大为不快,令尹壮图"指实复奏"。尹壮图在复奏中说:"各督抚声名狼藉,吏治废弛。臣经过地方,体察官吏贤否,商民半皆蹙额兴叹。各省风气,大抵皆然。请旨简派满洲大臣同臣往各省密查亏空。"[2]

饱读诗书又做过言官的尹壮图确实不识相,他在乾隆最为陶醉的时候泼冷水,这已犯了大忌。复奏中涉及乾隆的用人政策,及对"盛世"的评价,这是弘历无论如何也难以接受的。"各省风气,大抵皆然",及"商民半皆蹙额兴叹"着实让乾隆气愤不已,他下了一道谕旨予以反驳,说:

> 朕自御极以来,迄今已五十五年,寿跻八秩,综览万机,自谓勤政爱民,可告无愧于天下,而天下万民亦断无浪良怨朕者。兹距归政之期,仅有数载,犹恐年耄倦勤,稍有弛懈。惟日孜孜,冀仰答昊苍鸿贶。每于召见内外大小臣工时,以朕办理庶务情形,时加咨访,佥称朕精神强固,办事日益勤励。**若如尹壮图所奏,则大小臣工等皆系虚词贡谀,面为欺罔,而朕五十余年以来竟系被人蒙蔽,于外间一切情形,全无照察,终于不知矣。**著尹壮图将所奏直隶等省亏空者何处、商民兴叹究系何人,月选官议论某缺亏空若干,又系闻自何人传说,逐一指实覆奏。若果查询得实,朕从不肯颟顸混过,自有办法。尹壮图不可徒以空言无实,自蹈欺罔之咎也。[3]

乾隆帝无法接受对他五十多年治政全盘否定的这种"不公正"态度，他事无巨细，乾纲独揽，自己怎么会被蒙蔽呢？尹壮图在复奏中诚惶诚恐，承认措辞失当，请求治罪。弘历不愿罢休，令尹壮图定要指实，并说"商民半皆蹙额兴叹"，似乎是"居今之世，民不堪命矣"。弘历承认地方长官坏法乱政者有之，小民因此受累，怨其长官，但说普天之下民不堪命，"则断断无此情理"，尹壮图不体察皇帝勤政爱民之意，"忍为此蹙额兴叹之语，几于摇惑人心，岂伊自外生成，独非大清之民乎？"[4]谕旨说到这个程度，尹壮图之"罪"已经难以洗刷了。

然而，弘历也清楚尹壮图所讲并非完全虚捏。他自己也承认地方亏空、官官相护、牢不可破的弊端是存在的。因此他不让尹壮图"密查"，说国家无此政体，他不能只相信尹壮图一个人，而不相信他精心选拔的大臣们。但乾隆又是虚荣心极强的君主，他阻止"密查"，但又派侍郎庆成为钦差大臣同尹壮图前往各省访查亏空之事。

庆成本来是一个贪官，乾隆派他查亏空，主要用意是钳制尹壮图。庆成行前，和珅向他面授机宜。为治服尹壮图，也是让尹壮图之行多少带有"密查"色彩，乾隆说尹壮图是自请前往，不能算是公务，旅费开销当然要个人掏腰包。庆成到第一站山西后，先是游山玩水、豪宴宾客，实际是给各州县时间，将亏空银两补足，而后再同尹壮图查核。结果当然没有亏空。[5]尹壮图自认倒霉，上疏说自己的奏疏"实为过当，且仓库整齐，并无亏缺，业已倾心怗服，可否悬恩即令回京待罪"[6]。但乾隆仍不放过，要他同庆成再往直隶、山东、江南各省盘查。为证明尹壮图的"错

第四章　儒家传统政治的终结　285

误"，弘历采取极不光彩的手段，在尹壮图每到一处前，先500里通知地方官，并明确说：令尹壮图盘查是为治其"莠言乱政"之罪，"若所盘查仓库毫无亏缺，则是尹壮图以捕风捉影之谈为沽名邀誉之举，不但诬地方官以贪污之罪，并将天下亿兆民人感戴真诚全为泯没，而朕五十五年以来子惠元元之实政实心，几等于暴敛横征之也"。这段话实际是告诉督抚应该怎样做。有亏空督抚难逃罪责，而且皇帝成为横征暴敛之主。这就为掩盖亏空及贪婪的真相做了开脱。果然，地方官在尹壮图到前，"设法挪移，弥缝掩饰，遂致尹壮图陈奏不实"[7]。乾隆还寄谕尹壮图，问他在途中是否看见"商民蹙额兴叹"的事，尹壮图不敢再讲真话，只好说"所过淮、扬、常、镇以及苏州省会，正当新年庆贺之时，溢巷摩肩，携豚沽酒，童叟怡然自乐"[8]。至此，皇帝大获全胜，剩下的只是对讲真话的尹壮图如何处置了。

尹壮图被押解到京城。大学士、九卿遵旨会审，尹壮图伏地碰头痛哭，战栗悚惧，他自请从重议罪。大学士等按挟诈欺公、妄生异议律，坐斩立决。乾隆又格外开恩，说壮图逞臆妄言，亦不妨以谤为规，不必遽加重罪，命免死左降内阁侍读。又以侍读缺少，改礼部主事。不久以母老乞归。[9]

尹壮图是云南蒙自人，以忠鲠著称。他起草奏疏的当天夜里，秉烛危坐，抄录一个晚上，直到东方放白。他的弟弟英图似乎觉察到哥哥有什么不寻常之举，屡次窥其门户。壮图笑着对弟弟说："汝照常困眠，不必代兄忧虑。区区之头，早悬之都市矣。汝代余养老亲之天年可也。"[10]

尹壮图因为讲真话而丢了官，既反映了弘历从即位初鼓励臣僚上言国事向拒谏喜谀转化，同时也说明了乾隆试图掩盖矛盾，好像他留给爱新觉罗家族的仍是一个不打折扣的全盛之世。当然，乾隆帝喜谀恶直的转化并非始于对尹壮图的惩处。尹壮图上疏四年后，清代历史上第一次大规模的农民反抗斗争——川楚陕白莲教举起义旗，持续近百年的康乾盛世降下了帷幕。

18世纪的最后一年，统治大清王朝64年之久、年近九旬的"十全老人"乾隆帝龙驭上宾。据载，这位太上皇帝临终前拉着乃子嘉庆的手，"频望西南，似有遗憾"。[11]史书上没有留下这位世纪老人面对此起彼伏的农民起义作何感想的文字，但有一点是可以肯定的：他在拥有数十年的辉煌及尊贵后，无可奈何地承认，自己托付给嘉庆的，显然不是一个太平盛世。

尾注

1 《清高宗实录》卷1367。
2 《清史稿》卷322。
3 《清高宗实录》卷1367。
4 《清高宗实录》卷1368。
5 《啸亭杂录》卷7。
6 《清高宗实录》卷1368。
7 《嘉庆起居注》嘉庆四年四月,胶片94。
8 《清高宗实录》卷1371。
9 《清史稿》卷322。
10 《啸亭杂录》卷7。
11 王先谦《乾隆朝东华录》。

终章
天下艰难谁共肩

"戮心"的盛世终将昭示:这是难以走出的"中世纪",儒家文化的"困境"不始于被动挨打的近代,而应到剥夺精神的那个时代去寻找。一个只有强健体魄没有强健精神的民族是悲哀的。

一、人口专家走西口

对于现今的中国人来说，最为熟悉的封建王朝，莫过于大清王朝了。这不单单是因为它离现今最近，还因为它已经并且至今仍然被影视传媒热火朝天地炒来炒去。然而，在一片暴热之中，却始终有着一块略显清冷的角落，那便是嘉庆皇帝。

嘉庆皇帝若在天有灵，一定会为此大感不平。且不说声名赫赫的康熙、乾隆皇帝，连被公认为才德平平的咸丰皇帝似乎也已经妇孺皆知。这也难怪，在嘉庆御宇的25年里，既没有惊天动地的丰功伟绩，也没有骇人听闻的烧杀劫掠，甚至没有引人入胜的风流韵事，这毫无戏剧性的生平事迹，自然难以引起文学家乃至历史学家们太多的兴趣。

然而，并不能以此就断定嘉庆是个毫无建树的皇帝。他的勤政与克己堪与其他任何一位皇帝相比，而嘉庆时期的言路开放，在清朝近三百年的历史中，堪称之最，并引发从监察到司法整个体系的变革。嘉庆皇帝被忽略的原因在于他所处的时代是清王朝由盛到衰的启承转接时期，从大势上来讲，他即使用尽浑身解数,也难以扭转父亲乾隆留给他的内创累累和积重难返的颓败之局;并且他所采取的柔性的、温和的教化手段,对于治理乱世犹如隔靴搔痒那样无济于事。嘉庆帝生性宽和,这在他饱满的脸庞以及平和的眼神中可以窥知一二。然而尽管性格使他没能效法祖父雍正"乱世用重典",没能以一己之力力挽狂澜,但他几十年如一日崇俭黜奢、勤政戒惰,这在一定程度上抑制了危机的恶化。

从登基的第一天起,嘉庆帝就承受着相当大的压力。可以说,在御宇的25年里,他没有一天真正地轻松过。同清代的其他皇帝一样,对于大清江山,他有着强烈的责任心和使命感,丝毫不敢懈怠。漫长的"味余书室"的生活,使得他有机会遍览儒学经典,聆听名师教诲。在他的心目中,君王应当纳谏求言的观念已经根深蒂固。他还曾作过一首感怀诗:

听言必坦怀,用是置其否。
诘难近饰非,畏威尽缄口。
尊卑位悬殊,恭嘿以虚受。
闻谏能有衷,嘉纳量博厚。
述虑致烦多,强辨政纷蹂。
贤君容直臣,纳谏终无咎。[1]

充分表达了自己重视言路、虚怀若谷的思想。因而,当太上皇帝乾隆龙驭上宾,嘉庆帝成为名副其实的皇帝几天之后,他便下诏求言了。当然,这也与其他几位皇帝一样:皇帝御极,下诏求言,这已经是本朝的一种惯例。嘉庆帝谕曰:

特此通行晓谕，凡九卿科道，有奏事之责者，于用人行政一切事宜，皆得封章密奏，俾民隐得以上闻，庶事不致失理。诸臣务须宅心虚公，将用人行政，兴利除弊，有裨实政者，各抒诚悃，据实敷陈，佐朕不逮，用副集思广益至意。[2]

诏书一发，十分奏效。未几，就有御史广兴、给事中王念孙弹劾和珅的奏章上达。嘉庆帝遂乘势追击，扳倒了心腹之患——和珅，令朝中许多臣僚扬眉吐气。

扳倒和珅不是小小的言官所能办到的，这是嘉庆帝的预谋。早在太上皇帝去世时，和珅等大学士就起草了一份遗诏，这也是历来老皇帝去世、新君即位之际的惯例操作，但嘉庆帝并不认同这份"遗诏"，因为遗诏有为和珅开脱之嫌，这也是在《清仁宗实录》等"权威"的官方文献中不见"遗诏"记载，反而是朝鲜李朝实录予以记载的原因，而查抄和珅家产，又是历来争议的一件公案。有传说抄没和珅的家产达到惊人的八亿两白银，但这已经被史家否认，可信的数字是，剔除字画等不好估价外，也就是一两千万两白银之多。

可以顺带提出的是，嘉庆十九年（1814年）围绕国史馆撰写的《和珅传》，几乎兴起一场大狱，因为嘉庆帝发现，国史馆所做的《和珅传》，传主在乾隆朝的表现只是一张履历表，如此一来他赐和珅自尽的二十条罪状就成了大问题，他也似乎成了功罪不明的昏君，而史官们也确实为难，如果把和珅的罪状写多了，那么，乾隆帝的英明形象就会受损害，最后只好采取"曲笔"，即乾隆朝只写履历，不写"罪状"，而和珅在嘉庆初的几年表现，只写"罪状"，不写其他。为此嘉庆帝异常愤怒，把相关人员革职，大学士们罚俸。

和珅只是嘉庆帝为他的"新政"找的一个"替罪羊"，而和珅的形象也是经过官方一再加工后形成的"佞臣""最大贪官"，这与事实至少有很大差距。

回过来看，多年钳制言路的积弊并不能一时消除，尤其是乾隆晚年对勇于直言者的打击，仍让人心有余悸。为了表明自己广开言路的诚意，嘉庆帝还特意平反了乾隆时曹锡宝与尹壮图两起直言被诬的案件，而曹锡宝早已于乾隆五十七年去世，他此时被追赠为副都御史；尹壮图因母亲年老，已请假归籍奉养，嘉庆遂赏其给事中衔，仍令其回籍侍母，待日后再候旨来京供职。为解除言官们的后顾之忧，嘉庆帝允许言事者封章直达御前，任何人不得私自拆阅。他还发动熟悉地方情况的各省道员也参与巡察，准其密折封奏，以副兼听并观，集思广益至意。[3]

因而，在嘉庆帝亲政后的一段时间里，沉寂多年的言路忽而喧嚣了起来，上自言官，下至末吏平民，皆能封章上达，直陈朝政。

可是很快，嘉庆帝便发现，言路大开还伴随着妄言渎奏事件的大量出现。各级官员为迎合帝意，纷纷上疏言事，因而在众多的奏折中，良莠不齐就在所难免，其中毛举细故者有之，甚至还有荒唐可笑者。这些连篇累牍的奏折令嘉庆帝耗费了不少的精力。起初，嘉庆帝还能克制自己的不满情绪，告诫各级官员如果无所建白，不要刻意搜求；为了不致担上"诱之言，而陷之罪"的恶名，[4]对于妄言陈奏者，他并未予以追究。然而，各色无端的弹章仍是日渐增多，嘉庆帝越来越厌烦了。他认定，那些妄言者绝非出自对国计民生的关心，而往往是为了一己的名利。他指斥这些人"越俎陈奏""干预京师政务"，并警告说，他下诏所求之言为"正言"，若有人心怀私见，沽名钓誉，必将治以妄言之罪。[5]

对于这一连串的斥责和警告，朝臣中仍然有人不加理睬。各色各样的奏折仍旧不停地被送达御前，终于有一天，嘉庆帝被惹恼了。肇事者乃是一个当时名不见经传的翰林院编修洪亮吉。

洪亮吉位虽卑微，却是饱读诗书的名士。他是正宗的科甲出身，是乾隆五十五年一甲第二名进士。他在中进士以前，还曾参加四库全书馆的工作；还应陕西巡抚毕沅邀请，在其巡抚衙署前后做过八年的幕友，毕沅的著作中，有不少是洪亮吉襄助完成的。这些都足以证明，他绝非一般士大夫之流。他性格豪迈，喜证当世事，他在撰写的《治平篇》《生计篇》中，很早就注意到了清朝过快的人口增长速度与社会物质条件的关系问题，颇有见地，被誉为中国的"马尔萨斯"。

洪亮吉虽然学问大，又专意研究经世致用之学，但因中进士时已经44岁，故走向仕途的时间比同龄人晚了很多。嘉庆二年（1797年），他奉旨在上书房行走，为曾皇孙奕纯课读。次年，朝廷在正大光明殿大考翰詹，这本来是一次例行的重要升迁机会，而洪亮吉所写的《征邪教疏》，慷慨千余言，直陈时事，毫无隐讳，一时"都下盛传""竞相传写，间有失真者"，他的好友"恐又成伪稿之事，百计为购而焚之"。[6]阅卷大臣认为洪亮吉写得太直，将他列为三等三名。

洪亮吉写了什么，竟然担心孙嘉淦那样的"伪稿案"发生？洪亮吉开篇就提出，干戈大起的白莲教反清，是"地方官挟制百端""派及数省，赋外加赋，横求无艺"的结果，在正文中他还敢于说"今日州县之恶，百倍于十年二十年以前，上敢朦天子之法，下敢竭百姓之资"，具体论述"今日州县，其罪有三"，"然此实不止州县，封疆之大吏、统率之将弁皆公然行之"。[7] 洪亮吉曾经出任过贵州学政，他的语言虽然激切，却是经过调查得来。

这次翰詹大考，洪亮吉的据实言事，虽然让他躲过"伪稿案"那样的横祸，但也让他付出了沉重的代价，因为考三等就不能升官，这对于年逾半百的洪亮吉而言，仕途的路已然看不到前途。为此，他以弟弟霭吉去世为由，陈请辞归。不久，太上皇帝乾隆去世，洪亮吉赴北京哭灵。

嘉庆帝下诏求言之时，洪亮吉正奉命编撰《高宗实录》第一分册，这是记载乾隆帝初年事迹的编年体官方史书，他为此阅读了大量宫廷原始档案，掌握了他人所不知的文献掌故乃至宫廷秘闻。他为乾隆初年的新政大为悦服，且素有抱负天下安危的士大夫情怀，又逢嘉庆帝"诏求直言极谏之士"，洪亮吉那颗忠孝仁义之心被激活，他以"不可辜天子恩"，决定上书。而以洪亮吉的身份，直接封章上书是有些唐突的，本朝拥有密奏权的历来就只有各部院长官、各省督抚一级的官员以及少数道府人员。虽然皇帝允许言事者密折上奏，而翰林院编修、检讨"例不奏事"。洪亮吉"又虑其不可以径达也"，为此，自闻诏后，累月不知寝食，有一天，愤然道"吾宁谔谔而死，不能默默而生"，乃反复极陈时事。他于嘉庆四年（1799年）八月，极其慎重地将自己洋洋六千言的言事书装成三函，一函寄成亲王永瑆，一函寄吏部尚书朱珪，一函寄都察院左都御史刘权之，希望能代为呈递。他以为，朱珪是他的座主，刘权之是都察院长官，这二人于公于私，都应代为呈递。他没能想到，是呈递成亲王的那份呈达御前，而这份言事书，却惹恼了嘉庆帝，给洪亮吉带来了横祸。

嘉庆帝极其愤怒地谕示内阁，指斥洪亮吉"以小臣妄测高深，意存轩轾，狂谬已极"，书中所列各款，皆出自臆度，并且以无稽之言，向各处投札，不按程序上呈，不知是何居心？！命将洪亮吉革职，交军机大臣会同刑部审讯。[8]

洪亮吉"长身，火色，性超迈，歌呼饮酒怡怡然。……而论当世大事，则目直视，颈皆发赤，以气加人，人不能堪"。[9]事实上，洪亮吉上书中，满篇皆是为皇帝出谋划策，并且是切中时弊之言。书中称当今之朝政"励精图治，当一法祖宗初政之勤，而尚未尽法也；用人行政，当一改权臣当国之际，而尚未尽改也；风俗则日趋卑下，赏罚则仍不严明，言路则似通未通，吏治则欲肃未肃"[10]，并且一一道出了解决问题之良策。这本该是嘉庆帝求之不得的肺腑之言。然而此时，在下诏求言的半年后，嘉庆帝已经失去了闻过则喜从谏如流的雅量，洪亮吉对朝政的品评，令皇帝如芒在背。况且洪氏书中确实有着言辞不实之处，称"自三四月以来，视朝稍晏，窃恐退朝之后，俳优近习之人，荧惑圣听者不少"[11]，无疑是在指责嘉庆帝不够勤奋。这当然是冤枉了每日里按时视朝、批阅章奏的嘉庆帝。因而嘉庆帝的恼怒便可想而知。

经军机大臣会同刑部审讯后，洪亮吉被以大不敬律处以斩决。此时,"中外惶惑,谓亮吉祸且不测"。内阁中书赵怀玉,是亮吉的同乡,在关押亮吉的狱中与之以酒相别,赵怀玉滴酒不能下咽,欲言而复止者再。亮吉察觉有异,问道:"何哉?君乃作此面目向人,岂有所言耶,何嗫嚅也?"怀玉不敢作答,良久,哽咽而出声说,"闻有旨"。亮吉方伏案朵颐,闻言昂首道:"我知之,斩立决耳。"以怀玉之字曰:"味辛,吾乃今日知死耶,君何为然也!"颜色不乱,饮食如常。当此之时,监视者在牢门外把守,行刑者已经上路了。如果皇帝照刑部等所拟,只要"钦此"二字,洪亮吉就没命了。关键时,朱珪入见,免冠顿首曰:"亮吉小臣,妄发,罪死不赦,然亦愚忠人也,固当容之。"嘉庆帝说:"朕亦极知亮吉无它肠,然憨甚,亦不可不示薄惩。"[12]当天,嘉庆帝斥责洪亮吉"平日耽酒狂纵,放荡礼法之外,儒风士品,扫地无余"后,将洪亮吉发往伊犁,交与将军保宁严行管束。[13]据说,嘉庆帝的谕旨中还有洪亮吉到配所后"不准作诗不准饮酒"的规定。

从下诏广求直言,到惩罚逆耳忠言的言事者,嘉庆帝这一系列的变化都发生在短短的半年之中。这颇让朝臣们感到有些摸不着头脑,而这些变化之于嘉庆帝则都是因时因事而发,一气呵成,顺理成章。实际上,嘉庆帝忽冷忽热的态度,并非其观念的改变,而恰恰源自他对于言官使命的一贯看法。尽管他公开著文申明言官不但要纠举坏法乱纪之事,还应当时刻匡正君主的失德之处,但他显然更注重前者,而对后者则缺乏足够的心理准备和承受能力。洪亮吉的上书则恰恰满篇都是对于朝政失当之处的指责,并非具体弹劾某个贪官污吏,这正是嘉庆帝不想听、不愿听也听不进的。

洪亮吉以一片热诚之心，被劈头浇来一盆冰水，其痛心疾首、无可奈何的心情可想而知。他平时喜交游，快意诗酒，没有积攒下什么钱，而发配数千里外之大西北，沿途费用成了大问题。户部主事成格，是满族人，非常贫困，与亮吉素昧平生，但听说他没有资用，感其忠义，把自家房屋抵押三百两银子，全部馈赠给亮吉，乃就道。从京城出发时，居民闻其经过，圜观而拜于马前，相互叹息道："此所谓不怕死官洪翰林也！"纷纷向亮吉送酒馔；得知洪亮吉已就寝，在他下榻的窗外堆叠如肆。[14]

洪亮吉于嘉庆五年（1800年）二月初十到达惠远城，次日就去参见将军。或许洪亮吉没有给将军保宁留下好印象，因而保宁向嘉庆帝密奏表示："该员如蹈故辙，即一面正法，一面入奏。"嘉庆帝朱批道："此等迂腐之人，不必与之计较。"洪亮吉这才留下一条性命。洪亮吉果真不畏惧，他到了伊犁就开始写诗，什么"平生每厌尘寰窄，天外如今一举头"，表示他绝不低头。

发遣的官员通常被称为"废员"，而在发遣伊犁的"废员"中，洪亮吉无疑是幸运的，因为他到戍地不足百天，就"皇恩"降临，被释放回原籍。因为嘉庆帝很快发现，自从发遣洪亮吉以后，没有人敢于讲真话了，如此下去他倡导的作为新政主要焦点的开放言路，岂非成为朝令夕改的政策笑话！时京师久旱，嘉庆帝先是祈雨不灵，又命清狱囚、释久戍，[15]天仍不雨。闰四月的一天，嘉庆帝给内阁明发谕旨，表示：

从来听言为郅治之本。拒谏实失德之大。朕从不

终章　天下艰难谁共肩

敢自作聪明，饰非文过。采择群言，折中而用，兼听并观。惟求一是而已。……然自此（发遣洪亮吉）以后，言事者日见其少，即有言者，皆论官吏之常事，而于君德民隐休戚相关之实，绝无言者。岂非因洪亮吉获咎，钳口结舌，不敢复言？以致朕不闻过，下情仍壅，为害甚巨。洪亮吉所论，实足启沃朕心，故置诸座右，时常观览。……今特有旨宣谕王大臣，并洪亮吉原书，**使内外诸臣，知朕非拒谏饰非之主，为可与言之君，诸臣幸遇可与言之君而不与之言，大失致君之道，负朕求治之苦心矣**。[16]

命军机大臣即传谕署伊犁将军、大学士保宁，将洪亮吉释放回籍，不准出境。洪亮吉自离开伊犁，心境完全变了。"预知前路应长往，从此余年号更生。"返回家乡常州后，他真的改号更生居士，把在家乡修建的宅第取名"更生斋"，此后的诗文集也取名"更生斋集"。洪亮吉人生态度的一百八十度转弯，似乎说明嘉庆帝的"求言"之策，仍以失败告终。洪亮吉在家乡十年间，潜心于古籍考订校注的同时，尽管对国家前途命运充满关心，特别是嘉庆十二年（1807年）常州大旱，百姓食草根树皮为生，一个人的"售价"，竟然不值一石谷，历代王朝的败象早已显现，但他只能在诗文里写下"人价低，谷价昂"之类哀民生之艰的文字，未向朝廷再建一言。嘉庆十四年，洪亮吉去世，卒年64岁。

洪亮吉直言被黜，给言官们的震动是巨大的。刚刚喧嚣起来的言路一下子又归于沉寂。言官们信守"多一事不如少一事"的原则，几乎没有什么人在尽讽谏劝诫、风宪纠举之责了。洪亮吉去世的当年正月，广兴以钦差大臣前往山东、河南等地查案贪赃事发，而从中央到地方的官员以及言官，竟无一人出面弹劾。这令嘉庆帝倍感愤怒与痛心，于是下令逐一查取籍隶两省言官职名，将有关各员一律降二级留用。随后，嘉庆帝还亲撰《谏臣诫》，劝诫言官们"效学朱云、魏徵之劲节，立志公正，不畏权要，见坏法乱纪之事，直进弹章"，"洗心涤虑，常存以言事君之诚，尽摒取巧谋利之伪，作天子之耳目，为朝廷之腹心"。[17]

然而，惩罚与劝诫都难以扭转言官噤若寒蝉的局面了。有识之士们已被皇帝的所作所为寒透了心。在短短的半年之中，嘉庆帝从下诏求言到治之以罪，这无论如何也摆脱不掉"诱之言而陷之罪"的嫌疑。嘉庆帝一再告诫言官们要置祸福于度外，摈弃私心杂见，当言则言，言必有中。然而"当与不当""中与不中"却全在皇帝一人的意念之间。言官们凭着一腔热忱，自认为"当"与"中"者，却常常遭到嘉庆帝的全盘否定与追究。连嘉庆帝都不得不承认是出自忠心言事的洪亮吉，也没能逃脱罢官免职的命运。嘉庆帝完全失去了"言者无罪、闻者足戒"的雅量。言官们已无法甚至不敢断定欲谏之言是否适当、是否符合实际了。因而，洪亮吉事件后，痛心疾首的有识之士们，宁愿得失职之罪，也轻易不肯再建一言了。

尾注

1 《清仁宗御制诗余集》卷5，《刘洎谏太宗诘难群臣》。
2 《清仁宗实录》卷37，第340页。
3 《清仁宗实录》卷40，第480页。
4 《清仁宗实录》卷46，第567页。
5 《清仁宗实录》卷46，第567—568页。
6 刘德权点校《洪亮吉集》第2册，中华书局2001年，第938页。
7 刘德权点校《洪亮吉集》第1册，中华书局2001年，第206—207页。
8 《清仁宗实录》卷50，第640—641页。
9 《碑传集》卷51《前翰林院编修洪君遗事述》，第4册，中华书局1993年，第1453页。
10 《清史稿》卷356《洪亮吉传》。
11 《清史稿》卷356《洪亮吉传》。
12 《碑传集》卷51《洪稚存先生传》，第4册，中华书局1993年，第1451页。
13 《清仁宗实录》卷50，第641—642页。
14 《碑传集》卷51《洪稚存先生传》，第4册，中华书局1993年，第1451—1452页。
15 《清史稿》卷356《洪亮吉传》。
16 《清仁宗实录》卷65，第367页。
17 《清仁宗御制文余集》下卷《谏臣论》。

二、理学、汉学与士风推移

自宋朝以来，中国传统文化中的保守主义日居上风，程朱理学被奉为正统的官方哲学。明代中叶，社会矛盾逐步升级，统治者有自顾不暇之虞，这一阵营中的一部分人分化出去，从反省理学开始，清理思想中的僵化、保守成分。按儒家"三不朽"原则，德、功、言三者都取得相当成就的王阳明便是这样一个人物。"王学"便是以他的名字命名。王学是对程朱理学的反动。因为宋元以来盛极一时的程朱理学已经走到末路穷途，显现出诸多先天的不足。据说王阳明早年也曾研习程朱学派，他坐在竹子之前，按照朱子的方法格物，非但没能"致知"，反倒"格"出了病来，于是他便一反传统，创造出"心学"一派来。

"心学"不赞同程朱学派的"格物致知"，认为天理、良知原本就在人心之中，根本不需要从外界的事物中获得。从字面上理解，"格物致知"应当是一个相当科学的、严谨的治学方法，它要求人们充分地观察、研究自然界乃至人类社会的各种事物。但事实恰恰相反，因为在程朱那里，一切结论早已存在于观察之先

（孔、孟之说），那么，人们为致知而做出的种种努力，似乎都显得不大必要了。因此，风行一时的"格物致知"并没能促进中国科学事业的发展，反而使人们陷入了烦琐哲学的境地。

世界上任何事物都无法逃脱盛极而衰的规律。当程朱理学建立起足够的权威后，它便失去了向前发展的动力，不可避免地呈现出僵化的态势。程朱的一切主张都被发展成绝对的教条，"存天理、灭人欲"成了禁欲主义的代名词。人臣死了国君，就只能以死报国；妻子死了丈夫，也必定要殉葬以示节烈。人们生活在一种自我封闭的极度专制的氛围之内，已经丧失了宝贵的创造力了。

正因如此，南宋陆九渊的心学"未百年其说已泯然无闻"，[1]而明朝王阳明登高一呼便得八方回应。这当然与明中叶以后政治、经济、文化等诸多方面的因素有关。不过，王阳明的心学却并不比朱熹的学派高明多少，王阳明以主观唯心主义代替客观唯心主义，虽然在一定程度上解决了程朱学派僵化教条的弊病，却给自己添了不小的麻烦：由于主张天理良知存在于人们心中，人们可以完全不顾客观的相沿成习的道德标准，任由己心为真理。结果自然可想而知，一千个观众就有一千个哈姆雷特，由于各人背景与性格的不同，各种与正统理学相悖的"异端邪说"便如雨后春笋般地涌现。这对于封建统治当然是个严重的威胁。

晚明时期，王阳明的心学已经被发展成为具有革命性和煽动性的危险思想，激进的心学家怀疑传统解释的权威性，追求他们自己也说不清楚的"心灵解放"，这种知识分子内部出现的异端派别共同构成明代社会危机的一部分。[2]因而许多人把明朝的覆亡归咎于王阳明的心学以及王门后学,被清廷誉为"本朝理学儒臣第一"的康熙时名儒陆陇其在详尽阐释汉唐以来特别是晚明学术之弊后,得出结论称:"愚以为明之天下,不亡于寇盗,不亡于朋党,而亡于学术。学术之坏,所以酿成寇盗、朋党之祸也。"[3]

然而,尽管清初陆王心学被猛烈抨击,但是仍有不少王阳明的信徒凭着良心而行动,因而在统治者的摧残与打击之下,仍然涌现出屡战屡败、屡败屡战的言官来。由于信奉心学,完全不在意客观现实,面对种种灾难,他们往往处之泰然。心学给了他们一往无前的勇气和力量。谢济世明知朝廷崇尚程朱,却宣称自己的《大学注》不遵程朱,另辟蹊径。这当然不能为统治者所容。因此,清帝积百年之力,"戮其能忧心、能愤心、能思虑心、能作为心、能有廉耻心、能无渣滓心"[4],全方位地规范与调教士大夫们。在统治者以及知识界上下一致的声讨中,盛极一时的陆王心学终于彻底败落了。

尽管王阳明的心学高举起了反对程朱理学的大旗。但是,从本质上说,王阳明不过是五十步笑百步。无论是程朱还是陆王,都是宋明理学的一个分支,都将孔孟之道奉为真理,只不过两者获知真理的途径不同。程朱主张接触、观察并研究客观事物,而陆王则认为真理本存于心,无须"从册子上钻研,名物上考索,形迹上比拟"[5]。心学并没能找到医治程朱理学僵化病的灵丹妙药,它强调"自省",强调"破心中贼",认为人人都有足够的道德控制力以形成他们自己的道德权威。这想法显然过于片面和天真。大千世界中的人们形形色色,想依靠他们的自觉来维持一个有序的社会谈何容易。故而,尽管王阳明同样拥有一颗忠于封建统治的拳拳之心，却事与愿违，由他的心学衍生出了无数颇具反叛精神的学派来，从泛神主义、浪漫主义到个人主义、自由主义、实用主义，乃至无政府主义。这种过了头的创造精神显然不符合封建统治者的需求。

有感于明清嬗变时期思想界、学术界的异常混乱，人们对心学的深恶痛绝已经成为不可逆转的潮流。自然，道学家们重又回归到了清教徒式的程朱理学中去了。对于刚刚夺取天下，急于巩固政权的清朝统治者来说，迅速地将人们的思想统一起来，是当务之急。在这一点上，程朱学派自然比陆王心学优越得多。虽然程朱学派未免有僵化之嫌，却有着种种诸如忠孝节义等明了并且客观的道德法则供人们遵守，这总比心学那虚无缥缈的道德自省要易于操作。因而，很快，满族统治者便加入了宣扬汉民族传统文化的行列中，并对程朱学派东山再起以及陆王心学的彻底败落发挥了关键性的作用。

从更广阔的背景来看，程朱学派的重新崛起是当时政治、经济、文化等因素综合作用的结果。很多历史学家都认为，满族能够以异族的身份入主中原，是应了时势之需。明末那场深刻的社会危机被以改朝换代的方式解决了，而程朱学派的生存与发展，正是以这种传统的、欠发达的自然经济为背景的。因而，当社会重又回到这种状态时，程朱学派就又有了辉煌的可能。

康熙皇帝对于程朱理学尤为尊崇，人称"理学皇帝"。他认为，汉代以来，儒者世出，对于经书多般讲解，却是愈解愈难解，[6]唯有宋儒朱子所注之书"皆明白精确，归于大中至正，经今五百余年，学者无敢疵议"。因而他认为"孔孟之后，有俾斯文者，朱子之功，最为宏矩"。[7]于是，他把朱熹从孔庙两庑的先贤中抬出，放在大成殿四配十哲之次，正式奉为第十一哲。

平日里，康熙皇帝经常与朝臣们研讨理学，大批信奉程朱的理学名臣，如李光地、魏裔介、熊赐履、汤斌、张伯行等都被委以重任，位极人臣。他还命令儒臣重新补订永乐时编的《性理大全》，并亲自作序，希望臣民通过学习理学，体会帝王行政施善的苦心，从而保持长久稳定的统治局面。而后，他又令人编修了《朱子全书》《性理精义》等理学名著，推荐给天下儒生学习。

在康熙皇帝的大力倡导下，程朱理学逐步成为清代正统的官方思想，朱熹所注"四书"成为清代科举考试的必考内容和标准答案，社会上甚至形成了"非朱子之传义不敢言，非朱子之家礼不敢行"[8]的风气。

然而，表面上的盛极一时并不能说明理论上的完美无缺。程朱理学的缺陷不可能因为官方的强力提倡而消失。对此，康熙帝似乎是明了的。因为，在他的言行之中，并没有完全拘泥于古训，而是有自己的独到见解。

多年以来，人们所面对的是程朱理学那亘古不变的道德标准。这些标准是从圣贤孔子那里继承而来的，它产生于上千年前那诸侯割据、小国寡民的社会。作为人们生活所遵循的笼而统之的原则，道德的标准可以具有一定的稳定性；而将这些标准完全付诸实践，就应当随着时代与环境的变化做适当的变通了。比如，孔子说"父母在，不远游"，可是历朝历代的学子似乎并没有多少人恪守古训，随着科举制度的完善与发展，并没有哪位父母会阻止进京赶考的儿子以及远在他乡任职的子孙们。然而这种可喜的变化毕竟只是细枝末节，可怕的是，大量的、过于僵化的、肤浅的道德标准，被理学家们固守，成为政府的施政方针以及个人行动的准则。尽管社会已经大大地向前发展了。但人们始终以四书所确定的道德规范去处理一切。这当然只能使社会越来越缺乏生机和活力。

许多事情因此而走入了极端。例如，理学家强调妇女要保持贞操，主张一女不事二夫，因而对于夫死妇殉者总是大加旌表。在清代，由于他们的提倡，社会上夫死妇殉之风甚盛，屡禁不止。康熙帝并不赞同这种做法，他"见京城及各省从死者尚多"，便下令："嗣后夫殁从死旌表之例，应行停止。自王以下以及小民妇人，从死亦应永行严禁。"[9]

康熙极讨厌当时理学家坐而论道、空谈废业的作风。他主张学用一致、知行统一，认为知与行相比，"行"更重要，只有躬行实践才有益于所学。他相信天命、天理，经常向上天求雨祈福，但并非完全墨守成规。当蝗虫肆虐，理学家们认为这是天命，不可捕杀，应当听其自去，康熙斥之为无知之言，下令捕蝗弭灾。他甚至认为国家的兴废并非天命决定，而取决于人。这些都与正统的程朱理学有一定区别。因而，当时有位朝鲜学者说，康熙尊崇程朱，并非其心信服，而不过是权宜之计，想利用理学"以箝天下之口，以避狄夷之称而已"。[10]

然而不管怎样，有清一代，程朱理学的兴盛在康熙一朝却是达到了顶峰。经过清初进步思想家的批判，程朱理学已经走过了全盛时期，无法重整旗鼓、再造辉煌了。到了乾隆时期，弘历已经明显背离了乃祖的主张。他一反康熙时期尊崇程朱理学的做法，多次指责理学空疏、好名、朋党等陋习，并且厉禁讲学，丑化和攻击道学先生。这与乾隆帝平日里尊重、效法祖父的惯常做法相去甚远。

乾隆帝对于祖父的感情是相当深厚的，这是一种夹杂着感激的血肉之情。正是祖父的格外恩宠，在一定程度上促成了弘历的承继大统。这在雍正皇帝的遗诏中也有所体现。因而当雍正帝驾崩后，弘历阅读遗诏至此禁不住涕泪涟涟。[11]仅仅是因为圣祖康熙一生南巡六次，乾隆帝便压抑住自己对江南文化的无限眷恋，六下江南后便不再南巡；而因为圣祖康熙在位六十年，乾隆帝便不敢僭越，在坐足了六十年江山之后让位给儿子颙琰。因而在理学问题上，乾隆帝能够不完全拘泥于祖父的旧规，这在一定程度上也反映了程朱理学在当时的败落：那些道学先生的作为一定是顽固不化得令乾隆皇帝忍无可忍了，以至于弘历已顾不上孝道，公开与祖父唱起了反调。

这以后，理学再没有第一流的思想家、学问家，再没有新的创造，正像章太炎所说："清世理学之言竭而无余华。"[12]程朱理学在清代发展的轨迹当然与祖孙二皇帝的好恶有关，但这并不是最重要的原因。重要的是程朱理学已经丧失了它赖以存续的背景和内在的活力。这是任何人都无力改变的。

正当程朱理学被日渐冷落之时，一个力图摆脱理学并带有强烈的复古色彩的新的学派——汉学，在悄悄地兴起。到了乾嘉时期，汉学已成了思想的主流。

汉学的得名源自其思想主张。该学派完全抛开魏晋以后的经说，回归到汉代以前去，独尊和固守汉儒的说经。在他们看来，魏晋以后的学术已被人们严重地扭曲，失却了原本的熠熠风采。尤其是宋代的程朱理学，连经书中的文字句读、名物典制都没有搞清楚，就妄加揣度阐释，甚至将伪古文《尚书》奉为神圣的经典，其学说就更是难以令人信服了，而汉代去古未远，遗说尚存，要寻求古代经籍的本来面目，只有追根溯源，从汉儒的说经入手，除此之外，别无他途。

事实上，"汉学"一词并不能完全概括这一学派的治学态度和治学方法。汉儒的说经不过是被汉学家们认定为权威的读本，而是不是汉学并不是最重要的事情。倘若他们发现唐代有比汉代更完整更原始的经说，他们一定会弃汉从唐，称自己的学派为"唐学"的。问题的关键在于，该学派是要从数百年来程朱理学的禁锢中挣脱出来，力图还古代经籍以本来面目，探寻先哲们思想的真正含义。魏晋以来，人们对于古文字已经知之甚少，经常妄加臆断、牵强附会，甚至随意将古字换成俗字，使得古代典籍已经面目全非。因此，汉学家们极力主张从声音、训诂、校勘、考据的基本功入手，来整理古代文献。这种严谨的治学方法，才是汉学一派最根本的特色。

乾嘉年间是汉学最为鼎盛的时期。当时，思想界、学术界一改宋明以来空谈心性、废书不观的习气，强调读书，重视实证，考据学、训诂学、音韵学、校勘学等因之得到了空前的发展，并出现了一大批著名的古文经学大师，如皖派的戴震、段玉裁、王念孙、王引之，吴派的惠栋、钱大昕、王鸣盛、洪亮吉，等等，形成了"家家许郑，人人贾马，汉学烂然如日中天"[13]的景象。

汉学的盛行，原因相当复杂。显然，程朱理学的日趋没落以及明朝中叶以来知识界对程朱理学的批判，给汉学的兴起提供了可能。清朝初年由著名思想家黄宗羲、王夫之、顾炎武所提倡的开放、务实和反对空谈的思潮，是汉学之源。乾嘉之际，天下承平日久，经济逐渐恢复，满汉之间的民族矛盾渐渐缓和，安定而富裕的社会状况为学术研究的发展提供了良好条件，而雍、乾时期文字狱的大兴无疑对纯学术的发展起到了间接的刺激作用。文网的苛密，使得知识分子不敢议政，不敢治史，唯恐言之有失，只得钻到故纸堆中，研究年代久远的经说典籍。这也是不得已而为之的事情。

对于汉学，乾隆采取了优容扶持的态度。当时程朱理学的备受冷落已经是无以改变的事实了。既然汉学远离政治，对清朝的基业有百利而无一害，既然汉学已被许多士人推崇，那么乾隆帝何不顺水推舟、锦上添花呢？事实上，正是乾隆有意促成了学术界风气的这一变化。他肯定汉学的治学方法是"有所发明"，"有裨实用"，诏举"潜心经学"之士，命呈览著述，召对勤政殿，并且大规模地组织学者校勘十三经、二十一史，甚至聚集天下之英才编纂鸿篇巨制《四库全书》。这部完全在汉学精神的指导之下由大批汉学家精心纂修的巨型丛书，实际上是汉学兴盛的重要标志，而汉学的兴盛也的确为乾隆大帝的文治武功增添了浓重的一笔。

清代的思想界、学术界，由批判程朱理学而回归到古老的汉学中去，这是个十分自然的过程和结果。有大量的事实表明，人类对现实的不满往往会引发强烈的怀旧情绪。人们总是难以摆脱对传统的依恋和追寻，与创新相比，复古总要容易得多。因而，古今中外，当现实中人们的思想被严重禁锢之时，人们首先想到的是找回传统，清代的汉学如此，欧洲的文艺复兴也是如此。但是汉学的盛行与文艺复兴的差异还是很大的。这场以探究儒家思想的原本含义为目的的思想运动，很快就变了味道，对历史典籍的考据、诠释等手段在不知不觉中达成了目的。它的反对空谈、注重实证的学风，很快便陷入了泥古、拘守烦琐的境地，反而扼杀了知识分子的创造力。

从思想解放的意义上讲，汉学远不及陆王心学先进。它过于保守封闭，是对现实的逃避。这种舍本逐末的思想与作风，根本无法解决现实中的问题。事实上，无论是汉学、心学还是程朱理学都没能跳出传统儒学的范畴，而在明清时期，社会的进步、经济的发展，正使得儒学所倡导的治理国家、统治人民的方法逐渐失去生命力。清初程朱理学得以复兴以及汉学的兴起，并不是儒学本身焕发了青春，而是当时的政治、经济、文化的状况较之明末倒退了的结果。

用发展的眼光看，满族以武力遏制了明末的社会危机并御宇天下，对整个中华民族（当然包括满族）是不是一件幸事颇值得研讨。众所周知，15、16世纪，尽管中国（明朝）与西欧国家社会生产和技术水平大体相当，但是在发展速度和趋势上，西欧已明显占有优势。此后的二三百年，正是双方发展的关键时期。然而，恰恰此时，中国的王朝更迭了。

正当西方高举人文主义大旗，为近代资本主义发展开辟道路之时，中国人却在为巩固皇权或反对异族统治耗费了几乎全部的精力。在很长一段时间里，辫子等成了人们生活中的重要问题。

而后，当统治者与被统治者相互认同，汉民族便顺理成章地向相对落后的满族展示并且传授那些本已落后的文明，清王朝仍然固守着那重本抑末、闭关锁国的"治国良策"。而此时，西欧国家的工商业已经迅猛地发展了，不但有了坚船利炮，还有了相对民主的政治制度。

我们当然不能过多地责备清朝统治者。对于他们来说，汉民族几千年灿烂的文明已经足以使他们目眩了。由边陲落后的地区性小国的首领一跃成为泱泱大国的君主，其志得意满之情可想而知。即便满族没能入主中原，汉族统治者能否摆脱根深蒂固的儒家传统思想的束缚，来一场彻底的改革，也要画一个大大的问号。

一切事物都有两重性。中国的悲哀在于，曾为中华几千年文明奇迹做出贡献的儒家学说，同时也是一种扼杀个性的保守主义思想体系。它是农业国家的产物，当社会发展到需要大规模的工商业时，它却很难衍生出刺激工商业发展的动力来。而在清朝的初期、中叶，当国家拖着疲惫已极的躯体，日渐丧失活力时，当它的周围还没有哪一个国家发达到足以作为示范，足以威胁清朝的生存时，在封闭的、没有外来先进文明介入的状态下，清朝知识分子对宋明理学的批判，也只能回复到汉学中去了。

然而，汉学所赖以存在的政治安定、经济繁荣的"康乾盛世"并没有持续太久，18世纪后期清王朝已是由盛转衰，危机四伏了。面对国内此起彼伏的农民起义，以及国外列强的侵略，尚古的汉学显然缺乏应付的能力。因而，尽管汉学在整理和挽救中国古代文化遗产方面做出了卓越的贡献，却由于无法提供一个系统的分析和研究事物发展规律的思想体系，不可避免地被人们抛弃。

嘉道之际，知识界对汉学的反思与批判已经蔚然成风。士人学子们以往"两耳不闻窗外事，一心只读圣贤书"的风气大为改观，文人士大夫已忘掉禁忌，从故纸堆中觉醒过来，大谈起学术政治等现实问题来了。自然地，他们当中的一部分人如曾国藩，会重新拾起程朱理学，试图以维护纲常伦理，来恢复封建的统治秩序；而另一部分人则转向中断了一千多年的今文经学。

今文经学是相对于古文经学而言的，二者都是传习儒学经典的学派。所谓古文经，是指秦代焚书以前，用六国古文字写成的经书，为防止被秦始皇焚毁，当时的儒生们把经书藏在了墙壁中，到了西汉才被发现；而今文经则是指西汉儒生们用当时的通行文字——隶书写成的经书。今古经文在篇章、字句、内容以及对经书的诠释评价方面都有所不同，逐渐形成了今文经学和古文经学两个学派。乾嘉汉学所崇尚的实际上是古文经学，侧重名物训诂，注重研究经籍的篇章文字；而今文经学则讲究探索经学的微言大义，每每援经议政，强调历史是变化的、发展的，这便为改革提供了理论基础。

今文经学的兴起对清代学术界的影响相当巨大。著名的思想家龚自珍、魏源能够提出经世致用、匡时救国的主张，与他们研习今文经学有着相当密切的关系，他们都对今文经学十分推崇。龚自珍还曾作诗表达他对今文经学家宋翔凤的崇敬：

万人丛中一握手，使我衣袖三年香。[14]

实际上，龚自珍一生的思想始终散发着今文经学的芳香。

尾注

1 《宋元学案》卷58。
2 参见刘再复、林岗《传统与中国人》，生活·读书·新知三联书店1988年，第50页。
3 陆陇其《三鱼堂文集》卷2，中国书店出版社2020年，第19页。
4 龚自珍《乙丙之际箸议第九》，载《龚自珍全集》，上海人民出版社1975年，第6—7页。
5 王守仁《传习录》上。
6 《康熙政要》卷16，第21页。
7 《东华录》，康熙五十一年二月。
8 朱彝尊《曝书亭集》。
9 《康熙起居注》第3册，第1773页。
10 参见万依、王树卿、刘潞著《清代宫廷史》，辽宁人民出版社1990年，第124页。
11 参见郭成康等《乾隆皇帝全传》，学苑出版社1994年，第72页。
12 章太炎《訄书·清儒第十二》。
13 梁启超《清代学术概论》，指许慎、郑玄、贾逵、马融，他们都是东汉经学家。
14 龚自珍《投宋于庭》，载《龚自珍全集》，上海人民出版社1975年，第462页。

三、最后的大臣

道光皇帝在位三十年，而这三十年恰恰是清朝明显走向衰落的三十年。其原因也可以从他对待言官的态度上来观察。史称道光皇帝最节俭，"衣非三浣弗易，宫中用款岁不逾二十万，内务府堂司各官，皆贫困欲死，其俭德实三代后第一人，汉之文帝、宋之仁宗，莫能及也。然而三十年中，吏治日偷，民生日困，势穷事极，酿成兵祸，外扰海疆，内兴诸寇，遂以开千古未有之变局"。对于统领数亿人口、疆域辽阔、民族众多的偌大国家而言，毕竟皇帝个人的"俭德"显得苍白无力。那么，究竟是何种缘由造成如此反差呢？晚清曾在宫廷供职的内阁学士文廷式给出答案："夫以宣庙（宣宗道光）之圣明，何至不知吏治之偷、民生之困？所以然者，由言路之壅塞致之。而言路所由壅塞，则皆歙县一人之力耳。"[1]把一个人的作为与国运相联系，虽然是惯常的思维、叙述，而在帝制时代人治背景下，又大多如此。歙县指曹振镛，此公历仕乾隆、嘉庆、道光三朝，为官五十二年，出身背景颇不一般，是乾隆时户部尚书曹文埴的公子，他本人于乾隆四十六年（1781年）考中进士，在嘉庆朝官至大学士、尚书。嘉庆帝出巡，曾在京处理朝政三个月，故歙县民间至今仍有"宰相朝朝有，代君三月无"之谚。

真正让道光帝宠信曹振镛的是，嘉庆帝猝死避暑山庄，军机大臣草拟遗诏，末尾有"我皇考（指乾隆）即降生避暑山庄"之语，而翰林院编修刘凤诰知遗诏此处有误，告知曹振镛，曹振镛召对时向道光帝密陈，道光帝为此大怒，将军机大臣托津、戴均元等罢黜，升曹振镛为武英殿大学士、军机大臣，曹振镛首掌丝纶，取代了托津的位置，在"遗诏风波"中捞取了最大好处。[2]

乾隆帝诞生地事关其生母究竟是何人，攸关清朝帝系承袭、皇帝血胤，万万模糊不得。曹振镛在此关键大事上，向尚未正式登基的道光帝进言，由此奠定其在道光朝的位置。

曹振镛又是如何壅塞言路的呢？据转述文廷式的说法，道光帝"晚年颇倦勤，而一时言路，多好毛举细故，相率为浮滥冗琐之文以塞责"。道光帝最初还颇为耐心，时间越久越厌烦，想要惩戒一两个以警其余，但又担心如此一来言路阻隔，一时束手无策。曹振镛以汉大学士排在首位，入值军机处，有一天，道光帝向这位心腹说出他的苦衷，曹振镛造膝密陈，道："是无难，凡言官所上章疏，无问所言何事，但摘出一二破本疑误之字，交部察议，惩戒一二人，言者必骇服圣衷之周密，虽一二笔误犹不肯轻易放过，况其有关系之大者。嗣后自不敢妄逞笔锋，轻上封事矣。在上无拒谏之疑，而可以杜妄言者之口，计无便于此者。"道光帝闻言大喜，如其所言，不久就有明显效果，"言官相戒，以言事为厉禁，而科道两署七八十人，皆寒蝉仗马矣"。[3]

曹振镛于道光十五年（1835年）去世，享年81岁。道光帝亲临吊丧，下诏褒恤，赐谥文正，入祀贤良祠，可以称得上生荣死哀。此老的为官六字秘诀，即"多磕头少说话"更可谓精辟。清代《一剪梅》，大旨是讽刺曹振镛之辈的：

仕途钻刺要精工，京信常通，炭敬常丰。莫谈时事逞英雄，一味圆融，一味谦恭。

大臣经济在从容，莫显奇功，莫说精忠，万般人事要朦胧，驳也无庸，议也无庸。

八方无事岁岁丰，国运方隆，官运方通，大家襄赞要和衷，好也弥缝，歹也弥缝。

无灾无难到三公，妻受荣封，子荫郎中，流芳后世更无穷，不谥文忠，便谥文恭。

曹振镛多次主持会试，由此塑成的殿阁体文风更是清朝无人才的原因之一。葛虚存《清代名人轶事》称："若曹振镛则拘牵文义，挑剔细故，钳制天下人心，不得发舒，造成一不痛不痒之天下。洪杨猝发，几至亡国，则曹振镛之罪也。""当其得谥文正时，当世已有不文不正之谤，则振镛之罪恶可知也。""自曹振镛在枢府，挑剔破体帖字，不问之工拙，但作字齐整无破体者，即置上第，若犯一帖字，即失翰林。海内承风，殿体书直成泥塑，上习阙茸，厌厌无生气，皆曹振镛所造成也。"前引文廷式也说了大致相同的意思："嘉庆以前，殿廷考试，大臣奉派阅卷，皆先文辞而后书法，未有摘一二破体字而抑高文于劣等者。至歙县始用此术衡文，不但文辞之工拙在所不计，即书法之优劣亦不关重要，但通体圆整、无一点画讹错，即可登上第。"他解释原因说："盖当时承乾嘉考证学派之余波，士子为文皆以博奥典实为尚，歙县素不学，试卷稍古雅者辄不得其解，故深恶而痛绝之。后来主文衡者，乐其简易，相率效尤，于是文体颓而学术因之不振矣。道咸两朝功令文字，最为卑陋，皆歙县一人启之也。"[4]

把道光帝誉为"尧舜之君"，而把曹振镛等视为"共鲧之佐"[5]，不免皮相之论。在清朝的十二位帝王中，抛却幼君之外，道光帝可以说是最缺乏定力的皇帝。他即位伊始，也想有所振作，清陋规、整漕运、肃吏治、惩贪腐等，都是政治、社会积弊之要者，但不旋踵都付诸具文，且收回成命。这种毫无定力的做法，也体现在对外关系上。

鸦片战争无疑是中国步入近代以来，经历长达一个多世纪屈辱的标志性事件，而道光帝对战和毫无定见，又表现得淋漓尽致。林则徐虎门销烟后，积极备战，道光帝却派琦善代之为两广总督，待琦善与英人谈判后，又将琦善革职，查抄家产。《广州协定》甫签，道光帝以为大局已定，竟命广东、浙江等地裁撤从各地所调官兵，致使藩篱自毁，接踵而败，而林则徐的命运也随着道光帝战和不定的决策而飘忽不定，一会儿革职，一会儿赏四品卿衔。对道光帝这种左右摇摆的决策，最终发配林则徐以逶过的做法，军机大臣王鼎采取了死谏的方式，以示抗议。王鼎也成为最后的死谏大臣。

王鼎是陕西蒲城人，对于一个宦海生涯四十七年，任军机大臣十八载，出任内阁大学士八年的70多岁老翁，他何以要采取这

终章　天下艰难谁共肩　319

种决绝的方式,以换回道光帝对忠臣林则徐的发配呢?有一则流传甚广又颇为可信的说法是,当道光帝发配林则徐,且林公已匍匐就道时,恰逢黄河在祥符决口,王鼎本来对道光帝功罪不明的做法大为不平,故以林则徐曾任河道总督,治河是其强项为名,奏请襄办,也即将功折罪的机会,道光帝也好顺势给自己一个台阶下。大工即将合龙时,王鼎在河干大张宴席,而以林公居首座。酒过三巡,突然有圣旨到,传旨人说:皇上有谕,待合龙日开读谕旨。次日启旨,见圣旨是:"林则徐于合龙后,着仍遣往伊犁。"王鼎大骇,继之泪如雨下,而林则徐镇定自若,即日启行。河干送别,王鼎对道光帝极度失望,以病为由,奏请缓程回朝,实际是希望道光帝"天心"转意,不能让为国家效力尽忠者寒心,而让夷人藐视大清。林则徐反而安慰这位70多岁为国家操劳一生的老人,诗中有:

塞马未堪论得失,相公且莫涕滂沱。
元老忧时鬓已霜,吾衰亦感发苍苍。[6]

王鼎回到京城已是道光二十二年(1842年)三月的初春。皇帝不愿看到老臣的冷面孔,特意"赏假"二十天让王鼎冷却一下"感情"。快到假满时,道光帝又赏假一个月。到了四月二十五日,王鼎又届第二次销假,他穿上朝服,早早来到圆明园,在勤政殿不远处的一处庭院,等候皇帝的召见。这所庭院被称为军机处别院。道光帝是在午刻稍晚召见王鼎的,这位历尽宦海风波的75岁老人,操着一口浓烈的"秦音"与道光帝激烈争辩,话题还是林则徐，他力保林则徐数人，对道光帝发配林则徐哓哓置辩。道光帝显得颇不耐烦，对王鼎说："你的病还没有痊愈，可再调养数日，何必如此着急。"王鼎仍刺刺不休，"争之强"时，王鼎的拳拳忠君爱国之情被激发，他大骂和谈是误国，自此夷人视中国为软弱可欺。话到积愤不能自已，他竟扯住拂袖而去的皇帝的龙袍，不放手，说完了他想说的最后几句话："皇上不杀琦善，无以对天下；老臣知而不言，无以对先皇帝！"道光帝说："卿醉矣！"

我们无法确知王鼎当日是否真的饮了酒，而王鼎的"醉"方是最大的"醒"。他极度失落地回到自己的京城寓所，他已经没有什么遗憾了。当天晚上，道光帝在王鼎的请假折上朱批：卿务须安心调摄，着再赏假一月。

道光帝不再需要忠臣了，因为逆耳的忠臣反衬他这位忠奸不分的君王的昏庸。王鼎也不再需要"调摄"，他要以极端的形式来进行生命的告别，一次死谏。

是穆彰阿的死党陈孚恩发现王鼎自缢身亡的。王鼎身上还有一份几千言的遗疏，真实内容已经销毁，但大意仍是指斥奸臣误国，道光帝忠奸不分。而至今保存在档案中的遗疏是伪作。

　　　　伤心知己千行泪，洒向平沙大漠风。

这是林则徐《哭故相王文恪公》诗中的两句，[7]也是那个令人窒息而又悲哀的时代的写照。

尾注

1 李岳瑞《春冰室野乘》，重庆出版社1998年，第132页。作者记"此条闻诸文道希学士"，文道希，文廷式之字。
2 郭成康《乾隆皇帝生母及诞生地考》，《清史研究》2003年第4期。
3 李岳瑞《春冰室野乘》，重庆出版社1998年，第133页。
4 李岳瑞《春冰室野乘》，重庆出版社1998年，第133页。
5 李岳瑞《春冰室野乘》，重庆出版社1998年，第132页。
6 《林则徐全集》第6册，海峡文艺出版社2002年，第205页。
7 参见卜键《国之大臣：王鼎与嘉道两朝政治》，陕西人民出版社2015年，第492—516页。

四、为一代言官把脉

乾嘉时期桐城派散文家管同对明清两代政治上的较大差异做了一番具有典型意义的比较：

> 明之时大权专权，今则阁部、督抚率不过奉宣职业；明之时言官争竞，今则给事、御史皆不得大有论列；明之时士多讲学，今则聚徒结社者渺然无闻；明之时士持清议，今则一使事科举，而场屋策士之文及时政者皆不录。明俗弊矣，其初意则主于养士气，蓄人材；力举而尽变之，则于理不得其平，而更起他弊。何者？患常出于所防，而弊每生于所矫。[1]

管同所做的比较是合乎实际的，也是颇有见地的。他透过"清因明制"等普遍接受的表面现象，揭示这两个时代的巨大差异。这可以概括为两层意思。其一说明清代专制主义统治已强化到内外大臣仅仅"奉宣职业"的程度，言官监察职能弱化到不但不能对皇权有丝毫制约,甚至连国家重大政事也不得论列的地步。其二说明了明清两朝官僚在素质上的不同,引起两代官僚政治地位上的变化。

自宋代以来,中国封建专制主义从总趋势上看虽然不断强化,但制约皇权,欲将皇权行使纳入规范化、制度化的呼声也日渐高起。尤其是科举考试制度的完善,儒生官僚集团的崛起隐然已成为强大的相对独立的政治力量。唐以前勿论,就宋代而言,宰相权力虽然被分割,但它作为一个权力整体仍发挥重要作用,王瑞来进而认为,宋代是"相权强化,皇帝愈加象征化"。[2]宰相之职使皇帝在任免官员、诏令封驳、御旨须经宰相副署等方面受到很大限制。明人在《宋宰辅编年录序》中认为:"两汉虽有相臣,而朝政所在乃大将军耳。宋则大权在握,舒卷任意。""生杀黜陟,人主委心听之,此事权之重也。"[3]

唐宋以来着力解决的是宰相个人负责向集体负责转化,意在消除相权对皇权的威胁。并且,"华夏安否系于朝廷,朝廷轻重在于宰相"[4],"宰相之权尊,则公道始有所依而立也"[5]。这些思想已深入封建时代的政体建设中。相权不仅对于皇权,而且对于维系整个官僚体系乃至其功能的正常发挥,进而达到天下大治都是不可或缺的。

明代废除丞相制后,传统意义的君相制发生重大异化,君权的发展向非制度型的外延方向转化,宦官正是在这样一种背景下成为政治舞台上的重要力量的。正是从这种意义上,黄宗羲这位启蒙思想家才发出"有明之无善治自高皇帝罢丞相始也"这样的总结性概括的。然而,明代内阁权重,虽无宰相之名,却有宰相之实，对君权的制约仍相当起作用。当皇权欲越过封建统治者的整体利益和长远利益这条警戒线时，他们或拒不草诏，以死相抗；或集体辞职，破釜沉舟。这方面的事例举不胜举，代有多人。以至于有的学者认为，明代的中央政体实际上是一种虚君制，尽管对这种观点我们持保留态度，但明代内阁权力之大却是不争之实。[6]同时，明太祖朱元璋起自草莽，对言路壅塞有切肤之痛，故称帝后命天下军民，皆可言朝政利弊，并作为一代家法祖制恪守，还为此设立通政使司，而最初其衙署为"察言司"，其职能包括"通达下情""奏报四方臣民实封建言"等，载入《会典》。[7]就舆论开放而言，明代在中国古代历史上，堪称最宽松的时期。清代则不然，它在高扬君权、强化君权的同时，已把儒家传统政治结构打翻在地，臣子已完全匍匐在君主的面前，三拜九叩之余，只能称圣唯恐辞令不工了。他们是完完全全的奴仆，地地道道的走卒。雍正二年（1724年）的御制《朋党论》，在驳斥"君子有朋"的同时，把清初诸帝朦胧中的君臣关系做了明晰的理论界定："朕惟天尊地卑，而君臣之分定，为人臣者，义当惟知有君，惟知有君，则其情固结不可解，而能与君同好恶。"把人臣的最高标准界定为与君同好恶、同是非，其结果必然是从根本上取消士大夫的独立人格和气节。这种单向的君臣关系与士大夫心目中理想的君臣关系大相径庭，更看不到"君臣同体"的儒家理想型政治的蛛丝马迹了。我们在前文中论及的雍正之所以坚决支持出身旗员的能吏田文镜，而摧折科甲出身、珍惜臣节的李绂、谢济世、杨名时等，就是要用君权的神圣压碎原来也是神圣的臣节。郭成康教授指出：雍乾之交，传统士大夫所维护的价值观念与满族统治者的古老传统和历史意识的冲突已到了短兵相接的关头,一个君权彻底压碎臣节的时代开始了,尽管士大夫中的优秀分子为维护自己的独立思想、独立人格还在不屈不挠地苦斗着,但整个士大夫群体政治品节的堕落则大势已定,是很难逆转的。需加补充的是,满洲固有的强烈的主奴观念的确立过程,恰是儒家传统文化中少有的"臣节"这份遗产归进历史博物馆的过程,从宽泛意义上理解的汉族文化出现了一次"倒退"。或者可以说,儒家文化的"困境"并不始自洋枪洋炮横肆中国的近代,而始于那个既振奋也悲哀的"戮心"的盛世!

清代是中国封建社会史中肉体放逐最多的一个朝代(仅流放到东北的就有十五六万人之多),也是精神放逐、摧残人的思想最残酷的一个时代。雍正对理学名臣的迫害,乾隆厉禁讲学,丑化道学先生的种种行径,都在摧折士大夫以道自重,傲视王侯的精神支柱。正如鲁迅在《买〈小学大全〉记》中所说:"清朝虽然尊崇朱子,但止于'尊崇',却不许'学样',因为一学样,就要讲学,于是而有学说,于是而有门徒,于是而有门户,于是而有门户之争,这就足为'太平盛世'之累。况且以这样的'名儒'而作官,便不免以'名臣'自居,'妄自尊大'。"而乾隆帝所要的,"一律都是不好不坏,无所谓好坏的奴子"[8]。

本来,"士"这个阶层只有相对独立的人格和价值取向,自隋唐科举取士制度实行后,它是中国封建官僚最基本也是最广大的后备军。它的素质直接影响到官僚的素质。明代士的社会地位虽比唐宋有些变化乃至下降,但仍有培养气节的传统,而且知识界的"清议"在社会舆论中仍占有重要地位。更突出的是,明代的士或由士而官的人,大都关心时事,好发议论,在政治上比较活跃。尤其是明代后期,皇权一统的局面受到冲击,政治似乎在向多元的道路上缓缓而行。明代学校的预养士节,明代书院的自由讲学,明代言官的壮怀激越,明代朋党的门户歧见,无处不说明那个时代的人们——主要是知识分子享有诸多自由。

囿于成见,或者单纯从统治秩序的角度出发,清朝人尤其君主看不起明朝人,说他们空疏,不务实际,甚至把明朝的灭亡也归结到他们身上,这是不公平的。须知,在明朝二百七十六年的统治中,正是这种士的气节起了相当作用。乾隆说:明季士子分朋树党,"裁量人材,讽议时政,自古处士横议未有过于是者。……政体官方败坏极矣"。[9]

明代的科道官是一股阵容强大(一般在二百人左右)、在政治舞台上相当活跃的力量。科道官几乎可以介入朝中的每一件大事,阁臣乃至九五之尊的皇帝也惧怕这一群体。科道官在庞大的官僚体系上是一个平衡器;在繁杂的机器运行中,又是一张庞大的监控网。科道官不断地消除官僚系统中消极的力量,而为补充积极的力量忙碌不停。在明朝内忧外患接连不断的二百七十余年间,内有皇帝的昏庸无道,权臣、宦官的擅权乱政,外有蒙古骑兵屡次兵临城下及东南沿海的倭寇之患,尤其是人民的反抗斗争此伏彼起,连绵不断。但在前期一百五十余年间统治秩序始终未乱,中后期虽有几次危机而社稷不倾,这与监察机关作为封建官僚政治的"清洁剂",察举吏政、剔蠹除奸,缓和统治阶级内部矛盾及与人民大众的社会阶级矛盾,保证国家政令的推行是密不可分的。

明代近三个世纪间，特别是前期、中期，的确出现过许多优秀的监察官，他们继承传统士大夫的以气节相标榜，以操守相砥砺的古君子风范和可贵的"士气"，忠直敢言，铿锵谠论，持正执法，为维护封建统治的正常秩序，不惜身家性命，虽遭碎首分身而甘之如饴，塑造了一个个可歌可泣的光辉形象。洪武时御史韩宜可劾胡惟庸，天顺时御史张鹏劾石亨、曹吉祥，成化时给事中吴原、御史徐镛劾汪直，正德时御史蒋钦劾刘瑾，嘉靖时给事中吴时来、御史王宗茂劾严嵩父子，天启时左副都御史杨涟劾魏忠贤，等等，都是监察官弹劾奸恶中显著的例子。尤其是监察官的群体力量，一奸既出，以天下共击之的胆魄，以及卓然独立、洁身自好的"清流"君子形象，实为我们理解明朝历史的延续，乃至中国封建社会史的脉脉余绪提供了一个有力的佐证。

我们曾在几部作品中多次提及明代监察史上以个人形象而抗拒权宦中最壮烈的例子，那就是南京御史蒋钦弹劾宦官刘瑾的感人事迹。

正德初年，武宗信任刘瑾，内阁大学士刘健、谢迁被排挤出朝，南、北两京言官二十一人或连名上疏，或独自上章，弹劾刘瑾，请留刘健、谢迁，刘瑾矫旨将二十一人全部杖于阙下，南京给事中戴铣死于杖下。刘、谢被迫下野后，蒋钦和同官薄彦徽等上疏切谏，刘瑾大怒，将蒋钦廷杖后削职为民。三天后，蒋钦独自上疏，揭发刘瑾卖官、专权诸罪行，请求武宗杀刘瑾以谢天下。奏疏上后，蒋钦又被廷杖三十，收入诏狱。

又过了三天，蒋钦第三次上疏，痛言：正邪势不两立，刘瑾之心，路人皆知，陛下为何信任不疑？臣昨日第二次上疏受杖后,"血肉淋漓",但一息尚存,就要讨个公道。臣之忠直,也满朝皆知,陛下为何信任贼人而斥杖忠直?"臣骨肉都销,涕泪交作,七十二岁老父,不顾养矣。臣死何足惜,但陛下覆国丧家之祸起于旦夕,是大可惜也。""陛下不杀此贼,当先杀臣,使臣得与龙逢、比干同游地下,臣诚不愿与此贼共生。"据载,蒋钦写这份奏疏时,正值夜间,灯下微闻鬼声。蒋钦想:此疏一上,生还的希望很小,这莫非是先人在天之灵让我就此罢休?因而整肃衣冠,勉强站起来,说:"果先人,盍厉声以告。"言犹未止,已辨听出声音来自墙壁中,且更加凄怆。蒋钦叹道:"业已委身,义不得顾私,使缄默负国为先人羞,不孝孰甚!"又坐立起来,说:"死即死,此稿不可易也!"鬼哭声也停止。奏疏再上后,又杖三十,三天后死于狱中,年仅49岁。《明史》卷188的这段故事,是明代言官的一个缩影。清朝统治者抱着狭隘的偏见,对有明一代言官痛加诋毁,甚至把亡国的罪责归咎于他们,这确是难以令人信服的。

清修《明史》,在诸多贬损中,却有时对明代言官不惧身家性命,犯颜直谏感到惊奇不已,说世宗之代,"何直言之多欤!重者显戮,次乃长系,最幸得贬斥,未有苟全者。然主威愈震,而士气不衰,批鳞碎首者接踵不可遏。观其蒙难时,处之泰然,足使顽儒知所兴起,斯百余年培养之效也"[10]。这段带有几分赞许几分羡慕的话确实是明代言路正气篇的真实写照。然而,我们也看到同是这部成书于乾隆年间的《明史》,论及言官时更多的是贬损之词。卷215《赞曰》:"世宗之季,门户渐开。……言愈多,而国是愈益淆乱也。""朝政弛,则士大夫腾空言,少实用。"

卷242《赞曰》："言路与执政不合作，清谈之风盛行。朝局堪忧，而无人挽救，明之亡与此不无关系。"同时代的史学家赵翼在他的名著《廿二史札记》卷35中专列"明末书生误国"一节，也认为明亡亡于书生气浓。这种以政治需要歪曲历史的做法不是历史的真实。

如果认真考察清代科道官的实绩，更可见它与明代相去甚远。

首先就科道官的素质（出身）而言，据《国朝御史题名》一书统计，有清一代科道官3087人，其中汉人为2153人，满人为934人。汉御史中95%出身正途，其中进士出身者约占80%，可见其文化素质较高。但满人科道官的情况十分差，无出身可言者高达759人，占80%以上。正途中属于进士出身的占正途的3%。可见满科道官的文化素质是相当低的，有的甚至完全是白衣子弟，没有文化，不懂汉语言文字。考虑到重满用汉这一整体国策，清代科道官确实素质不高。都察院的最高长官左都御史的品位，从顺治初到雍正七年的八十多年间，一直规定左都御史满员为一品，而汉员为二品。直到雍正八年（1730年），才开始划一，但实权操纵在满员左都御史手中，"满官左右御前，时领圣谕"，而"汉官思觐而不可得"；"各衙门印务，俱系满人掌管"；凡议论朝政，往往满人说了算，汉官只能"相随画诺，不复可否""一切皆惟所命"。[11]

其次就科道官在言事和弹劾方面的实绩而言，也不乐观。清代对言路的基本政策是压抑、制约。清代顺、康、雍、乾等皇帝都不厌其烦地斥责科道官或噤若寒蝉，不发一言；或毛举细故，敷衍塞责；或揣摩上意，巧于迎合。但这种局面正是统治者自己造成的。清代科道官队伍在萎缩，职能或因密折制的推行而被部分取代，或因科道合一而不复存在，其言事范围也有很多限制，如康熙三十六年御史胡德迈所说：定例开载，非系言官，条陈者降调，因而忠君爱国之念，不胜其爱功名之念；并且"凡遇灾异修省，便许直言，事过即止"；另外，有关皇帝之事，"每多浮泛誉词"，这样的奏疏，虽有又有何益？[12]实行密折制后，"上下相忌，君臣相疑"，言官三缄其口，皇帝明确表示对监察官的蔑视和不信任。[13]乾隆帝反复强调言路勿蹈明季旧辙，要规矩老实，说："明季科道恶习，立帜分门，借敢言之号，行倾险之谋，假公济私，无所不至，为害甚大。我朝百有余年来，整纲饬纪，朝政肃清，断不敢容有营私搏击之人，复得稍萌故智。但遏邪防弊，持之不可不坚。"[14]如此看待"身系社稷安危"的言官，它在清朝所发挥的作用不是很有限吗？！

汤吉禾《清代科道之成绩》一文，据《钦定大清会典事例》《钦定台规》《钦定皇朝文献通考》《清史列传》《皇朝经世文编》《皇清奏议》等6书的记载统计，在1200余篇奏疏中，属科道官言事之疏为464篇，弹劾之疏223篇，共为687篇，约占所有奏疏的一半。在言事的464篇奏疏中，论吏治87疏，被皇帝采纳46疏，被驳斥29疏，交议9疏，不详3疏；论军事和治安的81疏，其中被采纳56疏，被驳斥8疏，交议11疏，不详6疏；论财政的72疏，其中被采纳59疏，被驳斥9疏，交议3疏，不详1疏；论风化的35疏，其中被采纳25疏，被驳斥6疏，交议2疏，不详2疏；论灾荒仓库的33疏，其中被采纳27疏，被驳斥6疏；论行政规章的29疏，其中被采纳22疏，被驳斥6疏，交议1疏；有关礼仪及教养的28疏，其中被采纳22疏,被驳斥6疏;论水利交通的24疏,其中被采纳16疏,被驳斥2疏,交议、不详各3疏;论司法的21疏,其中被采纳16疏,被驳斥4疏,不详1疏;论理藩和外交的19疏,其中被采纳6疏,被驳斥、交议各2疏,不详9疏;论工事的12疏,其中被采纳7疏,被驳斥5疏;论政府组织机构的12疏,其中被采纳8疏,被驳斥1疏,余不详;论皇帝行为的11疏,其中被采纳3疏,被驳斥5疏,交议2疏,不详1疏。现将上例各类奏疏按采纳、驳斥、交议和不详百分比比较,列表[15]如下。

类别	奏疏总数 数目	百分比	采纳奏数 数目	百分比	驳斥奏数 数目	百分比	交议奏数 数目	百分比	不详 数目	百分比
吏治	87	100	46	52.9	29	33.3	9	10.3	3	3.4
军事和治安	81	100	56	69.1	8	9.9	11	13.6	6	7.4
财政	72	100	59	81.9	9	12.5	3	4.2	1	1.4
风化	35	100	25	71.4	6	17.1	2	5.7	2	5.7
灾荒仓库	33	100	27	81.8	6	18.2				
行政规章	29	100	22	75.9	6	20.7	1	3.4		
仪礼教养	28	100	22	78.6	6	21.4				
水利交通	24	100	16	66.7	2	8.3	3	12.5	3	12.5
司法	21	100	16	76.2	4	19.0			1	4.8
理藩和外交	19	100	6	31.6	2	10.5	2	10.5	9	47.4
政府组织机构	12	100	8	66.7	1	8.3			3	25.0
工事	12	100	7	58.3	5	41.7				
皇帝行为	11	100	3	27.3	5	45.5	2	18.2	1	9.1

笔者没有查阅到清以前几个重要朝代的相关统计数据,不敢妄下结论,但有一点是可以肯定的:以往历朝谏官喋喋不休地言

及皇帝行为的奏疏在清代少得可怜，含晚清半个多世纪，也才仅有11疏，而较以往，恐怕连一个朝代中的一朝的零头都不及，说明清代的君主专制已达到了极端的程度，谏诤皇帝已在厉禁之列了。同样引人注目的是，理藩外交、政府机构和工事三项在入关后有清一代二百六十八年间，都仅有十几疏，考虑到清代康乾盛世二帝巡游四海，大兴土木，而诤谏的却少而又少。这与明代谏武宗南巡，倾言官、部院大臣之全力，用十一人的生命令武宗收回成命确如天壤之别。清代帝王似乎皆属"多情帝君"，任意废置正宫，对相沿自汉朝的"国本"制也大加改张，这些事如发生在明代，不知又会演成多少次壮烈的悲谏之剧，而清代的言官乃至部院大臣几乎都对此视为禁区，不敢有所论列。

清代确实是个既振奋也悲哀的时代。以儒家功利观所追求的"大一统"而言，这个朝代是值得骄傲的：政治的一统，思想的一统，文化的一统，江山的一统，等等，都令以往各朝代汗颜，无怪乎乾隆帝连唐（太）宗宋（太）祖都不放在眼里，因为他取得了历代帝王甚至是那些名君都没曾取得或取得了但不完美的成就。

然而，当我们游历清朝的种种逆历史潮流的政策，通过言官所表征的士大夫的心路历程时，确有一种悲凉而又悲哀的强烈感觉。用"戮心"来换取的"盛世"，代价实在太大。当标志近代文明的欧风西雨扑面而来的时候，清朝的第一个回应是隔绝、堵截；当中国固有的矛橹终于抵挡不住洋枪洋炮的强大火力袭击时，剩下的只有抱头鼠窜，"西巡北狩"，丧失掉祖宗夸示中外的大片河山。

儒家文化陷入"困境"的答案，似乎应该到"盛世"去寻找。

中国传统知识分子的精神全面放逐，似乎也应该到那个最后的王朝去体味。

因为早在嘉庆道光之交，敏锐的思想家龚自珍就正告说：清帝"积百年之力，以震荡摧锄天下廉耻"，并用"戮心"来形容其手段之残毒：

> 戮其能忧心，能愤心，能思虑心，能作为心，能有廉耻心，能无渣滓心。又非一日而戮之，乃以渐，或三岁而戮之，十年而戮之，百年而戮之。[16]

清朝的这种"创制"，我们姑且用"精神凌迟"来命名。

尾注

1 黄汝成《日知录集释》卷8，法制条注，岳麓书社1994年，第295—296页。
2 王瑞来《论宋代相权》，《历史研究》1985年第2期。
3 徐自明撰，王瑞来校补《宋宰辅编年录校补（四）》附录，中华书局1986年，第1843页。
4 《全唐文》卷537《裴度请罢知政疏》。
5 文天祥《文山先生全集》卷3。
6 参见谭天星著《明代内阁政治》，许大龄序，中国社会科学出版社1996年。
7 万历《明会典》卷212，中华书局1989年，第1058页。
8 《鲁迅全集》第6卷，人民文学出版社2005年，第56—57页。
9 乾隆《御批历代通鉴辑览》卷111。
10 《明史》卷203。
11 《皇清奏议》卷5。
12 《清经世文编》卷9《治体三》，中华书局1992年。
13 《国朝名臣言行录》卷13，谢济世。
14 参引高翔《康雍乾三帝统治思想研究》，中国人民大学出版社1995年，第328页。
15 引自周继中主编《中国行政监察》，江西人民出版社1989年，第408页。
16 龚自珍《乙丙之际箸议第九》，载《龚自珍全集》，上海人民出版社1975年，第6页。

后 记

多年来一直在大学和研究部门工作,尽管终日多与文字打交道,但每次交出自己的书稿,又总是忐忑不安,或因时间紧张写得不从容,或因功力不到写得很勉强。艺术家的遗憾可以在他以后的作品中弥补,而让被商品大潮挤压得透不过气来的学术书籍出版已属不易,修订再版的可能性更小,也许遗憾只能留在书中。

谈及清代社会,确实是个既令人振奋也让人悲哀的时代。

一方面,中国传统农业文明在明代中叶已呈现浅渐的蜕变状态,商品经济的长足发展已让板结的封建基石出现了许多裂痕,市民阶层的勃然兴起把贵贱有别的传统等级秩序搅拌得混乱起来,小脚女人的贞操同"言义不言利"的君子一并被历史封存,作为文化思想保守主义代表的程朱理学生不逢时,王学、王学左派以及"异端"思想成为人心所归的欣赏对象,人的伦理主体、自我意识、个体尊严、情感、欲望、自然本性被社会普遍承认。大哲学家王阳明以义利并重,将治生与治学并列,认同鱼和熊掌可以兼得;李贽更进一步,他反对一切虚伪和矫饰,为"私"和

"利"擂鼓呐喊。大批的士人和官吏纷纷走出书斋和役所,在财神的驱动下加入"逐末"的阵营中,农商皆本以及士、商、农、工新的四民排序等,无不标识出"中世纪"的蠕动中,那个时代的巨大异动。

然而,这一切在1644年转了弯。

一个拥有强健体魄的民族开始了纵马弯弓的时代。"准回平而北无汉世匈奴之患,金川定而西无唐代吐蕃之扰",中国版图的最后底定,大一统的空前恢廓,不仅让痛吟"偏安恨"的君臣无地自容,也令强汉盛唐的庙堂主人汗颜多多,无怪乎乾隆帝对汉武(帝)唐(太)宗这样的名君都颇多微词,也不难理解他正言告诫子孙:"守中国者,不可徒言偃武修文以自示弱也,彼偃武修文之已,必弃其故有而不能守,是亦不可不知!"(《乾隆御制文三集》卷8),没有令古人让来者夸示的伟业是难以说出如此自信而又底气十足的话来的。

清代虽然承继了以明朝作为载体的中国传统制度,包括文化,但也有颇多发明和创设。以皇位继承制度而言,自统一的封建国家建立起,嫡长子继承制就被认为是最好的办法在历朝历代实行着,其间虽不乏谋之不正的"逆取"者,但这一制度在理念上深入骨髓,从未有人怀疑它。到了清代,经过前两代(顺、康)的血泪教训,一种"选优"的皇位继承制(密储制)被发明了。乾隆帝随后确立"人君独断"与"选贤而立"的密储两大原则,指出太子既为国本,身系王朝前途,必当由贤能者充之,否则难免不致内乱。尽管这种选择的范围仍仅限于皇子之间,但有选择总比没有选择好一些,这也许是清朝皇帝多有作为而少庸主的重要原因之一吧。

在社会稳定方面，清代也可以称述。在以农立国的传统社会，小农经济往往是社会稳定的晴雨表。在生产力发展水平并没有太大提高的清代，人口的巨大压力可能是以往朝代不曾遇到的新课题。明朝三饷加派，竭泽而亡的教训实在惨痛，清朝实行灾害等"例蠲"、帝后寿辰等"恩蠲"外，大规模的"轮蠲"，作用尤为突出，它缓解了社会矛盾的积累，这是清代前期一个半世纪多的时间里，始终没有全国性的农民反抗的一个重要原因。清代打"反清复明"旗号的起事并不少，但几乎没有得到响应，这也说明人心所向。

然而，清代确实又是一个让人悲哀的时代。千呼万唤，表征新时代的萌芽刚刚破土而出，就在强劲的战马嘶叫声中被碾得支离破碎，大约经过一个世纪的"重建"，才达到或接近明代万历时期的水准。更重要的是，清朝以少数民族宰治天下，其原有的社会经济组织结构带有浓厚的前封建色彩，在痛苦中催生的封建化是以牺牲成熟的封建经济作为代价的。从历史发展的角度看，这的确又是一次倒退。

更悲哀的是精神的放逐。嘉道之交有一位著名的桐城派散文家管同，曾对明清两代的巨大差异做了入木三分的比较：明代大臣执掌政柄，天子追逐宴乐，数十年不理朝政，清代帝王乾纲独揽，中外大臣"奉宣职业"唯恐办错了皇差；明代言路通畅，二百多年间内忧外患，险象环生，然多赖其匡救，至清代舆论一律，颂圣不暇，而不得有"大论列"；明代学校养士节，书院自由讲学，聚徒结社，热火朝天，清代一片鸦雀无声，朝堂臣僚噤口不言，在野之士避时政如鬼仇。这位散文家感叹地说：明代士俗虽流弊不浅，但其初意在养士气、蓄人才，今一举而尽改之，则弊害不可胜言（见《日知录集释》卷8法制条注）。只有在文网弛禁的嘉道时期，作家才敢如此放言高论。

强健的体魄未必就有强健的精神。一个民族、一个国家、一个人种，其最终意义往往不是军事的、地域的、政治的，而是文化的，这便是文化的力量。当清朝用强劲乃至铁血的武力征服完成时，既有发明也有继承，既有创制也有复归的"戮心"的过程便开始了。政治的神秘、臣僚的奴驯、精神的禁锢种种都在这个朝代发展到了极致。

长期以来，史学界有这样一个观点被普遍接受：宋代以来专制皇权不断强化。近年的研究则表明，宋明时期，相权得到强化，儒生官僚集团的崛起，隐然已成为相对独立的对皇权实行制约的强大政治力量。"君臣同体，相得为用"的原则在理念及体制的运行中得到认同。明代废除丞相制后，使中国传统权力结构发生第一次变异，但内阁、六科等对君权制约仍相当有效。清代大搞神秘政治，皇帝一人操纵大小权力，军国要务通过秘密的"小报告"（密折制）形式上达，由名不正、职不符的"小班底"（军机处）秉承皇帝意旨处理，这是中国传统权力结构的第二次变异，这次变异打破了儒家传统型"君臣相制"体制，随着科道的合一，君主的权力如脱缰的野马，真正达到了独断天下而无所制的境界，臣僚已完全匍匐在君主的面前，三拜九叩之余，颂圣唯恐辞令不工了。雍正时期将清初诸帝朦胧中的君臣关系做了最后界定：人臣的最高标准是与君主同好恶同是非，君权彻底碾碎了臣节，传统士大夫相对独立的品格、气节、价值取向等，已成明日黄花。只要圣明的天子说一句

后 记 339

"从今不薄读书人",朝臣们就会立即和诗"添得青袍多少泪,百年雨露万年心"(《熙朝新语》卷13),时间的隧道已让我们无法分辨这是感激涕零,还是摇尾乞怜!

须加说明的是,清朝将传统的"君臣同体"界定为主奴关系,并不单纯源于君权的张大与高扬,而与满族固有的主奴观念有直接联系,而后者的移入及在全帝国的确立过程,恰是中华元典文化中少有的"民主遗产"归进历史博物馆的过程。儒家文化的困境并不始自洋枪洋炮肆虐中国的近代,而始于那个既振奋也悲哀的"戮心"的盛世!

这是一次时间最长的精神放逐!

这是一次最为惨痛的精神剥夺!

感谢师友多年的关爱。中国人民大学清史研究所教授郭成康先生、北京大学政治与行政学系教授陈哲夫先生、北京师范大学历史系教授赵世瑜先生,对本书的框架结构和篇章内容提出了很好的建议。中共中央党校副教授张湛彬先生对部分章节进行了文字润色。中国管理科学研究院编辑出版研究所总编室主任史义军先生代为作者核对了部分史料。中国青年出版社潘平先生、林栋先生在审阅书稿时,宣力尤多。在此一并表示衷心感谢。唯愿以后有机会写出少有遗憾的作品,真诚地回报多年来一直关心帮助我们的师友和广大读者。

作者 于北京
1996年9月初稿
1997年3月定稿

主要参考书目

《明实录》，上海书店出版社2015年。

张廷玉等撰：《明史》，中华书局1987年。

谈迁：《国榷》，张宗祥校点，中华书局1988年。

夏燮编：《明通鉴》，中华书局1980年。

谷应泰撰：《明史纪事本末》，万有文库本，商务印书馆1939年。

陈义钟编校：《海瑞集》，中华书局1981年。

杨继盛：《杨忠愍公集》，丛书集成初编本，商务印书馆1936年。

陈子龙等选辑：《明经世文编》，中华书局1962年影印本。

《清实录》，中华书局1985年。

龚自珍：《龚自珍全集》，上海人民出版社1975年。

樊克政编：《中国近代思想家文库：龚自珍卷》，中国人民大学出版社2015年。

黄宗羲：《明夷待访录》，段志强译注，中华书局2011年。

李贽：《焚书 续焚书》，中华书局1975年。

方苞：《望溪先生文集》与《集外文》，商务印书馆1935年。

钱仪吉纂：《碑传集》，靳斯校点，中华书局1993年。

上海书店出版社编：《清代文字狱档》，上海书店出版社2007年。

上海书店出版社编：《清代档案史料选编》，上海书店出版社2010年。

关嘉录、佟永功、关照宏：《天聪九年档》，天津古籍出版社1987年。

贺长龄、魏源等编：《清经世文编》，中华书局1992年。

国家清史工程档案资源库。

李兰琴：《汤若望传》，东方出版社1995年。

李光地：《榕村全书》，陈祖武点校，福建人民出版社2013年。

罗振玉辑：《皇清奏议》，张小也、苏亦工等点校，凤凰出版社2018年。

陆陇其撰：《三鱼堂文集》，王培友点校，中国书店出版社2020年。

魏象枢撰：《寒松堂全集》，陈金陵点校，中华书局1996年。

孙光祀：《孙光祀集》，魏伯河点校，齐鲁书社2014年。

王树民编校：《戴名世集》，中华书局1986年。

刘德权点校：《洪亮吉集》，中华书局2001年。

中华书局编辑部编：《魏源集》，中华书局1976年。

魏裔介：《兼济堂文集》，魏连科点校，中华书局2007年。

俞国林点校：《吕留良文集》，中华书局2021年。

徐正等点校：《吕留良诗文集》，浙江古籍出版社2011年。

唐甄：《潜书校释》，黄敦兵校释，岳麓书社2011年。

李岳瑞：《春冰室野乘》，重庆出版社1998年。

吴伟业撰：《吴梅村诗集笺注》，张耕点校，中华书局2020年。

钱谦益：《列朝诗集小传》，上海古籍出版社1983年。

柳如是撰，谷辉之辑：《柳如是诗文集》，上海古籍出版社2000年。

卞敏编著：《柳如是新传》，浙江人民出版社1997年。

刘燕远：《柳如是诗词评注》，北京古籍出版社2000年。

吴定中编著：《董小宛汇考》，上海书店出版社2001年。

苗棣：《魏忠贤专权研究》，中国社会科学出版社1994年。

冷东：《叶向高与明末政坛》，汕头大学出版社1996年。

[日]小野和子：《明季党社考》，李庆、张荣湄译，上海古籍出版社2013年。

谢国桢：《明清之际党社运动考》，中华书局1982年。

顾诚：《南明史》，中国青年出版社1997年。

赵园：《明清之际士大夫研究》，北京大学出版社1999年。

张建业、王玉璋编：《历代名臣上皇帝书》，北京燕山出版社1992年。

顾易生、徐粹育注译：《韩愈散文选》，三联书店（香港）有限公司、上海古籍出版社1992年。

朱则杰：《清诗史》，江苏古籍出版社2000年。

朱则杰注评:《清诗选评》,三秦出版社2004年。

梁启超:《中国近三百年学术史》,中国书店1985年。

金性尧:《土中录》,上海书店出版社1999年。

谢正光:《清初之遗民与贰臣》,上海文艺出版社2021年。

[美]魏斐德:《洪业——清朝开国史》,陈苏镇、薄小莹等译,江苏人民出版社1998年。

牛寨中:《孙嘉淦传》,三晋出版社2019年。

郭成康、林铁钧:《清朝文字狱》,群众出版社1990年。

周远廉:《清朝开国史研究》,辽宁人民出版社1981年。

卜键:《国之大臣:王鼎与嘉道两朝政治》,陕西人民出版社2015年。

高翔:《康雍乾三帝统治思想研究》,中国人民大学出版社1995年。

王汎森:《权力的毛细管作用:清代的思想、学术与心态》,北京大学出版社2015年。